중국 정책변화와
전문가 참여

주쉬펑 저 │ 박철현·이광수 공역

국민대학교
중국인문사회연구소
번역총서·5

중국 정책변화와
전문가 참여

주쉬펑 저 | 박철현·이광수 공역

學古房

* 이 저서는(역서는) 2009년도 정부재원(교육과학기술부 학술연구조성사업
비)으로 한국연구재단의 지원을 받아 연구되었음(NRF-2009-362-B00011).

서문

　지식과 권력의 관계는 인류역사에 있어서 핵심적인 주제이다. 이 주제는 전문가와 지식이 정책변천과정에 미치는 작용을 위해서 공공정책과학에까지 확대되었다. 20세기 60년대 공공정책과학의 발전 초기에 학자들은 전문가의 정치체계과정에서 정책참여문제에 대해 심도 깊은 연구를 진행하였다. 그 후 수 십년 동안 전문가참여이론은 이미 공공정책학과 체계에서 갈수록 중요한 분야가 되었다. 하지만 전문가참여는 통상적으로 정책변천의 원인으로 간주되고 있다. 학자들이 주로 연구하는 것은 정책변천이 전문가의 영향을 받느냐 받지 않느냐는 문제든가 혹은 어느 정도 영향을 받는가이다.

　이 책은 반직관성(counterintuitive)의 기본이론문제에 답하고자 한다. 정책변천이 전문가의 참여에 영향을 주는 것은 아닌가? 만일 우리들이 이러한 이론적 문제에 대답이 가능하다면, 우리는 사실상 정책변천과 전문가 참여 사이에 '내재적 논리관계(endogenous logic)'가 있다는 사실, 즉 정책변천과 전문가 참여 사이에 상호인과관계가 존재한다는 것을 인정하는 것이다.

‘전문가’는 전문지식을 이용하여 정책결정에 영향을 미치는 특수한 정책참여자이다. 전문가의 특수한 행정신분으로 인하여, 그들의 행동모델과 전략선택은 정부관료, 기업가, 비정부조직(NGO), 시민 등 기타 정책참여자들에 비하여, 매우 큰 차이점이 있다. 중국공산당과 중앙정부가 정책결정의 과학화와 민주화를 제기한 이래 전문가는 중국의 공공생활에서 중요한 역할을 하게 되었다. 전문가들은 공공영역의 여러 부문에서 활약하고 있다. 한편으로 전문가는 빈번하게 정부의 정책자문회의 참여를 요청받고 있으며, 정부의 연구과제를 수행하며, 심지어는 중앙정치국의 고위지도자들에게 강연을 하기도 한다. 다른 한편으로 그들은 저서 등을 통하여 정부와 다른 입장을 발표하거나 심지어는 공개적으로 정부정책을 비판한다. 많은 전문가들이 신문과 TV에 자신의 칼럼과 프로그램을 통하여 견해를 발표하고, 또한 온라인의 블로그나 웨이보에 생각을 즉시 올려놓기도 한다. 그러나 국내외에서 중국 전문가에 대한 추적과 이론적인 연구는 매우 적다. 특히 중국 전문가 혹은 지식인 문제에 대해 연구한 적이 있는 외국 연구자들은 대부분 ‘중국학’ 범주에 속해 있다. 학술지나 혹은 학자공동체를 막론하고 중국학연구는 현대 정치학 및 공공정책학과 대화하는 경우는 매우 적다. 따라서 공공정책학의 입장에서 중국전문가의 정책변천과정에의 참여모델 및 선택기제의 체계적인 연구는 많이 이루어지지 않고 있다. 이 책은 정책변천과정에서의 전문가 참여 이론에 대하여, 각기 다른 유형의 정책변천과정에서 중국 전문가의 행동전략과 선택기제를 해석하고자 하였다.

전문가는 자신의 자원선택에서 근거하여 가장 효과적인 행동으로 정책에 영향을 행사하기를 시도한다. 따라서 과거의 연구는 전문가가 자원들을 확보하고 합리적으로 사용함으로써 정책결정과정 중에 영향력을 행사하는 핵심 참여자가 되는 기회를 더 많이 획득할 수 있다고 생각하였다. 이는 이해하기 어렵지 않다. 어느 전문가가 만일 정부와 오랜 협력관계를 유지하고 있다면 그는 자연스럽게 자신의 연구 성과를 자주 정부부문에 전달할 수 있을 것이다. 그리고 정부와 긴밀한 관계를 맺지 못한 전문가는 다른 경로를 통해 정부에 영향을 행사할 수밖에 없다. 그러나 전문가가 가지고 있는 자원이 문제를 설명하지는 못한다. 동일한 정책 영역에서도 전문가 개인이나 혹은 연구조직별로 확보하고 있는 자원의 우열이 존재하기 때문이다. 그러나 서로 다른 정책영역에서 우리들은 여전히 전문가별로 서로 다른 참여모델을 보여주고 있는 것을 자주 관찰할 수 있다. 총괄적으로 이야기 하자면, 전문가가 채택한 어떤 형태의 행동전략이 모종의 정책변천과정에서 두각을 나타낼 수 있는 것은 정책변천의 성격에 따라 결정된다는 것이다. 이러한 점에서 출발하여 이 책은 정책변천의 속성에 기초하여 전문가참여모델 사이의 구조와 운용 원리에 대한 이론을 세워보고자 하였다.

이 책은 전문가 참여모델에 영향을 미친 두 가지 사회정책변천 속성: '손실자 내포성'과 '지식 복잡성'을 제기하였는데, 두 가지 변수는 전문가정책참여를 설명하는 이론적 모형을 구축하였다. 두 변수의 제기는 '정책 네트워크'와 '위탁-대리' 이론을 발전시켰다.

한편으로 과거에 정책네트워크 이론 연구자들에 대한 주요한 비판은 학자들이 처음부터 끝까지 정책네트워크의 구조적 속성과 정책과정의 상태 사이를 연결시키는 검증가능한 이론적 가설을 제기하지 않았다는 데 있다. 이 책에서 제기한 '손실자 내포성' 개념은 바로 정책네트워크의 일련의 특수한 구조적 속성과 전문가 참여정책과정의 행위모델사이에 이론적 연결을 시도한 것이다. 다른 한편으로는 과거의 '위탁-대리' 이론은 일반적으로 대리인이 위탁인에 비해 상대적으로 정보의 우세를 지니고 있음을 주장했다. 그러나 전문가 정책자문활동에서 이 책은 위탁인 신분으로서 정책결정자가 전문가를 초청하여 자신에게 전문지식과 정보를 제공하도록 하는 것과 동시에 핵심적인 정책결정정보를 비공개할 수 있는 동기도 갖고 있을 수 있음을 지적하였다. 따라서 전문가 정책자문에서 위탁-대리의 정보비대칭관계는 쌍방향으로 존재가 가능하다는 것이다. 쌍방향정보비대칭상태의 위탁-대리모델에 기반하여 이 책은 지식 복잡성 개념을 제기하였다. 전문가의 정책 자문활동을 설명하는데 있어서 정책결정자와 전문가 사이에는 지식과 정보의 한계와 우세가 각기 존재한다.

이에 대응하여 중국전문가의 정책참여모델은 네 가지 행위모델로 분류할 수 있다. 즉 '우회계몽모델', '직접자문모델', '폐쇄모델', '전문가사회운동모델'이다. 특히 이 책에서 독창적으로 구분한 것은, 전문가가 직접적인 통로를 통해 정책결정에 영향을 미치는 것이 성공하지 못할 경우에 선택할 수 있는 것은 대중여론을 이용하는 것이다. 본질적으로 다른 두 가지 간접적 행동전략인 즉, 대중에 대한 우회 계몽과 사회운동방식이다. 이러한 이론적 공헌은 정책결정과정과 전문가참여연구영역에서의 선도적인 기여라 할 수 있다.

이 책의 연구방법 상의 특징은 이익상관자분석틀(stake-holder analysis framework)을 채택한 것으로, 사례비교연구방법론을 통해 이론적 가설에 대한 검증을 진행했다는 것이다. 이 책은 네 가지의 정책변천유형과 상응하는 전문가참여모델을 대표하는 네 가지 정책변천 사례를 면밀하게 선택하였다. 이러한 네 가지 사례는 각기 새로운 성진의약위생체계(城鎮醫藥衛生), 시범 추진성격의 신형농촌합작의료제도(新型農村合作醫療制度), 성시경제적용방신정(城市經濟適用房新政), 수용송환제도(收容遣送制度)의 취소이다. 사례 선택은 엄격하게 규범적인 비교사례연구설계방법에 따라서, '이론 복제'(theoritical replication)논리를 고려하여, 의식적으로 여러 간섭 요인을 배제하였다. 예를 들어 전문가의 개인이익의 선호도를 최대한 낮추기 위하여 이 책에서 선택한 사례는 모두 사회정책분야이다. 비교적 객관적인 사례비교 연구를 위하여 이 책에서 제시한 정책변천사례는 모두 국무원(혹은 중공중앙과 함께)이 공포하거나 통과되거나 답변한 정책이다. 그밖에 이 책에서는 인터뷰에서 '자기 반영성(reflexivity)' 문제를 최대한 극복하고자 하였다.

이 책의 이론적 구축과 조사연구, 집필 과정에서 수많은 전문학자들이 필자에게 열정적인 가르침과 도움을 주었다. 먼저 이론구축과 실증연구에 있어서 지도교수이신 쉐란(薛瀾)을 비롯하여 주광레이(朱光磊), 양롱(楊龍), 천전밍(陳振明), 왕샤오광(王紹光), 정용녠(鄭

永年), 란즈용(藍志勇), 마쥔(馬駿), 류웬리(劉遠立), 거옌펑(葛延風), 수차이주(蘇彩足), 류궈차이(劉國材), 천한쉔(陳漢宣), 양무(楊沐), 덩정라이(鄧正來), 구신(顧昕), 왕후펑(王虎峰), 추이즈옌(崔之元), 궈전즈(郭鎮之), 허바오광(何包鋼), 비젠하이(畢建海), 리청(李成), 순퉁원(孫同文), 탕싱린(唐興霖), 보즈웨(薄智躍), 양궈빈(楊國斌), 차이리리(蔡莉莉), 왕정쉬(王正緒), 궈량핑(郭良平), 황위펑(黃奕鵬), 양리화(楊立華), 리원자오(李文釗), 궈차오(郭超), 잔쉐용(湛學勇), 장즈빈(張志斌), 우펑스(吳逢時), 왕칭화(汪慶華), 류펑(劉鵬), 판펑(樊鵬), 루펑(汝鵬), 허징웨이(和經緯), 후잉롄(胡穎廉) 등 중국학자와 Elizabeth J. Perry, Joseph Fewsmith, Merle Goldman, Alasdair Roberts, David Shambaugh, Dan Guttman, Mitter Rana, Richard M. Walker, Jacques deLisle, John Kennedy, Thomas Kellogg 등 해외학자들에게 감사를 드린다. 또, 몇몇 연구보조학생들에게도 감사를 전한다. 저우헤이진(周輝金), 화펑웨이(華鵬偉), 왕첸루(王倩茹), 위쉐송(於雪松), 천팅자(陳廷佳), 장페이페이(張培培) 등은 이 책의 기초자료수집 등에 있어서 많은 일을 하였다. 책을 집필하는 동안 난카이대학(南開大學), 칭화대학(淸華大學), 중산대학(中山大學), 홍콩대학(香港大學), 한국 충남대학(韓國忠南大學), 상하이재경대학(上海財經大學), 푸단대학(復旦大學), 호주 멜번대학, 싱가폴국립대학, 중국인민대학(中國人民大學) 등에서 관련 학술세미나에 참석하였다. 여기서 세미나와 국제학술토론회의의 주최자와 토론자들께 감사를 표한다. 그밖에 이 책은 두 편의 학술논문의 확장 증보판이라 할 수 있다. 따라서 논문 심사와 편집을 해 준 『社會學硏究』와 『Public Adminstration』 두 학술지의 주편, 편집자, 그리고 익명의 심사자들에게 감사를 표한다.

   국가자연과학기금의 관리과학부 프로젝트(프로젝트 번호: 70973058)는 본 연구를 위해 재정지원을 해 주었으며, 국가사회과학기금 후기 지원프로젝트(프로젝트 번호: 10FGL008)는 본 연구의 성과발표를 위한 후반기 연구와 출판을 지원해 주었다. 중국인민대학 출판사와 주하이옌(朱海燕) 기획편집 담당 그리고 리헤이핑(李慧平)과 성하오쥔(盛浩娟) 책임편집이 이 책의 출판을 위해 애쓰신 분들께 감사드린다.

주쉬펑 (朱旭峰)

2011년 11월

한국어판 서문

친애하는 한국 독자들께:

　졸저 『중국 정책변화와 전문가 참여(중국어 원제: 政策變遷中的專家參與)』 한국어판이 곧 출판될 것이란 사실을 알게 되어 매우 영광스럽게 생각한다. 먼저 여기서 나는 한국 국민대학교 중국인문사회연구소의 역자인 이광수 교수와 박철현 교수께 깊은 감사를 드린다. 또한 학고방출판사가 이 책의 한국어판을 위해서 기울인 노력에 대해서도 감사를 드린다. 나는 2013년 한국 국민대학교 중국인문사회연구소를 방문했을 때, 소속 교수들께서 대부분 중국에서 장기간 생활하며 연구했고, 중국문제에 대해서도 깊은 인식과 매우 날카로운 통찰력을 가지고 있다는 사실에 깊은 인상을 받았다.

　이 책은 중국어로 된 나의 두 번째 책이고, 2009년 첫 번째 책인 『중국 싱크탱크: 정책과정 중의 영향력 연구(中國思想庫: 政策過程中的影響力研究)』의 후속편이기도 하다. 겉으로 보면 이 두 권의 가장 큰 차이는 『중국 싱크탱크: 정책과정 중의 영향력 연구』는 내가 수집한 싱크탱크의 조사 데이터를 통해서 양적 연구를 진행한 것이라면, 『중국 정책변화와 전문가 참여』는 내가 인터뷰 및 질적 연구에 근거해서 4개의 정책변천사례에 대해서 비교연구를 한 것이라는 점이다. 하지만 이 두 권의 더욱 본질적인 차이는 각각 서로 다른 이론적 틀을 채택했다는 점이다.『중국 싱크탱크: 정책과정 중의 영향력 연구』에서 내가 만든 이론은 "엘리트주의"에 기초해있고, 그 중국 정책과정의 구조가 서로 다른 정치와 사회의 엘리트 집단에 의해서 구성되어있으며 지식엘리트로서의 싱크탱크 전문가는 네트워크와 지식을 통해서 정부 정책결정에 영향을 행사한다는 가정을 전제하고 있다. 그런데『중국 정책변화와 전문가 참여』에서 내가 만든 이론은 "다원주의"에 기초해 있고, 그 중국 정책과정의 구조는 서로 다른 관점과 이익을 가진 이익상관자(stakeholder)에 의해서 구성된다. 전문가의 건의는 이익상관자의 이익에 크고 작은 혹은 긍정적 부정적 영향을 미칠 수 있다. 하지만 이익상관자도 역시 전문가의 건의에 대응하여, 때로는 전문가의 건의를 지지할 수 있지만, 때로는 전문가의 건의에 대해 강력히 반대할 수도 있다. 상대적으로 보면 엘리트주의는 양적 연구를 하는데 더욱 도움이 되지만, 중국 정책과정연구는 정책사례에 기초한 질적 연구인 경우가 더욱더 많다. 이렇게 보면 이 책『중국 정책변화와 전문가 참여』는 중국 정책과정 연구의 주류 패러다임으로 돌아간 것이라고 할 수 있다.

중국 정책과정에서 싱크탱크와 전문가의 행위는 매우 복잡하며, 그 영향력과 행동전략은 매우 많은 다층적 요소에 의해서 결정된다.『중국 정책변화와 전문가 참여』와『중국 싱크탱크: 정책과정 중의 영향력 연구』는 각각 서로 다른 층위로부터 이러한 원인들을 논의하고 있다.『중국 싱크탱크: 정책과정 중의 영향력 연구』는 주로 싱크탱크와 전문가의 조직적 층위에서의 원인에 집중한다. 『중국 정책변화와 전문가 참여』는 정책속성의 층위에서 집단으로서의 전문가의 참여전략에 대해서 논의하고 있다. 나는 2011년 영국 『차이나 쿼털리(The China Quarterly)』에 발표한 논문에서, 중국 전문가 참여를 결정짓는 영향력의 지역적 층위라는 요소를 집중적으로 논의했다. 싱크탱크가 정책결정에 영향을 미치는 과정에서, 지식 제공자와 지식 수요자의 능력은 모두 매우 중요하다. 지식 제공자는 곧 싱크탱크와 전문가이며, 지식 수요자는 정책결정자와 기타 사회참여자이다. 따라서 어느 지역의 총체적인 '지식발전수준'은 지식의 획득, 흡수, 전파 능력을 포함하며, 싱크탱크와 전문가의 건의를 채택하는 것에 영향을 미친다. 만약 이 지역의 지식발전수준이 비교적 높으면, 이 지역의 싱크탱크와 전문가는 사회에 대해서 자신의 지식상품을 제기하는 것을 통하여 간접적으로 정책에 영향을 미칠 기회가 더욱 많다. 만약 어느 지역의 지식발전수준이 낮으면, 이 지역의 싱크탱크와 전문가는 정부의 브레인이라는 역할을 하는데 더욱 기울게 되어 직접적인 채널을 통해서 정책결정에 영향을 미친다.

개인적 층위의 요소도 정책결정 과정 중 전문가 참여의 영향력과 행동전략에 영향을 미친다. 정책결정자 개인층위의 요소에 대해서 말하자면, 내가 2008년 수행한 연구는, 텐진시(天津市) 국(局)과 처(處)의 영도간부(領導幹部) 344명에 대해 진행한 설문조사의 데이터 분석을 통해서, 정책결정자의 학력이 높으면 높을수록 새로운 지식의 접수와 인지능력도 높으며, 그들은 정책 의사일정 단계에서 전문가의 건의를 받아들이고 개혁을 시작한다는 사실을 발견했다. 하지만 전문가형 정책결정자는 언론과 대중의 정책건의에 의해서 쉽사리 설득당하지 않는다. 전문가 개인층위의 요소에 대해서 말하자면, 2014년 나는 미국『행정과 사회(Administration & Society)』잡지에 논문을 발표했는데, 여기서는 좀 더 미시적 측면의 원인에 대해서 집중해 보았다. 나는 전문가의 내부동기(intrinsic motivation)가 전문가 행위에 미치는 영향이란 문제를 제기하였다. 인간의 내부동기란 외부동기와 상대적인 개념이다. 외부동기는 인간이 외부적인 자극을 위해서 만들어 내는 행위와 바램을 가리키는 것으로, 예를 들어 수입, 상금, 승진 등이다. 내부동기란 인간이 활동 그 자체에 대한 태도로부터 비롯되어 만들어 내는 행위와 바램을 가리키는 것으로, 예를 들어 관심, 호기심, 책임감 등이다. 나는 전문가의 내부동기를 '두 가지 관계'에 대한 태도로 분리해서, '이론과 실천 사이의 관계'에 대한 태도와 '관료와 전문가 사이의 관계'에 대한 태도로 구분했다. 우리는 저장(浙江) 원링(溫嶺)의 참여식 예산 개혁과정에 대한 연구에서, 서로 다른 내부동기를 가진 전문가는 정책결정 자문활동에서 서로 다른 역할을 한다는 점을 발견했다.

전문가는 정책에 영향을 미치는 과정에서 중국사회에 대해서도 깊은 영향을 미친다. 이 책이 출판된 지 얼마 후 나는 영어로 된『중국 싱크탱크의 부상(The Rise of Think Tanks in China)』을 영국 루틀리지(Routledge) 출판사에서 출간했다. 이 책은 내가 과거 중국어와 영어로 쓴 몇 가지 연구성과의 기초 위에서, 특히 중국 싱크탱크의 부상이 중국사회에 미치는 영향에 대해서 논의했다. 우리는 중국 각지에서 싱크탱크의 발전상황은 서로 다르다는 점에 주목했다. 나는 중국 각지의 싱크탱크의 발전상황이 서로 다르다는 관점에 기초해서, 싱크탱크의 서로 다른 행위특징이 각 지역의 사회적 구조(구체적으로, 서로 다른 사회 엘리트집단이 보통사람에 대해서 가지는 수입의 우위)에 미치는 영향에 대해 논의했다. 우리는 싱크탱크가 점점 정책과정에 더 영향력을 미치는 능력을 가지게 되는 과정에서, 가장 먼저 이익을 얻는 것은 지식엘리트 집단이라는 점을 발견했다. 지식엘리트 구성원으로서의 싱크탱크와 전문가가 정책에 영향을 미칠 때 당연히 자신의 이익을 미치는 정책결정을 추진하지 않을 것이기 때문에, 이 점은 쉽사리 이해할 수 있다. 싱크탱크가 정책에 영향을 미치는 능력을 충분히 갖췄을 때, 예를 들어 정치브레인으로서의 싱크탱크가 정책자문 시스템에서 활약하는 경우 그 정치/행정 엘리트의 이익은 견고해진다. 그런데 싱크탱크가 시민사회의 역량으로서 공공영역에서 활약할 경우, 그들은 정부정책결정의 남용에 대해서 공개적인 감독을 통해서 정치/행정 엘리트의 수입의 우위를 제한하는데 성공한다. 이러한 사실은 우리가 중국 싱크탱크가 성장과정 중에 어떻게 전문가의 영향력과 독립성 사이의 균형을 유지하는가에 관련된 중요한 철학적 문제를 사고하는데 도움을 준다.

2012년 말, 나는 박사학위를 취득했던 칭화대학(淸華大學) 공공관리학원(公共管理學院)으로 돌아와 교수가 되었다. 칭화대학 공공관리학원은 중국 공공관리와 공공정책 연구의 핵심일 뿐 아니라 국가정책에 중요한 싱크탱크의 역할을 담당하고 있다. 학교와 중국 중앙의 많은 부문들 사이에는 협력관계에 있고 연합하여 연구중심을 조직했다. 이러한 조직설계는 전문가가 자신의 연구성과와 정책건의를 관련 부문에게 바로 보고하는데 도움이 된다. 나는 전문가 참여를 연구하는 학자이면서, 동시에 공공정책영역의 전문가이다. 여기서 나는 과거의 몇 가지 이론적 연구를 실천해 볼 수 있는 기회를 가질 수 있게 되었다. 중국의 공공정책과정은 이미 점점 더 개방되었지만, 중국 정책결정제도에는 여전히 많은 건강하지 못한 부분이 있다는 점을 인정해야 한다. 나의 미래목표는 나의 연구와 실천을 통해서 중국 정책결정의 '과학화와 민주화' 건설을 촉진하고, 우리의 공동노력을 통해서 중국 공공정책결정이 투명하고 이성적이며 풍부한 창조력을 갖추어 사회의 관련 이익집단에 대한 배려를 가질 수 있게 되는 것이다. 또한 이것은 우리 전체 중국학자와 전체 중국인의 공동바램이라고 믿으며, 한국의 친구들도 우리를 적극적인 지지해줄 것을 희망한다.

주시평

2014년 3월 25일

칭화위안(清華園)에서

목차

05 전문가 사회운동 모델 / 259

06 결론 / 317

01

서론

전문가 참여의
어려움

세계의 주목을 받는 중국경제체제의 개혁과 함께, '정책결정의 과학화와 민주화'를 그 목표 중 하나로 하는 정치체제의 개혁도 또한 효과적으로 진행 중이다. 1986년 당시 중국 국무원 부총리이던 완리(萬里)가 한 "정책결정의 민주화와 과학화는 정치체제 개혁의 중요한 과제이다"라는 연설이 『인민일보(人民日報)』에 의해 전문(全文)이 출간된 것은 이러한 역사적 변화의 시작이다.[1] 20여년 동안, 당과 국가의 지도자들은 중대한 정책결정 사항에 있어서 전문가의 역할을 여러 차례 강조해왔고, 하나의 완전한 정책결정 제도와 정책결정 과정을 수립하여 정책결정의 과학화와 민주화를 실현시킬 것을 제창했다. 후진타오(胡錦濤) 총서기는 제17차 당대회 보고에서 정책결정의 과학화와 민주화를 추진하고, 정책결정 정보와 지식 지원체계를 완비하고, 정책결정의 투명도와 공공의 참여도를 높이고, 싱크탱크의 역할을 발휘할 것을 고무하는 중요한 지도의견을 제기했다. 이것은 새로운 시기 중국공산당이 전국의 모든 민족의 인민을 사회주의 민주정치 건설 발전의 길로 인도할 것에 대한 하나의 개괄(概括)이며, 또한 중국공산당과 중국정부가 이후 일정한 시간 내에 정책결정의 과학화와 민주화를 한층 더 추진하는 것에 대해 방향을 밝힌 것이며, 전문가의 자발적인 참여와 중국 제도의 변화의 열정을 촉발시키기도 했다. 요사이 우리는 국가 과학기술, 교육 중장기 계획, 의약위생체계개혁, 온실가스배출규제, 농업현대화 건설 등 국민경제와 사회발전에 관련된 중대한 정책영역의 정책결정과정에서 전문가의 모습을 볼 수 있게 되었다.

　'전문가(experts)'란 전문지식(expertise)을 운용하여 정책결정에 영향을 미치는 특수한 정책참여자를 말한다. 전문가는 과학자, 공정사(工程士), 사회과학자, 법률가 등을 포함한다. 중국에서 과학자와 공정사(특히, 과학원 원사와 공정원 원사)는 종종 자발적으로 정책영역에 진입하여 정책에 영향을 미치고, 또한 과학기술 정책에만 한정되지 않는다.[2] 사회과학자는 연구기구 또는 대학에 재직하는 경제학자, 정치학자, 정책분석가, 법학자 혹은 공공관리학자(公共管理學者) 등을 포함한다. 그들은 자신의 전문지식에 의해 정부 정책결정에 영향을 미친다. 법률가, 예를 들어 변호사는 법률전문지식을 가진 전문가로서 중국의 법률과 제도가 완비되지 않은 상황에서 적극적으로 정책에 참여하고 영향을 미치는 행동을 한다.[3] 하지만, 그러한 정책에 영향을 미치는 것에 대해 관심이 없는 학자나 지식인들은 이 책에서는 전문가의 개념에서 배제하였다. 자신의 영향력을 발휘하기 위해, 전문가들은 종종 서로 다른 사회적 신분의 역할을 한다. 주로 정부의 싱크탱크(government advisors), 학자(academics), 옴부즈만(public advocates) 등의 신분을 담당하는 것 외에도[4], 정보중개인(idea brokers)[5], 공공지식인(public intellectuals)[6] 혹은 정책기업가(policy entrepreneurs)[7] | 등의 신분들 사이에서 역할을 바꾸고 있다.

　정책결정 과정 중의 전문가의 특수한 행정적 신분으로 인해, 그들의 행동논리와 전략선택은 기타 정책참여자와는 다르다. 중국정책과정 중의 실제상황에 근거해, 정부 정책결정자들은 습관적으로 정부 바깥의 '전문가'를 '부서'에 비해 상대적으로 특별히 지정된 행정신분으로 인식한다. 이것은 정부 정책결정자는 전문가의 건의를 접할 때, 상대적으로 자유로운 태도로써 채택여부를 결정할 수 있는데, 기타 '부서'의 건의를 접할 때는 해당 부서가 반드시 조직계통에 따라서 채택, 반려, 혹은 답변한다.[8] | '전문가'와 '이익집단'도 서로 다르다. 비록 이 두 가지 정책참여자는 모두 정책결정자에게 외부영향력을 행사하여 정책변화를 추진하거나 저지할 수 있지만, 동시에 그들은 또한 자발적으로 언론을 이용하여 그들이 정책에 영향을 미치고자 하는 목적에 도달할 수 있는데, 전문가는 주로 전문지식을 표현하여 이러한 외부영향력을 실현시키지만, 이익집단이 정책에 영향을 미치는 방식은 자금이나 자원의 동원이 필요한 비공식적인 유세(游說)나 공개적인 제창 활동을 통해서 실현시키는 경우가 훨씬 더 많다. 바로 이 때문에, 정책과정에서 전문가의 행동논리 및 그 정책영향력 실현의 메커니즘은 매우 주목할 가치가 있는 과제인 것이다. 하지만 아쉬운 것은 중국 정책변화에서 전문가의 행동모델 및 그 전략선택의 메커니즘에 대한 체계적인 연구는 여전히 많지 않고, 일련의 문제들은 여전히 설명이 필요하다.

　우선, 이행기 중국의 전문가는 정책변화에 참여하는 과정에서 어떠한 행동모델들을 가지고 있는가? 우리는 정책과정 중의 많은 전문가의 서로 다른 행위에 주목할 수 있다. 예를 들어, 어떤 전문가는 중공중앙 정치국이 주최하는 집단학습에 참가할 수 있고, 또한 중국 고위관료를 위해서 강의를 할 수 있다. 어떤 전문가는 정부가 위탁한 많은 연구과제를 담당할 수 있다. 어떤 전문가는 국내외 학술잡지에 많은 수준 높은 글을 발표했고, 사회적 지명도도 매우 높다. 하지만 정부에 대한 정책건의의 영향력은 매우 적다. 어떤 전문가는 관방(官方)의 고위 싱크탱크로 공인되지만, 그들이 언론에서 의견을 발표할 때는 매우 조심스러운 것 같다. 어떤 전문가의 행위모델은 이미 보통 전문가의 범주를 벗어나, 그들은 적극적인 사회적 활동을 주도하고, 비정부조직을 만들고, 인터넷사이트를 여는 등의 활동을 한다. 이처럼 전문가들의 복잡한 행위모델 가운데, 우리는 그 내재적인 관계를 찾아내고 분류하여, 정책변화 과정 가운데 중국 전문가 참여의 행동모델을 그려낼 수 있는가?

다음으로, 왜 전문가는 서로 다른 정책변화의 과정 중에서 서로 다른 행동전략을 선택하는 경향을 보이는가? 우리는 서로 다른 정책영역 중에서 전문가의 행동전략도 또한 규칙의 차이가 존재한다는 점에 주목할 수 있다. 예를 들어, 어떤 정책영역들에서, 전문가들은 내부자문의 방식을 채택하여 정책결정자에게 의견을 제시하는 경향이 있다. 그런데 어떤 정책영역들에서는 전문가가 때로는 자신의 정책주장을 언론에 공개적으로 공개하여 정부 정책결정자에게 영향력을 행사하기도 한다. 여기서 알 수 있는 것은, 서로 다른 정책변화 과정에서 전문가들은 특정한 경향의 행동과 전략을 채택해야 비로소 정책에 성공적으로 영향을 미칠 기회가 비교적 많다는 점이다. 그 외, 정책의 특정한 속성이 전문가의 특정한 행동전략들이 훨씬 효과적으로 정책에 실질적인 영향을 만들어 내도록 만들기 때문에, 특정 행동전략에서 훨씬 더 큰 자원상의 우위를 점한 전문가는, 이러한 정책영역 중에서 두각을 드러내고, 이로 인해 이 정책에 변화를 발생하도록 하는데 있어서 핵심인물이 된다.

마지막으로, 전문가 참여는 통상적으로 정책변화의 하나의 원인으로 인식되는데, 반대로 정책변화는 전문가의 정책참여모델에 어떤 영향을 만들어 낼 수 있는가? 정책과학과 정치학계는 기존의 연구에서 대개 전문가와 전문가 지식의 이론문제에 관심을 기울였다. 이러한 문제들은 '전문가 지식의 성질(nature of expertise)' 혹은 '건의의 정치학(politics of advice)'으로 귀결된다.[9] 예를 들어, 1970년대 이래 점차 형성되어 온 "지식운용학파(School of Knowledge Utilization)"가 주로 주목하는 것은 바로 전문가 지식이 정책변화에 미치는 영향력이라는 주제였다.[10] 그 구체적인 연구문제에서 있어서, 이러한 지식들이 정책에 영향을 미치는 과정에서 지식과 정책 사이를 연결하는 가교(架橋)를 어떻게 구축하는가, 어떤 지식이 정책에 어떤 작용을 하는가, 정책결정자는 언제 실상에 귀 기울이고자 하는가 등의 문제는 모두 그들이 주목하는 문제였다. 하지만 우리가 앞서 문제에서 끌어 낸 보다 보편적인 의미를 가진 이론적 문제는, 우리가 설명하고자 하는 것은 정책변화의 속성이 반대로 전문가의 행동에 어떤 영향을 미치는가라는 문제라는 점이다.

서방의 관찰자는 과거 중국의 전문가와 정치적 권위 사이의 관계에 대해 일반적으로 편견이 존재했다. 그들은 민주선거가 없기 때문에 중국 지도자는 정책결정 시 합법성을 결여하고 있다고 인식한다. 이 때문에, 과거 중국문제 전문가는 일반적으로 전통적인 관방 전문가가 중국의 정치무대에서 정치적 권위의 합법성을 제공하는 도구 역할을 한다고 인식했다.[11] 그런데 최근의 서방 문헌의 태도는 정치적 권위는 지식인을 관리하기 위해, 전문가들에 대해서 행정과 재정상 통제와 격려를 병용하는 조치를 채택하고, 중국사회과학원과 같은 관방 배경을 지닌 연구기구의 전문가들이 정치적 권위에 복무하는 연구작업에 더욱 힘을 쏟도록 유도한다는 것이다.12 │ 동시에, 서방학자들에게 있어서 비(非)관방 싱크탱크의 발달은 비관방 전문가들이 정책영역에서 관방 전문가들과 상호 경쟁하는 힘이고, 따라서 중국이 민주화와 시민사회로 나아가는 하나의 힘을 대표하는 것으로 간주된다.13 │ 그런데 또 하나의 보편적인 관점은, 관방 전문가들과의 경쟁 가운데 비관방 전문가들은 정책영향력 측면에서 계속 열세에 처하게 된다는 것이다.14 │ 비관방 전문가는 대개 불만을 품고 있기 때문에, 스스로 연구비를 받거나, 사회적 지위와 정책영향력 측면에서 모두 관방의 차별대우를 받는다는 것이다.

그러나, 최근에 중국 학자들의 일련의 실증연구는 위와는 다른 관점을 보여준다. 이 책의 필자는 정책과정에서 전문가의 역할이라는 연구과제에 대해 다년간 연구를 해왔고, 국내외의 주류 학술잡지에 몇편의 글을 발표하여, 위와 같은 관점과 학술적 교류를 해왔다.

첫째, 필자는 『공공행정과 발전(Public Administration and Development)』에 발표한 논문에서 다음과 같은 점을 지적했다. 관방 배경을 가진 전문가와 비관방 전문가는 행동에 있어서 확실히 경향성의 차이가 존재한다. 이것은 그들이 소속된 연구기구의 행정신분이 초래한 행정 관계 상의 자원의 차이에 의해서 결정된 것이다. 반(半)관방 싱크탱크와 정부 사이에 행정적 관계가 존재하기 때문에, 관방 전문가는 내부채널을 통해서 정부에 연구성과와 관점을 전달하는 경향이 강하지만, 비관방 싱크탱크는 정부와의 사이에 비록 관계가 있지만 이 관계의 정도가 비교적 느슨하기 때문에, 비관방 전문가는 이때 언론 등의 간접적 채널을 통해서 사회와 정부에 의견을 나타내는 경우가 더 많다.15 │ 전문가들의 행위모델은 그들이 유한한 자원의 제약이라는 조건에서 더욱 효과적으로 정책영향력을 실현하기 위한 이성적 전략선택이라고 할 수 있다.

둘째, 몇 가지 사실들은 국내외 학자들의 주목을 받을 것이다. 예를 들어, 관방 전문가는 정부의 정책을 절대로 비판하지 않는 것은 결코 아니다. 전형적 사례는 2005년 국무원(國務院) 발전연구중심(發展硏究中心) 거옌펑(葛延風) 연구원이 연구보고 결과를 공개적으로 발표하여, 국가의 의약체계개혁이 "대체적으로 성공하지 못했다"고 지적했다. 언론의 논의는 정부에게 강력한 압력을 행사했다. 2006년부터 시작하여, 중국은 새로운 의약체계개혁의 연구작업을 본격적으로 개시했다. 2009년 중국의 새로운 의약위생체계 개혁방안이 3년 만에 공식 발표되었다. 주목할 것은 거옌펑은 언론에 정부 개혁이 "대체적으로 성공하지 못했다"고 비판해서 정부에 의해 주변화되지 않았다는 점이다. 거옌펑은 그 후 국무원 발전연구중심 사회발전연구부 부장으로 승진했으며, 2010년 중앙 지도자의 초청으로, 중앙정치국 집단학습에서 후진타오 등 중앙 지도자 동지들에게 강의를 했다. 또 하나의 유사한 사례의 주인공은 중국사회과학원의 위젠룽(于建嶸)으로, 현재 농촌발전연구소 교수, 사회문제연구중심 주임이다. 위젠룽은 공개적으로 많은 현행제도와 지방정부관료를 비판했고, '웨이보 구걸아동 구출(微博解救乞兒)'과 '농촌에 책보내기(隨手送書下鄕)' 등의 운동을 일으켰고, 이미 현재 중국의 저명한 공공지식인과 사회활동가가 되었다.

그 외, 몇 가지 해외의 보편적인 인식은, 완전히 민간의 싱크탱크 전문가 혹은 공공지식인은 때로 정부에 전문가 자문 서비스를 열심히 제공하기도 한다는 것이다. 예를 들어, 베이징(北京)의 톈저(天則) 경제연구소는 일관되게 민간 싱크탱크를 자임해왔다. 비록 저명한 자유주의 경제학자이자 전 소장인 마오위스(茅于軾) 같은 톈저 경제연구소의 전문가는 종종 공개적으로 정부정책을 비판하지만, 우리는 톈저 경제연구소의 연구활동 중 정부의 자금지원을 받아서 정부에 자문 과제를 수행하는 연구작업을 종종 발견할 수 있다.[16] 또 하나의 국내외에서 명성을 누리는 공공지식인인 칭화대학(淸華大學)의 추이즈위안(崔之元) 교수는 2010년 충칭시(重慶市) 정부의 초청으로 충칭시 국유자산감독관리위원회(國有資産監督管理委員會)의 브레인을 담당했다. 이 기간 동안 그는 '국유자산가치 증대와 국민소득 증대 병진(國資增値與藏富于民竝進)' 사상을 제기하여, 충칭시 공산당위원회 서기 보시라이(薄熙來)와 시장 황치판(黃奇帆)이 만든 '충칭경험'이 점차 이론체계를 갖추도록 뒷받침했다. 동시에, 추이즈위안은 『충칭시보(重慶時報)』에 '양강관찰(兩江觀察)'이란 개인칼럼을 마련하여 충칭의 발전문제를 전문적으로 논의했다. 마오위스는 『남방인물주간(南方人物週刊)』에 의해 중국의 영향력 있는 공공지식인 50명 중 한 명으로 평가받았다.[17] 한편 추이즈안은 미국의 저명한 『포린폴리시(Foreign Policy)』 잡지에 의해 가장 영향력 있는 세계 정상급 인물 100명 중 한명으로 평가되었다.[18] 이로써, 중국 관방 전문가와 민간 전문가를 차별화 시키는 서방학자의 입장은 근거가 없다고 할 수 있다. 따라서 필자는 『차이나 쿼털리(The China Quarterly)』 잡지에 발표한 논문에서, 중국 싱크탱크 전문가에 대한 정확한 분석틀은 단지 그들의 행정신분만을 볼 것이 아니라, 전문가 참여와 행위 그 자체에 더욱 주목해야 한다는 점을 지적했다.[19]

셋째, 개인의 자원에 대해서 얘기하자면, 필자의 또 다른 실증연구보고는 원래 『아시안 서베이(Asian Survey)』에 발표된 것으로, 여기서는 전문가의 전문지식 능력, 행정관계 및 개인의 사회적 네트워크가 전문가의 영향력에 결정적인 작용을 한다는 점을 지적했다. 동시에 관방 전

문가는 행정관계에 의존하여 정부 정책결정에 영향을 미치는 경우가
더 많다. 따라서 관방 전문가의 개인의 사회적 네트워크는 그들이 영
향력을 발휘하는 데 있어서 별 다른 큰 기여를 하지 못한다. 그런데 비
관방 전문가는 의존할 수 있는 행정관계가 없기 때문에 그들은 정부와
사회에서 영향력을 구축하는 데 있어서 주로 개인의 사회적 네트워크
에 의존한다.[20] 그 외 전문가의 관방 배경의 크고 작음이 개인의 사
회적 네트워크에 별다른 큰 영향을 미치지 못한다는 점은 분명하다.
사실상 전문가가 더 많은 관료, 사회적 엘리트 및 언론계 인물들과 관
계를 맺을 가능성을 결정하는 요소는 그들이 사회적 교류에 있어서 투
입하는 정력, 직업유동경험, 교육학력 등에서 훨씬 더 잘 드러난다.[21]

그렇다면, 어떤 사회적 인적 네트워크가 전문가의 영향력 구축에서
더 큰 도움이 될까? 비록 당과 국가의 최고지도자를 알 수 있다면 정책
참여자가 영향력을 구축하는 데 있어서 분명 더욱 큰 도움이 된다고
할 수 있지만, 최고지도자에 대해 직접적인 건의를 통해서 정책 사안
에 영향을 미치는 것은 단지 우발적인 일일 뿐이고, 우리는 전문가들
의 모든 정책의견이 최고지도자들에게로 가서 그들을 귀찮게 할 것이
라고 기대할 수도 없다. 필자는 연구를 통해, 중국의 관료체제에서 부
급(部級) 이상의 관료의 시간과 집중력의 배분이 중요한 정치문제에 대
한 고려에 더욱 집중되고, 사급(司級) 관료는 정책결정 문제에, 처급(處級)
관료는 정책집행 측면의 문제에 대한 고려에 각각 더욱 집중하는 경향
이 있다는 사실을 발견했다. 동시에 중국은 행정기구의 조정과정에서,
종종 중앙의 부처와 위원회를 개편하고 동시에 부급 관료에 대한 인사
이동은 더욱 빈번한데 비해, 사급 관료는 이러한 인사이동 과정에서
종종 상대적으로 안정성을 유지한다. 따라서 전문가들이 사급 관료와

우호적인 관계를 유지한다면, 전문가들이 정부 정책결정에 더욱 실질적인 영향력을 발휘하는 데 도움이 된다.[22]

종합하면, 어떤 전문가들이 중국의 정책에 더욱 영향력을 가지는가라는 문제에 있어서, 기구의 행정관계 등 몇 가지 조직자원을 제외하고도, 다른 많은 개인적 요소들이 전문가가 정책에 가지는 영향력의 크고 작음과 행위를 결정한다. 우리는 중국 전문가와 지식인에 대해서 서방학자들이 가진, 전문가를 '관방' 혹은 '비관방'으로 이원대립적(二元對立的)인 구조로 보는 선입견을 버려야 한다. 객관적으로 중국 전문가의 역할을 평가하여 그들이 실제로 무엇을 하고 있는가를 봐야 하고, 단순하게 그들에게 '꼬리표'를 붙여서는 안 된다.

노력을 통해, 우리는 정책과정 중의 전문가 행위의 해석에 있어서 일정정도의 진전을 보았고, 또한 어떤 정책영역에서 어떤 전문가가 정책에 더 큰 영향력을 미칠 수 있는가를 대체적으로 이해할 수 있게 되었지만, 기존의 연구작업은 이 책에서 앞서 제기한 일련의 문제들에 대해서 여전히 대답하기 어려웠다. 이것은 이 연구들이 주목하는 것은 단지 전문가 개인과 그들이 속한 연구기구의 개별적 차이에 주목했기 때문이다. 어떠한 정책변화 과정 속에서도 서로 다른 전문가가 보유한 자원과 능력의 우위는 각각 다르지만, 성공적으로 정책에 영향을 미치는 전문가는 특정 자원에 대해서 우위를 보유하면서도 동시에 이런 측면의 자원을 합리적으로 이용할 수 있는 인물이지만, 그들은 서로 다른 정책변화 과정 속에서 여전히 확연히 다른 참여모델을 보여준다. 여기서 알 수 있는 것은, 전문가가 어떤 관건적 자원을 보유하고 어떤 행동전략을 채택하여 어떤 정책영역에서 두각을 드러내는가는 해당 정책의 성질에 따라서 결정된다는 점이다. 그리고 정책의 성질이 전문가 행동논리에 미치는 영향을 논의하는 것이 바로 이 책의 서술 목적이다.

이것은 '비교정책사례연구'를 하나의 연구방법으로 삼아서, 이 책에서 앞서 제기한 문제들에 대답하는 것이 실효성 있는 전략이라는 사실을 의미한다. 하지만 기존의 중국 정책과정에 대한 고전적 연구는 어떤 특정 정책영역에 대해서만 집중하여, 서로 다른 정책영역 성질상의 차이에 대한 중시는 다소 부족한 듯하다. 케네스 리버샬(Kenneth Lieberthal)과 마이클 옥센버그(Michel Oksenberg)의 중국 정책과정에 대한 고전적 연구인 『중국의 정책결정: 지도자, 구조 그리고 과정(Policy Making in China: Leaders, Structures, and Processes)』과 같은 연구는 단지 에너지 영역에만 집중했을 뿐이다. 그들의 책 마지막에 저자들은 그 한계에 대해서 성찰하면서 그들의 이론이 다른 사회정책, 예를 들어 교육정책과 같은 다른 사회정책에도 응용할 수 있는가는 더욱 검증해봐야 한다는 점을 지적했다.[23] 이 책에서는 우리는 4가지 정책변화 사례에 대한 비교연구를 진행할 것이고, 그에 따라 정책변화 속성에 기초한 전문가 정책참여와 모형을 만들 것이다. 그 후 우리는 이익상관자(stakeholder) 분석방법을 운용하여 관련된 개별의 구체적인 정책변화 사례에 대해서 실증연구를 진행할 것이다.

관련 이론문제

정책결정 과정 중의 전문가의 역할에 대한 연구는 정책과학의 창시

자인 해롤드 라스웰(Harold D. Lasswell)[24] 로부터 시작하는데, 반세기 동안
이 연구영역은 커다란 발전을 보였다.[25] 최근에 국내외 학자들은 정
책결정 과정 중의 전문가의 역할이 더 이상 단순한 '선형모델'이 아닌
전문가 자문이며, 정책결정 과정 중의 전문가의 역할은 더욱 풍부한
모델과 형태를 보여준다는 점을 이미 충분히 인식하게 된 것이다. 그
러나 전문가와 정책결정자 사이의 상호작용 관계에 있어서 기존의 정
책과학 학자들이 가진 기본적인 사상은, 전문가 지식이 정책변화에 영
향력이 있지만, 전문가가 어떤 행동전략을 선택하는가는 전문가의 개
인적 기호와 전문가 지식의 성질에 의해 결정된다는 것이다. 이 절에
서 필자는 전문가 참여에 관련된 기존 문헌에 대해 연구를 진행하고,
과거 문헌 중에 존재하는 부족한 점을 지적하고 그 기초에서 새로운
연구설계를 제기할 것이다.

(1) 지식운용이론

공공정책학의 중요한 분야로서 지식운용이론이 주목하는 것은 지식
과 정책 사이 어떻게 가교를 놓을 것인가의 문제이다. 지식운용학파의
학자들의 최초의 관점은, 가치관이 다르기 때문에 전문가 지식은 정책
제정자에 의해 정책을 제정하는 데 사용되기 어렵다는 것이다. 이 때
문에 카플란(Caplan)의 두 가지 커뮤니티 이론(two communities theory)은 지식
이나 연구를 사용하거나 사용하지 않는 것을 연구자와 정책결정자 사
이의 문화와 행위 차이의 지표라고 본다.[26] 두 가지 커뮤니티 이론과
달리, 선드퀴스트(Sundquist)는 정책사상(idea), 이데올로기(ideology), 패러다
임, 세계관과 같은 지식의 몇 가지 형식은 결코 정책결정과 무관하지

않고, 생겨난 후 바로 정책의 산출로 바뀔 수 있는 것도 아니고, 시간
적인 누적이 필요한 것이라는 점을 지적한다.27┃ 비교적 대표적인 이
론은 와이스(Weiss)의 '계몽모델(enlightenment model)'이 있다.28┃ 이후 위트
록(Witrock)이 지식운용을 확장하여, '계몽모델', '고전적 관료모델(classical
bureaucratic model)', '테크노크라트 모델(technocratic model)', '엔지니어링 모델
(engineering model)'로 4분하였다.29┃ 지식이 정책이 되는 동학(dynamic)에서
볼 때, 많은 학자들의 노력을 거쳐, 지식운용과정은 이미 과학추동형
(science push model), 수요촉진형(demand pull model), 확산형(dissemination model),
상호작용형(interaction model) 등의 많은 모델로 확장되었다.30┃

　1990년대 중엽부터 포스트모더니즘 지식운용이론이 발전되기 시작
했다. 포스트모더니즘 지식운용이론의 관심은 언어와 담론이 어떻게
정책아젠다로 표현되는가 및 문제와 해결방안이 수용자에게 어떻게 이
해되는가 였다. 이 때문에 로우(Roe)는 1994년 정책서사(policy narratives) 이
론을 개발하여, 정책전문가가 어떻게 '얘기하는' 형식으로 연구성과의
교류과정에서 합리적인 전략을 선택하는가의 문제를 처리하였다.31┃
정책서사 이론은, 연구가 정책에 영향을 미칠 때 긍정적 혹은 부정적
작용을 하는 언어기교의 요소를 생산할 수 있다는 점을 논의했고, 그
것은 복잡한 문제개발을 상세하고 정확한 서사의 서술로 단순화시켰
다.32┃ 동시에, 이 이론은 또한 실증적 증거가 제시됨에 있어서 부정
적 결과가 있다고 하더라도 지식개발은 여전히 종종 긍정적인 정책결
과의 원인을 생산한다는 점을 해석했다.33┃

　학자들이 지식운용을 연구하여 정책실현에 사용하는 목적은 명백하
다. 이들 학자들은 그 자신이 사회과학의 연구자들이고, 그들은 자신의
연구가 최종적으로 정책이 되어서 자신의 연구성과의 가치를 실현시키

36

기를 희망하기 때문에, 이들 학자들이 지식운용을 연구하는 목적은 바로 지식과 정책 사이의 교량을 놓는 내재적인 규칙을 발견하고, 또한 기타 사회과학의 연구자가 어떻게 전문가 지식의 전파를 진행하는가를 지도하는 것이다. 따라서 많은 연구기구들은 종종 몇 가지 조작가능한 절차방안을 개발해 낸다. 예를 들어 건강연구위원회(Council on Health Research for Development)[34], 스위스 개발도상국 연구협력위원회(Swiss Commission for Research Partnership with Developing Countries, KFPE)[35], 국제환경과 발전연구원(International Institute for Environment and Development)[36] 및 네덜란드 발전협조연구위원회(Netherlands Development Assistance Research Council, RAWOO)[37] 등과 같은 조직이 계속해서 일련의 핸드북 교재를 편찬했고, 학자들이 자신의 연구성과를 정책 층위로 보내도록 지도했다.

　지식운용이론은 전문가가 정책결정과정에서 정책결정자로 하여금 자신의 연구성과를 운용하도록 만드는데 있어서 중요한 지도적 역할을 했으나, 이 이론은 현재 다음과 같은 두 가지 점에서 부족하다. 첫째, 과거의 연구는 지식의 성질이 지식이 정책으로 전환되는데 있어서 미치는 영향에 지나치게 집중했는데, 지식운용이론은 계속 미시적 측면에 머물러서, 정책결정자와 기타 정책참여자가 지식운용에 미치는 영향 및 정책결정 체계의 구조적 요인에 대한 고려는 충분히 고려하지 못했다. 둘째, 학자의 이론구축의 목적성이 너무 명백-연구자가 정책결정자에게 자신의 연구성과를 판매하도록 지도하는-하기 때문에, 그들은 '어떻게 하는가'의 문제에만 지나치게 집중하고, '왜'의 문제를 깊이 논의하지 못했다. 따라서 지식운용이론의 많은 연구성과는 지나치게 조작측면의 문제로 집중하고, 결국 더욱 풍부한 해석가능성을 가진 이론을 만들어 내지 못했다.

(2) 전문가 참여이론

지식운용이론이 지식과 정책 사이에 어떻게 다리를 놓을 것인가의 문제에 집중하는 것과 달리, 전문가 참여이론은 전문가의 정책과정 참여행위의 전략 및 그 해석 요소에 더욱 집중한다. 오랫동안 학자들은 공공정책에 있어서 전문가 참여의 모델 및 정책과정의 메커니즘을 탐구해왔고,[38] 전문가의 정책과정 참여의 전략을 '전문가 지식의 성질' 혹은 '건의의 정치학'으로 약칭하고, 이로부터 몇 가지 학파가 생겨났다.

① 미시적 요소: 전문가 관점의 속성

전문가 관점의 속성은 전문가의 정책참여와 모델에 영향을 미치는 결정요소 중의 하나이다. 전문가 관점의 속성은 전문가 연구성과의 서로 다른 성질을 포함하고, 과학과 정치의 관계에 대한 전문가 개인의 인식을 포함한다. 한 측면에서는 서로 다른 성질의 연구성과는 전문가의 정책과정 참여의 행동전략을 결정하는데, 예를 들어 이론연구 혹은 응용연구[39] 및 양적 연구 혹은 질적 연구[40] 및 연구의 신뢰도 및 실행가능성[41] 등이 전문가 역할에 미치는 영향이다. 상술한 연구성과는 결국 전문가 정책결정과정 참여를 지도하는 기술로드맵(technology roadmap)을 형성하게 된다.[42]

또 다른 측면에서는, 과학과 정치의 관계에 대한 전문가 개인의 인식 또한 전문가들의 행위를 결정한다. 미국의 저명한 환경문제전문가 로저 필크(Roger Pielke)의 저서『성실한 대리인: 정책과 정치에서 과학의 의미(The Honest Broker: Making Sense of Science in Policy and Politics)』는 2007년에 출판되었고, 또한 그는『네이처(Nature)』에 '누가 대통령과 의견을 나누는

38

가?(Who Has the Ear of the President?)'란 논문을 발표하여 미국 정치체제에서 대통령 과학기술고문과 과학자들의 정책과 정치에서의 서로 다른 참여 모델과 한계를 체계적으로 논의하였다. 필크는 과학자는 정책결정에서 다음과 같은 4가지로 분류된다는 점을 지적한다. 첫째, 순수이론 과학자: 정책결정자의 결정프로세스가 어떤지에 관심이 없고, 단지 정책결정에 관한 기본적인 정보만 제공하고 이러한 정보를 어떻게 처리할지에 관해서는 정책결정자의 책임이라고 인식한다. 둘째, 과학의 중재자: 정책결정자에게 도움을 제공하고, 정책결정자가 생각한 관련 문제에 대해 그때 그때 정확한 답안을 주고, 정책결정자에게 그가 어떻게 선택해야 할지에 대해서는 얘기하지 않는다. 셋째, 결과의 제창자: 정책결정자의 선택범위를 한정하고, 정책결정자가 그 건의를 선택하도록 적극 설득한다. 넷째, 정책선택 결정의 중개자: 정책결정자에게 전면적인 정보를 제공하고, 정책결정자는 선택범위를 확정한다.[43] 비록 필크의 분류모델도 일정한 비판을 받은 적이 있으나,[44] 그의 이론모형은 과학자의 정책결정 참여행위에 중요한 구조화이론의 기초를 제공했다.[45]

② 중간층위: 정책영역과 싱크탱크 조직

전문가 관점의 성질에 주목하는 것과는 달리, 다른 학파의 학자들은 정책영역의 속성차원에 주목하고 이것을 전문가 참여행위의 또 다른 중요한 해석요소로 인식한다. 대체로 정책유형 층위(분배, 재분배 및 시장규제), 정책지향(국내, 대외 혹은 국방), 시간 층위(긴급, 단기 혹은 장기), 및 자원접근가능성 층위(정부권한 내부 혹은 외부참여자) 등의 차원을 포함한다.[46] 그러나 이들 정책영역의 속성은 모두 정책을 하나의 정태적 요소로 인식하고 고려하고, 정책변화의 방향성과 선택성 등 차원의 고려를 무시한다. 이러한 한계를 극복하는 것이 본 과제의 연구발전 방향이 될 것이다.

정책연구조직도 전문가 정책과정 참여의 중요한 연구범주이다. 정책연구기구는 속칭 '싱크탱크'인데, 정부 정책결정자에게 전문 정책분석을 제공하는 것을 직능으로 하는 상대적으로 독립된 정부 바깥의 연구조직이다. 서방에서는, 싱크탱크와 정책과정의 연구는 이미 최근 20여 년 동안 점점 더 주목받는 연구화제가 되었다. 간략하게 말하면, 싱크탱크에 대한 연구는 다음과 같은 몇 가지 경로를 따라 진행되어 왔다: 첫째, 역사적 시각에서 싱크탱크의 발전과정을 관찰하고, 싱크탱크 발전의 정치적 배경, 예를 들어 정부의 태도나 사회적 사조(思潮)를 분석한다.[47] 둘째, 전문가 지식의 형성과 전달 과정으로 싱크탱크에서의 전문가의 역할 및 그들이 정부에게 정책이념을 전달하기 위해 기울인 노력을 분석한다.[48] 셋째, 특정 정책영역(예를 들어 외교정책)의 정책결정과정을 사례로 선택하고, 싱크탱크 및 정부와 언론의 관계를 정리한다.[49] 넷째, 싱크탱크 행위와 영향력 평가.[50] 다섯째, 국가별 싱크탱크 연구 및 국제비교연구.[51] 국내에서 필자의 책『중국 정책과정 중의 싱크탱크 영향력 연구(中國思想庫政策過程中的影響力研究)』는 2009년 출판되었는데, 이 책은 중국 체제에서 싱크탱크의 행위모델과 그 영향력 기제에 대해서 체계적으로 소개하고 있다.[52]

③ 구조 층위: 정책네트워크와 위탁 - 대리 관계

전문가와 정책결정자의 네트워크 관계는 전문가의 행위와 영향력을

결정하는 또 하나의 중요 변수이다. 이러한 분석경로는 정책네트워크
이론에서 그 기원을 찾을 수 있다. 로즈(Rhodes)의 정의에 따르면, 정책
네트워크는 정책과정에서 역할을 하는 참여자의 안정적 관계의 결합이
다.53| 바젤(Barzel)은 정책네트워크를 '거버넌스 학파'와 '이익조정 학파'
의 양대 범주로 정리했다.54| 거버넌스 학파는 정책네트워크를 서로
다른 사회계층 사이에 서로 다른 참여자가 상호작용하는 특수한 거버
넌스로 보았다. 거버넌스 학파의 정책네트워크 이론은 일반적으로 통
계분석방법을 운용하여 전문가의 조직과 개인 네트워크가 정책과정에
서 그들의 행위에 미치는 영향을 해석하는 데 사용된다.55| 이익조정
학파는 정책네트워크가 이익단체들이 상호작용하는 다원적인 체계라
고 가정한다. 이 분석틀은 전문가가 서로 다른 정책신념을 가진 정책
참여자 사이의 정책학습을 촉진하는 기제라고 해석할 수 있다.56| 하
지만, 이익조정 학파에 대한 주된 비판은, 정책네트워크의 구조와 정책
과정의 성질을 연결해낼 수 있는 해석이론을 구성해내기 어렵다는 점
이다.57| 본 연구도 정책네트워크의 구조적 속성을 창조적으로 밝혀
내는 것을 통해 이익조정 학파의 결점을 보완하고, 정책네트워크 구조
의 속성으로써 정책과정에서 전문가의 참여행위를 해석하고자 한다.

　　연구자들은 정책결정자와 전문가 사이의 구조적 관계를 일종의 위
탁－대리 관계로 보고 있다.58| 정책결정자는 복잡한 정책결정 문제
를 전문지식을 가진 전문가에게 위탁하여 분석하고, 전문가로부터 자
문과 건의를 받는다는 것이다. 위탁－대리 관계에 존재하는 기본적인
문제는 지식불균형 혹은 정보비대칭으로, 이것은 일반적으로 대리인이
정보 측면에서 위탁인에 비해 우위를 점하고 있기 때문이라고 얘기된
다.59| 때문에 정책결정자는 종종 전문가가 제출한 의견이 정책결정목

표의 실현을 극대화시키는 방안인지를 판단할 수 없는데, 이것이 바로 이른바 위탁－대리 중의 '도덕적 해이(moral hazard)' 문제이다. 동시에 정책결정자는 상호경쟁하는 전문가들의 관점 중에서도 최선의 선택을 하기 어려운데, 이것은 바로 이른바 위탁－대리 중의 '역선택(adverse selection)' 문제이다. 하지만 정책결정자가 전문가에게 정책결정 자문을 위탁하는 과정에서, 정보비대칭은 쌍방향적일 수 있다. 정책결정자는 위탁인으로서 때로는 정책결정정보를 숨기려는 동기가 있을 수 있다. 이 때문에 위탁－대리 모형을 운용하여 전문가 참여행위를 해석할 때, 우리는 일방향의 정보비대칭 문제에 주목해야 할 뿐만 아니라, 쌍방향의 정보비대칭 문제에도 주목해야 한다. 쌍방향 정보비대칭 문제는 과거의 전문가 정책결정자문에 대한 연구에서 별로 주목받지 못했는데, 본 연구는 이것을 돌파구로 삼아서 위탁－대리 모델을 발전시키고 풍부화시키는 기초 위에서 전문가 참여이론을 확장하고자 한다.

종합하자면, 전문가 참여이론이 주목하는 문제는, 정책참여 중에서 전문가의 정책결정자 및 기타 정책참여자와의 상호작용 및 전문가 행위모델의 결정요소이다. 지난 몇 십 년의 발전을 거쳐, 학술계는 전문가의 공공정책 참여에 대해서 다차원적이고 비교적 전면적인 인식을 가지게 되었다. 하지만, 현재의 전문가 참여이론은 다음과 같은 몇 가지 부족한 점이 있다. 첫째, 과거의 연구는 정태적인 정책과 전문가 연구성과에 대한 관심이 비교적 많았다. 미래의 연구는 동태적인 정책변화의 특징에 대한 관심을 강화해야 한다. 둘째, 과거의 연구는 정책과정의 네트워크의 구조적 특징에 대한 분석이 불충분하고, 정책네트워크에서 전문가의 행위에 대한 연구는 묘사에 그치고, 검증할 수 있는 이론구축 측면의 진전은 느렸다. 셋째, 과거의 연구는 전문가(혹은 싱크탱

42

크 조직) 개인을 분석단위로 삼았는데, 이러한 분석전략은 서로 다른 정책변화 과정에서 전문가 집단이 서로 다른 집단행동전략을 보이는지를 해석하는 데 도움이 되지 않는다. 따라서 본 항목의 특징은 '정책변화'를 분석단위로 삼아서, 정책변화과정 중에서 정책결정자, 이익상관자 및 전문가 사이의 상호작용을 전체적인 샘플로 삼아서 비교사례 분석을 한다는 점이다. 넷째, 과거의 연구는 대체로 서방 선진국의 정책과정 중의 전문가 행위에 집중하였는데, 중국 등 개발도상국의 전문가 참여행위에 대한 관심이 결여되어 있다.

전문가참여이론은 이미 국내학계에서 점점 주목을 받고 있으나, 체계적인 연구성과를 내지는 못했다. 기쁜 일은 2011년 초 상하이 자통대학(交通大學) 출판사가 『정책과학화 번역총서』를 출판하여, 『지식과 외교: 유엔 체제내의 과학자문』, 『성실한 대리인: 정책과 정치에서 과학의 의미』, 『고문: 정책과정 중의 과학자』, 『제5부문: 정책결정자로서의 과학고문』, 『전문지식의 민주화: 정책결정 과정에서 과학자문의 새로운 형태를 찾아서』 등 10여권의 전문가 참여이론연구에 관한 중요한 저작을 수록하고 조직적으로 번역했다는 사실이다. 우리는 이 책들의 출판이 국외 전문가 참여이론연구의 최신경향을 신속히 국내학계에 소개하고 전문가 참여이론연구가 가까운 시일 내에 공공관리학과 공공정책학계에 새로운 포커스가 되는데 도움이 될 것이라고 믿는다.

(3) 시민참여이론

전문가 참여이론과 관련된 것은 시민참여이론이다. 서방국가에서 점차 발달한 시민참여이론은 전통적인 '정치-행정 이분법'의 고전적 공공행정모형에 대한 비판의 기초위에 성립된 것이다. 공공행정학의 초기 대표적 인물인 우드로 윌슨(Woodrow Wilson)과 프랭크 굿나우(Frank Goodnow)의 전통적인 행정체계에 대한 이해에 따르면, 정치행사는 정책결정의 직능이면서 국가의지를 표현하는 것이고, 행정은 곧 정책의 집행을 책임지는 것이므로, 시민참여는 정부의 일상적인 행정작업을 방해할 수 있다. 시민참여의 주요한 역할은 선거과정 중의 투표와 원외압력을 통해서 '국가의지'에 대해 공공선택을 하는 것이다. 이때, 정부의 행정작업은 기술적인 사무이고, 직업화된 행정관료가 담당해야 한다. 정치와 행정의 관계에 대한 이러한 기본적 이해에 기초하여, 행정관료는 중립적 전문적 정책집행자이고, 시민참여는 민주정치의 과정 내로 제한되고, 행정사무와는 분리된다.

하지만, 1960년대에 들어서, 전통적인 시민참여모델은 이론가들의 질문에 직면하게 된다. 그 원인은, 행정관료는 종종 스스로 엘리트라고 생각하고, 그들은 약한 대중의 요구를 악의적으로 차단하게 된다.[60] 그러나, 명목상 정책집행만을 책임지는 행정관료는 정치에 대해서 전혀 무관심한 것이 결코 아니고, 오히려 정치가는 종종 행정관료가 자신에게 관련영역에 대한 건의를 할 것을 요구하므로, 행정관료는 공공정책제정의 정치과정에 개입하고, 정책결정에 대한 영향력도 부단히 증가한다. 동시에, 공공정책결정 문제가 점점 더 복잡해짐에 따라, 정책결정자들은 대중으로부터 전례없는 주장에 직면하게 된다. 이러한 일련의 도전은 정부로 하여금 공공정책과 공공관리에서의 시민참여의 지위를 다시 정의할 수밖에 없게 만든다. 신(新)공공행정이론도 시대의 추세에 따라 생겨나게 된다. 신공공행정이론은 공공행정학의 대가 드와이트 왈도(Dwight Waldo)가 제기한 것이다. 그는 1968년 미국 시러큐즈

(Syracuse) 대학에서 나중에 미노우브룩 회의(Minnowbrook Conference)라고 불리게 되는 학술회의를 주최한다. 회의에서는 도덕가치관념을 행정과정에 투입할 것을 주장하고 사회적 공정을 강조한다.61┃ 신공공행정이론은 정치와 행정 사이의 연속성을 제기하고, 시민참여, 정책제정, 분권과 권한부여, 조직발전 등 사회적 공정과 정의의 가치를 강조하였다.62┃

　신공공행정이론의 기본적인 주장에 기초해, 실천가는 점차 일련의 공공 거버넌스 기술을 발전시켜냄으로써, 공공정책결정과정에서 '핵심시민접촉법', '시민조사', '시민회의', '자문위원회' 등의 시민참여 기제를 적극적으로 흡수한다.63┃ 여기서 알 수 있는 것은, 이론계와 실천가가 제기하는 시민참여의 개념은 대체로, 구성되고 설계된, 시민을 흡수하여 공공정책결정 중에 개입하는 그 기제들에 초점을 맞추고 있다.64┃ 서방국가에서만이 아니라, 중국의 시민참여와 실천 가운데, '신방(信訪: 중국식 민원제도)', '공청회', '정책초안공개여론수렴', '민주간담회', '시장(市長)공개우편함', '시민관료평가' 등도 중국 특색의 시민참여기제로 인식된다. 시민참여의 지지자는 일반적으로, 정책제정 과정에서 시민참여는 거버넌스 과정을 최적화하는 역할을 하는 것으로 믿는다.65┃ 시민참여는 공공정책이 시민의 기호에 더욱 부합하는 기초를 갖추도록 할 수 있고, 그것은 정부에 대한 대중의 불신감을 낮출 수 있으며, 또한 정부가 더욱 많은 민중의 지지와 만족도를 획득할 수 있게 하여 분란과 충돌을 감소시킨다.66┃

　그러나, 시민참여의 기제가 정부의 실질적인 변화를 진정으로 이끌어 낼 수 있는가는 여전히 논의해야 할 문제이다. 한편에서 보면, 시민참여에 대한 가장 주요한 비판은 그것이 시간낭비, 고비용, 정책에 반

대하는 이익집단의 강한 간섭 등의 문제를 야기할 수 있다는 사실이
다.67ᐟ 동시에 시민참여는 대표성 측면에서의 체계적 편향(systemic bias)
이 존재할 수 있다. 예를 들어, 미국의 거시적 실증연구는 자신의 경제
적 이익과 필요에 관련된 사안에서만 시민은 비로소 대규모로 적극적
으로 공공사안에 개입해 들어간다는 점을 보여주고 있다.68ᐟ 다른 한
편에서 보면, 시민과 정책결정자는 모두, 예를 들어 참여자 선택, 아젠
다 설치, 정보제공 등의 시민참여의 과정을 조작함으로써, 시민참여가
정부정치에 거의 아무런 실질적 영향을 미치지 못하게 할 수 있고, 이
것은 또한 시민이 시민참여기제에 대한 신뢰를 상실하게 되는 결과를
초래한다는 사실을 발견했다.69ᐟ 반대로 정부가 그 시민들을 진정으
로 신뢰할 수 있는가는 효과적인 시민참여의 전제로, 정부관리자에게
시민에 대한 신뢰가 결여될 경우 종종 시민참여는 그 진정한 의미를
상실하게 되는 것이다.70ᐟ

　본 연구의 이유는, 여기서 시민참의 관련문헌을 소개하는데 있고, 전
문가참여와 시민참여는 일정한 상호 유사성이 있기 때문이고, 동시에
어떤 상황에서는 일정한 관계가 있다. 학술계의 시민참여의 한계에 대
한 초기의 이해는 일반시민이 복잡한 공공정책결정 사무(예를 들어, 식품
약품 감독관리)에 능력이 미치지 못한다는 것이다.71ᐟ 따라서 실천가는
점점 시민참여기술을 개발한다. 예를 들어 업종의 대표와 전문가가 자
문위원회에 들어오도록 초청하거나, 교육과 훈련을 통해서 시민으로
하여금 특정한 전문지식을 갖추게 하는 것이다.72ᐟ 중국에서는 가격
공청회제도에서 특별히 전문가 자리를 안배한다. 하지만 본 연구는 상
술한 상황과는 상반되는 시민참여기제에 대한 사고를 제기한다. 별로
복잡하지 않은 공공정책결정 사무에 직면할 때, 만약 전문가가 정책결

46

정과정 중에 필요하지 않다면, 그들이 거기서 할 일이 있는가? 우리는
전문가의 특수한 참여모델을 발견했는 데, 이 모델에서 전문가는 별로
복잡하지 않은 공공정책결정 사무에 직면할 때, 자신의 전문적 배경과
직업신분을 포기하고, 정부가 제공하는 제도틀 내에서 일반 시민의 신
분으로 시민사회운동을 시작하거나 거기에 참여하고, 그것으로써 정책
변화를 추구하는 전문가의 희망을 실현한다. 이러한 발견은 본 연구가
시민참여이론에 기여한 주요한 이론적 공헌이다.

(4) 중국정책과정연구

중국이 개혁개방 시기에 들어간 후, 서방학자들 사이에는 중국정책
과정에 주목하는 분위기가 일어났다. 일단의 서방학자들은 정책과정이
론의 시각으로부터 착수하여 중국의 경제와 사회제도 같은 방면의 변
화과정을 해석하기 시작했다. 예를 들어 1980년대 말에서 90년대 초에
데이비드 램프턴(David Lampton), 케네스 리버살, 수전 셔크(Susan Shirk)로 대
표되는 서방학자들은 중국의 정책결정의 변화를 분절된 관료조직 모델
이라고 주장했고, 그들은 중국의 분절적 권위주의(fragmented authoritarianism)
의 관료조직 사이의 경쟁이 중국의 정책변화를 이끌었다고 인식했
다.[73] 1990년대 중반 이후, 정책결정 과정에서 사회 엘리트의 역할이
두드러지기 시작했고, 조지프 퓨스미스(Joseph Fewsmith)와 데이비드 샴보
(David Shambaugh)로 대표되는 서방학자들은 엘리트 정치와 정책참여에 대
한 논의가 날로 열기를 더해갔다.[74]

이론적 발전 그 자체에서 보면, 중국학자가 중국의 정책과정문제를
연구하는 학술발전은 막 시작했을 따름이다. 쉬샹린(徐湘林)이 얘기한

대로, 중국정치개혁을 분석하는 중층(中層)이론으로서 정책과정은 그것
의 정치환경과 체제, 기본변수, 정책결정표준과 조건은 모두 연구를 해
야 할 과제이다.75 ┃ 현재 일부의 중국학자는 이미 기본적인 정책과정
의 이론문제에 대해서 사고를 하기 시작했다. 예를 들어, 이미 어떤 중
국학자들은 적지 않은 중국 특색의 정책과정 모델을 논의하여, '돌다리
도 두들겨 보고 건너다'모델76 ┃, '일체화 민주정책결정'모델77 ┃, '상하
상호작용'모델78 ┃, '위와 아래가 서로 오고 가는'모델79 ┃, '학습과 적응'
모델80 ┃, '컨센서스 분석틀'모델81 ┃ 등이 있다.

　서방학자의 이론은 중국정책과정의 참모습을 매우 정확하게 묘사할
수 없고, 다음과 같은 두 가지 큰 결점이 있다. 첫째, 서방학자는 강렬
한 이데올로기적 편견과 고정관념을 품고 있다. 예를 들어, 최신의 중
국정책과정에 대한 영문문헌은 사회의 참여자가 충분한 역량으로 정책
결정에 영향을 미치고 있다는 점을 인정하지만, 외국 관찰자는 이러한
변화를 단지 '분절적 권위주의 2.0'82 ┃ 이라고 간단히 치부해버리듯이,
그 이데올로기적 편견은 뿌리 깊다. 둘째, 전공의 기호 때문에, 중국정
책과정문제에 대한 연구는 줄곧 '중국학' 범주에 속해 있었고, 중국정
책과정 이론과 당대 주류의 정책과정이론의 상호괴리가 심각하여, '이
론적 고립'이 초래되었다.

　서로 비교해보면, 중국 정책과정의 실증자료 입수 측면에서 중국학
자는 서방학자에 비해 훨씬 더 유리한 것은 명백하다. 하지만 전체적
으로 볼 때, 중국학자의 연구는 '절차(procedure)'연구에 더 편중되는 경향
이 있는데, 엄격히 말하자면 모두 인과관계 논리의 '과정(process)' 기제
연구에 대한 논의는 아니다. 이것은, 중국학자는 개념틀과 분석모델을
운용하여 정책과정사안 그 자체를 기술하는 경향이 있고, 이론 및 변

48

수와 인과관계에서 정책과정의 일반적인 규칙을 탐색하고 추상화하여, 당대 사회과학 방법을 운용하여 비교적 엄격히 중국정책과정에 대해 실증적 연구를 전개할 수 있는 연구는 많지 않다는 것을 의미한다. 이렇듯, 비록 상당히 심층적인 실증연구가 이미 영문형식으로 발표되었지만(예를 들어, 왕샤오광(王紹光)의 두 편의 논문83│이 『모던차이나(Modern China)』 잡지에 발표되었는데, 이 잡지는 "중국학" 잡지에 속한다), 그들은 이론적 맥락의 연속이란 측면에서 보면 여전히 당대 공공정책과정이론과의 학술적 대화를 할 수 없다.

　전체적으로 보아, 국내외 학자들의 중국정책과정에 대한 연구는 오랫동안 당대 공공정책과정이론과의 상호괴리 상태에 처해있었다. 중국 공공정책과정연구와 당대공공정책과정이론이 상호 대화를 어떻게 대화하게 하는가는 우리 앞에 놓인 하나의 문제이다. 우리는 현재 이른바 '당대공공정책과정이론'이 사실상 '서방의' 공공정책과정이론이라는 사실을 반드시 인정해야 한다. 수많은 경우에 있어서 서방이론이 곧 중국문제를 충분히 해석할 수는 없다. 하지만, 여기 말하는 이른바 '대화'는 결코 중국정책과정문제를 연구할 때 단순히 서방이론을 답습하는 것을 의미하지는 않는다. 우리가 바라는 것은 학자들이 중국정책과정연구를 통해서 당대 공공정책과정에 영향을 주고 공헌을 하고, 중국이론이 당대이론의 구성부분이 되고, 나아가 공공정책과정이론이 진정으로 서방과 중국 및 기타 비서방국가를 포함하는 완전히 새로운 당대의 이론이 될 수 있게 하는 것이다. 따라서 중국정책과정연구와 당대정책과학이론이 서로 대화하게 하는 것은 우리 공공정책학 연구자 앞에 놓인 중요한 임무이며, 또한 향후 5~10년 내 본 영역전체 연구자들이 추구해야 할 공동목표이기도 하다.

(5) 중국의 이익상관자

이익상관자는 어떤 정책변화과정에서 이익이나 손해를 보는 개인 혹은 조직이다. 동일한 정치체제에서 비록 서로 다른 정책변화과정에서라도 각각의 이익상관자는 역시 일정한 공동의 특징을 가진다.

중국에서 정책변화의 이익상관자는 국가이익상관자(state stakeholder)와 사회이익상관자(social stakeholder)를 포함한다. 국가이익상관자는 최종 정책결정자를 제외한 정책결정에 참여하는 모든 중앙과 지방의 관료기구이다. 사회이익상관자는 정책의 영향을 받는 기업계, 은행, 초국적기업 및 일반민중 등 여러 종류의 사회집단이다. 중국의 이익상관자의 행위를 분석할 때, 우리는 그들의 행위의 일반적 가정과 중국의 구체적인 제도적 안배를 논의의 출발점으로 삼을 수 있고, 동시에 서로 다른 유형의 이익상관자가 보유한 행동기호와 자원제약을 고찰할 수 있다. 서로 다른 이익상관자가 동원할 수 있는 자원은 아주 다르지만, 자원제약도 또한 이익상관자가 정책에 영향력을 행사하려고 시도하는 능력과 행동전략을 결정한다. 전체적으로 보면, 이익상관자는 자신의 자원을 이용하여 최종 정책결정자에게 영향을 미치려고 시도함으로써 자신의 이익의 극대화를 실현한다. 이익상관자는 일단 최종 정책결정자와 직접적인 이해관계와 이해유대를 구축하면, 그들은 이러한 자원을 이용하지 않고 그들에게 유리한 어떤 정책을 추진하더라도, 역시 이러한 자원을 이용하여 그들에게 불리한 정책변화를 저지할 수도 있다. 이익상관자의 이러한 공동의 특징은 어느 국가에나 해당될 수도 있고, 해당 국가에만 적용될 수도 있다. 하지만 이러한 공동의 특징은 비교정책사안연구를 진행하는 이론적 기초로 삼을 수 있다.

국가이익상관자에 대해서 말하자면, 일련의 고전적 중국정책과정연구는 중앙의 부서 및 위원회와 지방정부가 관료권위구조에 처해있고, 관료기구의 책임자는 정식조직에 속해있는 개인네트워크와 행정관계를 이용하여 정책변화를 추진하거나 저지한다.[84] 어떤 정책이 여러 부문에 관계될 경우, 기구가 이익분배를 둘러싼 분쟁의 본질을 더욱 객관적이고 기술적으로 표현하는 것은 종종 취해지는 전략의 하나이다. 예를 들어, 1994년 중앙이 기초전신(電信)산업의 독점시장 구조를 타파하는 정책결정과정에서, 독점을 타파하여 전신업 시장의 몫을 획득할 것을 주장하는 전자부(電子部) 및 전력부(電力部)와 철도부(鐵道部)는 국무원(國務院)에 보고서를 제출하여, 중국 전신업의 일개기업독점 구조는 서비스 효율의 저하를 초래할 것이라고 했다. 그런데 독점구조를 지지하는 우전부(郵電部)도 국무원에 보고서를 제출하여, 독점을 타파하면 통신네트워크의 중복건설을 초래하여, 커다란 사회적 자본의 낭비를 가져올 것이라고 했다.[85] 따라서 우리는 관료기구가 상부의 최종 정책결정자에게 특정 정책에 대한 의견을 표현할 때, 그 배후의 이익동기를 분석할 수 있다.

부분적인 사회이익상관자는 이미 중국정책결정과정에 진입해 있다. 예를 들어 기업은 정부기구의 이익상관자와 이해유대나 의견전달채널을 구축하였고, 이러한 자원은 기업이 정부정책결정에 영향을 미치는 데 도움이 된다. 국유기업에 대해서 얘기하자면, 비록 중국의 사유화 진행 중 국유기업의 수량은 대폭 감소했지만, 국가안전과 국민경제에 관계된 중요한 업종과 핵심영역은 여전히 국유기업이 위주이다.[86] 이러한 국유기업의 이해는 곧바로 관련 업종을 주관하는 정부부문의 이익과 관련된다. 또한 국유기업의 책임자는 많은 경우 그 자신이 바로 주관 정부기구에 의해 임명된 전직 고위관료이고, 그들이 과거에 구축한 정부관료와의 개인적 관계는 바로 그들이 정부정책결정에 영향을 미치는 중요한 자원이다. 사영기업과 외국투자기업은 해당지역 정부재정수입의 중요한 자원이고, 이 지역 정부는 지방기업의 이익을 보호할 의무가 있는데,[87] 이들 기업들은 역으로 지방정부에 대해서 상당히 큰 영향을 가지고 있다.[88] 또 어떤 기업가들은 당에 들어가거나 인민대표대회 대표나 정치협상회의 위원으로 선출되고, 어떤 자들은 산업협회를 구성하여, 정부 정책결정자와 의견(속칭, '유세')을 표현하는 채널을 이미 구축하였다.[89]

일반 서민은 하나의 사회이익상관자로서 그가 정책에 영향을 발휘할 수 있는 동원가능한 자원이 상당히 많은 감소하였다. 서로 다른 정책영역에 대해서, 이해관계에 있는 서민은 서로 다른 신분을 가지고 있다. 도시호구 정책조정 때 그들은 유동인구(流動人口)였고, 도시공공사업 가격조정 때 그들은 도시시민이었고, 교육정책조정 때 그들은 학생이 되었고, 특정업종 상품정책조정 때 그들은 상품의 일반 소비자였다. 하지만 그들의 일반적인 공동특징은 바로 그들은 정책에 영향을 미치는 충분한 채널이 없고, 정책을 피동적으로 수용하는 존재라는 점이다. 비록 중국에는 행정소송 및 신방과 공청회 등과 같이 그들이 정책결정에서 의견을 발표할 수 있는 몇 가지 기제가 존재하지만, 이러한 제도는 결코 최종 정책결정에 영향을 미치는 충분한 힘을 서민들에게 주지 못한다.[90]

새로운 시각:
정책변화에 기초한 전문가 참여이론

(1) 전문가 행위의 기본모델

이 책이 정의하는 '전문가'는 정책변화에 이익중립성을 가진 정책참여자로 가정된다. 고전적 '전문가' 모델에 기초하여, 전문가는 개인적 이해 때문에 자신의 전문지식을 사용하여 특정한 정책변화를 추진하지는 않는다. 당연히, 전문가의 이익중립성 가정은 많은 경우에 있어서 논란의 대상이다. 예를 들어, 대부분의 전문가는 정부배경의 싱크탱크 혹은 대학연구기구에서 일을 한다. 그들의 정책주장은 반드시 국가의 정치적 방침에 부합된다. 전문가 개인의 이해에 관계되는 특별한 정책들에 대해서는, 그 전문가가 적극적으로 해당 정책을 추진하는 것이 자신의 이해에 기초한 것인지를 우리가 판단하기는 매우 어렵다. 예를 들어, 국가가 전문적 인재를 흡수하는 정책(예를 들어, 해외 고급우수인재의 흡수를 목적으로 하는 '국가천인계획(國家千人計劃)'에 대해서, 이때 '천인계획'에 부합하는 자격을 가진 전문가 그 자신은 정책의 추진자이면서 동시에 정책의 이익상관자이다. 또 어떤 과학자들이 특정 국가급 중요공정이나 기술전략을 적극 추진할 경우, 아마 이 기술영역의 권위자이고, 동시에 관련 과학기술정책의 이익상관자이기도 하다. 유사한 문제는 특정 경제정책영역에서도 나타날 수 있다. 어떤 경제학자들은 많은 기업가들과 우호적인 협력관계를 유지할 것이다. 기업가는 경제학자를 초청하여 기업의 독립이사를 담당하게 하거나 기업가는 종종 경제학자가 속한 연구기구의 관련영역 연구를 지지한다. 이 때 경제학자는 이익중립성을 상실할 수 있고, 자신과 산업계의 이해를 동일시한다. 그들은 특정 그룹의 이익을 위해 공개적으로 특정 정책주장을 알릴 수도 있다. 이 때 그들은 이미 이상적인 의미의 '전문가'가 아니다. 사실상 그들은 이익집단의 일부분이 된 것이다. 따라서, 우리는 전문가 참여사례를 신중하게 선택하여, 전문가의 이익 비(非)중립적인 상황을 가능한 회피할 필요가 있다.

이른바 전문가 이익중립성은 결코 전문가가 자신의 경향적인 정책주장이 없다는 것을 말하는 것이 아니고, 그들의 주장이 정책의 이익상관자에게 어떠한 영향도 없다는 것을 말하는 것도 아니다. 우리가 강조하는 것은, 전문가의 경향적 주장은 정책에 대한 객관적 분석에서 유래하는 것이지 전문가 자신의 개인이해가 아니라는 점이다. 전문가의 정책관점이 서로 다른 것은 정부와 시장의 본질적 관계에 대한 인식상의 차이에서 유래하는 것일 수도 있고, 유한한 정책결정정보의 기초 위에서 이뤄진 일면적인 분석에서 유래하는 것일 수도 있다. 동시에 전문가의 어떤 정책영역의 서로 다른 방향에서의 정책주장은 서로 다른 이익상관자에게 서로 다른 영향을 낳을 수 있다. 종종 볼 수 있는 사례는 위안화 평가절상을 지지하는 전문가 관점은 국내 수입제품 소비자에게 유리하지만, 수출형 기업에게는 불리하다. 그런데 전문가가 위안화 평가절하를 지지하면, 이러한 추세는 국내시장에서 수입제품의 가격을 올릴 수 있지만, 수출을 증가시킬 수 있다. 전문가들 사이의 논쟁은 정책결정자가 서로 다른 정책주장 집행 후 각 측의 이해득실을 따져보는 데 도움이 되고, 이로써 국가와 사회이익에 가장 부합하는 정책을 제정한다. 그런데 이 때, 전문가의 신분은 결코 이익상관자가 아니고 이익중립의 분석자이다.

따라서, 우리는 신중하게 정책영역을 선택하여 해당 영역에서 관련된 전문가들의 개인이익을 최대한 통제할 필요가 있다. 서로 비교해보면, '일반 서민'의 이익에 주목하는 사회정책은 비교적 좋은 사례선택이다. 이것은 왜냐하면, 사회정책의 가장 중요한 수용자로서 일반서민은 전문가를 매수하여 정부 정책결정자에게 유세할 충분한 자원이 없기 때문이다. 이렇게 적극적으로 사회정책에 종사하는 연구를 하고 작업을 추진하는 전문가들은 비교적 작은 개인이해상관성을 가지는 것으로 간주된다. 하지만 이렇다 해도, 사회정책 중에 전문가는 또한 완전히 이익중립일 수는 없다. 예를 들어, 이 책에서 정책사안 비교에 관련되는 모든 정책에서 전문가가 '보통사람'으로서 관련 사회정책의 복지를 누릴 수 있다. 요약하면, 전문가의 '이익중립성가정'은 좀 지나친 것이고, 현실에서 전문가들은 크고 작게 모두 자기가 연구하는 정책과 어떤 이해관계를 가진다. 하지만 연구의 복잡성 정도를 단순화시키는 가정으로서, 그것은 필수적이다.

전문가의 정책참여행위가 겨냥하는 정책참여자는 서로 다른 성질을 가지고 있고, 따라서 우리는 참여자의 신분과 정책결정의 관계에 따라서, 중국 전문가의 정책참여행위를 크게 직접참여와 간접참여의 두 가지 모델로 분류한다. 전문가의 직접참여는 주로 전문가가 직접채널을 통해 정책결정자에게 정책사상을 표현하는 행위모델이다. 전문가가 정부의 정책결정기구와 정규적 혹은 비정규적 의사소통채널을 구축하고, 자신의 연구성과를 각종 구두 혹은 서면의 형식으로 정부기구의 정책결정자에게 공급하여, 정책결정자가 자신의 정책주장을 이해하고 채택하도록 노력한다. 전문가의 직접참여행위는 정책결정자에게 서신을 보내는 것, 연구를 위탁하는 것, 연구보고서를 제출하는 것, 초청에 응해 정부가 주최하는 정책자문회와 연구토론회에 참가하는 것 등을 포함한다.

전문가의 간접참여는 주로 전문가가 정책결정자를 겨냥하는 것을 가리키는 것이 아니라, 기타 정책참여자에게 영향력을 행사하는 것을 통해서 간접적으로 최종 정책결정자에게 영향을 미치는 행위이다. 전문가의 간접참여는 공개적인 문장발표, 언론인터뷰, 저작출판, 블로그 등 인터넷 매체에서 평론을 발표하는 것 등을 포함한다. 한편으로, 전문가는 기타 사회 엘리트에게 영향을 미칠 수 있다. 전문가들은 학술 간행물에 학술논문발표, 저작출판, 학술연구토론회 개최 등의 형식을 통해서 자신의 연구성과를 기타 동료 및 기타 사회 엘리트에게 알린다. 어떤 전문가가 기타 사회 엘리트를 설득하여 자신의 정책관점에 동의하고 지지하게 할 수 있고, 동시에 기타 연구기구와 연합하여 자신의 학술주장과 정책사상을 제기할 수 있다면, 그 정책관점은 더욱 용이하게 정부정책결정 층위의 주류관점이 될 수 있고, 그렇게 함으로써 정부의 최종정책결정에 영향을 미치는 데 도움이 된다. 또 다른 한편에서는 전문가도 종종 일반대중 앞에서 관점을 발표하고 대중의 지지를 얻고, 언론의 힘을 통해 간접적으로 정책에 영향을 미치기를 희망한다. 서방 선거제 국가에서, 전문가의 언론노출이 정책에 미치는 영향은 더욱 분명하다. 전문가는 일련의 언론, 예를 들어 TV, 신문 혹은 인터넷을 통해 공개적으로 자신의 관점을 발표하고 서민대중의 특정 정책에 대한 관점에 영향을 미친다. 서방국가의 전문가와 연구인원은 대체로 대중언론의 인터뷰 요청을 받기를 바라고, 종종 자발적으로 몇 가지 시평과 칼럼을 발표하여, 현대 대중이 관심을 가진 화제에 대해서 자신의 관점을 표현한다. 전문가의 대중지명도가 높을수록, 언론이 보도를 편집할 때 해당 전문가의 관점을 더욱 많이 인용하는 경향이 강하고, 이로써 언론의 관점경향의 정당성과 권위를 나타내는데, 대중도 역시 이러한 정책 주장을 더욱 용이하게 신뢰하고 접수한다.

당대 중국의 전문가의 정책결정참여행위는 그 문화의 전통적 연원이라는 특징을 가진다. 일반적으로 말해, 중국의 전문가는 직접채널을 통해 정책결정자에게 영향을 미치기를 더욱 바란다. 왜냐하면 직접채널의 참여모델을 채택해야만, 전문가가 정책에 더욱 효과적으로 영향을 미칠 수 있기 때문이다. 부득이한 상황이 아니면, 전문가는 대중여론이라는 간접채널을 채택하여 정책결정자에게 영향을 미치려고 하지는 않을 것이다. 이것은 한편으로는, 중국역사상의 전통이 바로 지식인인 '사대부'들이 고대의 정책결정자인 군왕(君王)들에게 '상서(上書)'하거나 '상소문'을 올렸기 때문이고, 또 한편으로는 왜냐하면 신중국 성립 후 개혁개방 전에 여러 차례의 정치운동을 겪은 지식인들이 공개적으로 의견을 발표하는 것에 대해서 여전히 기피하여, 공개적으로 의견을 발표하는 것이 정부의 비위를 거스를 정치적 위험이 있기도 하고, 쉽사리 대중의 비판을 받을 수도 있다고 느끼기 때문이다.91 │ 최근 인터넷에서 종종 저명한 전문가가 '쫜자(磚家: 전문가를 비꼬아서 가리키는 표현)'나 '쟈오쇼우(叫獸: 교수를 비꼬아서 가리키는 표현)'라고 불리는 것은 바로 일반대중이 전문가의 공개석상에서의 발언에 대해서 느낀 불만의 표현이다.

동시에, 개혁개방 이래, 특히 1990년대 이후 중국정치생태의 현대화 과정은 전문가 행위의 다원화를 촉진하였다. 이것은 주로 두 가지 측면에서의 변화과정을 포함한다. 하나는 독립언론의 발전과 그 영향력의 증가이다. 언론시장의 시장화와 함께, 어떤 언론은 관방의 의지의 속박에서 점차 벗어나기 시작했다. 이것은 전문가가 대중 언론에서 정부의 목소리와 다른 관점을 발표하는데 하나의 조건을 만들어 냈다. 최근에 왕성하게 일어난 새로운 언론, 예를 들어 인터넷의 발전과 인터넷 의견발표 플랫폼의 개발(예를 들어, 블로그와 웨이보) 등은 전문가들이 공개적으로 관점을 발표할 수 있는 중요한 환경이 되었다. 또 다른 하나는 중국의 정부정보공개의 진전이다. 과거 정부정보의 비밀유지 전통의 제약을 받아서 체제 바깥의 전문가들은 연구에 필요한 정부정보를 획득하기 매우 어려웠다. 이렇듯 전문가들은 연구를 위해서 정부부문과 합작을 할 수 밖에 없었고, 정부부문과 정부정보를 공유했다. 최근에 중국 정부정보공개는 이미 돌이킬 수 없는 추세가 되었고, 새로운 정부정보공개조례 등의 일련의 당정(黨政)문건의 발표는 전문가의 연구에 편리함을 제공했다. 더욱 중요한 것은, 정부정보공개로 인해 전문가들의 경쟁은 이미 과거와 같은 '자료자원'에 대한 경쟁 - '더욱 권위있는' 데이터를 획득하면, 곧 '더욱 권위있는' 전문가가 되는 - 이 아니게 되었다. 오늘날 전문가들의 논쟁형태는 점점 '관점'의 경쟁 - 정부정보와 데이터는 공개되고, 전문가들의 분석수준이 점점 전문가의 우열을 가리는 기준이 되는 - 이 되었다.

이상의 사실로부터 중국 전문가의 행위는 직접과 간접의 두 가지 참여전략에 대한 합리적인 득실따지기라는 사실을 알 수 있다. 전문가의 '영향력 극대화 가정'은 현재 학술계에서 비교적 종종 나타나는 가정이다. 전문가와 싱크탱크에 대해 논의하는 많은 학술작품 중에서, 정책과정에서의 전문가의 참여행위는 모두 자신들의 자원제약에 근거하여 영향력의 극대화를 실현하려는 합리적 전략선택으로 인식된다.[92] 전통적으로 중국의 전문가는 여전히 자신의 관점을 직접적으로 정책결정자에게 보이기를 희망하는데, 왜냐하면 이것이 가장 직접적이고 효과적으로 정책결정에 영향을 미치는 방식이기 때문이다. 하지만, 전문가는 때로는 우선 대중여론에 공개적으로 의견을 발표하는 것을 선택할 수도 있다. 그러나 우리의 문제는, 왜 전문가는 정부의 비위를 거스르고 동시에 대중의 비판을 받을 위험을 무릅쓰면서, 자신의 관점을 언론에 공개하기로 결정하기를 원하는가이다. 이것은 왜냐하면, 전문가들이 자신의 의견을 공개하기로 결정하는 것은 종종 직접채널이 통하지 않기 때문에 그들이 언론의 도움을 빌려 공공여론을 형성하여 자신의 관점을 나타내기를 시도하기 때문이다. 여기서 이른바 직접채널이 성공하지 못하는 것은, 전문가 자신이 정부로 통하는 직접채널 자원을 장악하지 못하는 것이기도 하고, 전문가 의견이 직접채널을 통해 정책결정자에게 전달될 때 강력한 저항에 부딪히는 것이기도 하다. 전문가는 대중여론을 인도하여 정부에게 외부압력을 행사할 수 있다. 중국 언론 산업의 시장화와 새로운 언론의 출현과 함께, 언론은 이미 이러한 외부압력을 확대하는 도구가 되었다.93 ┃ 이 때문에, 전문가가 직접채널을 통해서 정부에 영향을 미칠 방법이 없다고 해도, 전문가는 대중여론의 힘을 빌려서 정책 아젠다를 시작할 수 있다.

(2) 정책변화의 속성

'정책변화의 속성'이 정책변화에서 전문가 행위모델에 미치는 작용에 주목하는 학자는 매우 소수였다. 본 연구는 정책네트워크이론과 위탁-대리인 모델의 기초 위에서 지식운용이론과 이익상관자 분석틀을 결합하여, 중국 정책변화 중의 전문가 참여모델을 해석하는 이론모형을 개발하고자 한다. 이론적으로 우리는 정책변화의 두 가지 속성인 손실자내포성(loser embeddedness)과 지식복잡성(knowledge complexity)이 정책변화 중의 전문가 참여모델의 핵심요소라는 점을 제기한다. 그 중 손실자내포성 개념은 정책네트워크이론과 이익상관자의 개념에서 유래하는 것이다. 한편 지식복잡성 개념은 지식운용이론과 위탁－대리 모형의 기초 위에서 발전된 것이다. 그림 1－1은 이 핵심이론의 연원을 보여주고 있다.

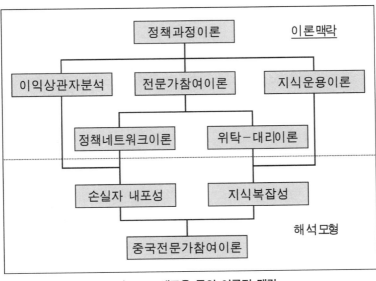

그림 1-1 ㅣ 새로운 틀의 이론적 맥락

정책과정이론 혹은 정책순환이론에 따르면, 정책과정은 대체로 아젠다 설정(agenda setting), 대안선택(alternative selection), 집행(implementation), 평가(evaluation)로 나뉜다.94ㅣ 공공정책학자들은 일반적으로, 정책과정 중에서 전문가의 아젠다 설정과 대안선택의 두 단계에서 그 역할이 가장 뚜렷하다고 인식한다.[95] 따라서 우리는 이 두 단계의 정책과정 분석 틀 - 아젠다 설정과 대안선택 - 을 채택한다. 그 가운데 아젠다 설정은, 정책문제가 정책결정자의 주목을 받아서 정책결정자가 정책변화를 통해서 처리하고 해결할 필요가 있는 문제의 우선순위 리스트에 편성되는 것을 가리킨다. 전문가는 정책집행 상황의 평가에 대해 새로운 정책변화 주기의 아젠다가 시작되는 것으로 인식할 수 있다.

정책의 아젠다 설정 단계에서, 정부관료의 주의를 끄는 사회문제들, 예를 들어 도로사망률, 발병률과 소비자 가격 등의 변동, 중대사고, 사건 등은 정부정책결정자가 정책아젠다를 시작하는 것으로 이어질 수 있다. 이러한 정책단계에서 전문가는 현실상황에 대한 분석 혹은 이전의 정책집행효과에 대한 평가를 통해서, 그리고 발견한 현상을 어떤 정책문제로 정의(problem definition)하여 특정 방식을 통해서 정책결정자에게 반영할 수 있다.[96] 동시에, 정치주기, 대중정서 등의 요소가 모두 조건에 부합될 경우, 전문가는 시기적절하게 연구성과를 보고하여, 정책변화를 추진하는 기회를 극대화시킨다.[97] 이 때, 정치흐름(politics stream) 및 정책흐름(policy stream)과 문제흐름(problem stream)이 동시에 함께 모여들고, 정책변화를 시작하는 '정책창(policy window)'[98]도 열리게 된다.

대안선택은 미리 선택된 정책대안들이 정책결정자 앞에 놓일 때, 정책결정자는 어떤 대안을 선택하여 최종정책으로 삼는 것을 가리킨다. 이 과정은 일반적으로 협의의 '정책결정'과정으로 인식된다. 그런데 정책결정자가 문제해결을 고려하기 시작할 때, 전문가의 출현은 그들에게 필요한 지식과 분석결과를 제공한다. 이 때 전문가의 정책분석은 정책결정에 지극히 중요하다.

모형에서 우리는 정책변화의 두 가지 핵심속성을 추출하는데, 손실자내포성과 지식복잡성이 바로 그것이다.

① 손실자내포성

'내포성'의 기본함의는 사회적 개체가 상당한 정도로 어떤 네트워크(혹은 구조)의 내부에 존재한다는 것을 가리킨다.[99] 정책과정영역에서 내포성은 어떤 특정한 정책참여자가 어떤 네트워크의 구성원인지 여부를 가리키는 것이다.[100] 이것은 하나의 네트워크 구조개념으로서 이미 중국 농촌기층정부의 공공재 제공문제를 연구하는데 사용되었다.[101] 이익상관자는 하나의 정책변화 중 이익이나 손실을 보는 개인 혹은 조직이다. 여기서 제기하는 정책변화의 손실자내포성은 정책결정자와 유대관계가 긴밀한 이익상관자가 이 정책변화의 잠재적인 이익손실자인지 여부를 가리킨다. 손실자내포성은 단지 네트워크 구조 개념만이 아니고 정책변화의 속성이기도 하다. 어떠한 정책변화도 모두 이익손실자를 가지기 때문에, 우리의 관심은 특정한 정책변화 중에 이익손실자가 정책결정자와 밀접한 관계를 가지는지 여부이다.

표 1-1은 정책변화과정에서 손실자내포성의 개념을 해석했다. 이해를 돕기 위해, 우리는 정책변화과정 중의 이해득실을 '손실', '수익', '중립' 3가지로 나누고, 정책참여자와 정책결정자의 네트워크 관계-즉 정책결정자 네트워크의 내포성-를 '정책네트워크 내부'와 '정책네트워크 외부'로 나눈다. 따라서 어떤 정책변화과정에서도 6가지의 정책참여자가 존재할 수 있다. 우리가 여기에서 주목해야 할 것은 거듭 제기하는 '정책변화'는 방향성을 가진 동태적 과정이고, 그것과 정태적인 '정책영

62

역' 개념은 약간 다르다. 동일한 정책영역에서, 어떤 이익상관자는 어떤 정책변화 방향에서 잠재적인 손실자일 수 있고, 그들은 또 다른 방향의 정책변화 과정에서는 잠재적인 수익자일 수 있다.

표 1-1 | 정책변화의 손실자내포성

잠재적 이익득실 \ 정책결정자 네트워크의 내포성	정책네트워크 내부 (강한 내포성)	정책네트워크 외부 (약한 내포성)
손실	**내포성 이익손실자**	비(非)내포성 이익상관자 (손실)
수익	내포성 이익수익자	비(非)내포성 이익상관자 (수익)
중립	비(非)이익상관자 (내포성)	비(非)이익상관자 (비내포성)

만약 상술한 상황에 대해 분석을 한다면, 우리는 전문가 건의에 대한 그들의 서로 다른 반응을 이해할 수 있다. 만약 이익중립이라면, 정책변화의 특정방향에 대한 전문가의 건의가 어떤 사람들에게는 이익상관성이 없으므로, 그들은 전문가 건의가 역할을 하도록 추진하거나 저지할 동기가 없다. 만약 전문가가 건의한 정책변화가 어떤 사람들이 잠재적 수익자라면, 그들이 정책결정자의 네트워크 내부이건 외부이건 그들은 모두 전문가 건의를 지지할 것이다. 이러한 상황에서는 전문가의 건의는 비교적 순조로울 수 있다. 만약 전문가가 건의하는 정책변화가 어떤 사람들이 잠재적 손실자라면, 분리해서 논의할 필요가 있다.

만약 비내포성 이익손실자(예를 들어, 일반민중)라면, 비록 불만이 있어도 그들은 여전히 정책결정자 네트워크 자원을 동원하여 정책변화의 진일보 발전을 저지할 능력이 없을 것이다. 그런데 만약 내포성 이익손실자이고, 만약 그들이 전문가 건의에 불만이 있다면, 정책결정자 네트워크 자원을 동원하여 정책변화의 진일보된 발전을 저지할 능력이 있을 것이다. 우리가 가장 관심을 가진 것은 어떤 정책변화에 내포성 이익손실자가 존재하는가 여부로, 바로 표 1-1의 굵은 글씨부분이다.

손실자 내포성의 강도를 판단하는 기준 중의 하나는 정책변화의 이익손실자와 정책결정자의 유대관계의 강도이다. 이익손실자와 정책결정자의 유대관계가 강한 정책변화과정에서, 손실을 입은 이익상관자는 정책결정자에게 반대의견을 표명하고 정책변화의 진일보된 발전을 저지할 능력이 있다. 그런데 손실자 내포성 강도를 판단하는 또 다른 기준은 정책결정자에게 내포된 이익상관자가 받는 정책변화의 잠재적 손실의 크기이다. 잠재적 손실이 클 경우, 이익손실자는 내포된 네트워크 자원을 동원하여 정책변화가 진일보 발전하는 것을 저지할 동기가 있다. 정책네트워크에서 정책참여자가 모두 이 정책변화의 잠재적 손실자가 아닐 경우, 이 정책변화는 정책네트워크 내부에서 비교적 순조롭게 컨센서스를 형성할 수 있다. 그러나 정책변화가 영향을 미친 이익상관자는 수익자이든 손실자이든 정책결정자 네트워크 내포성이 모두 강하지 않을 경우, 영향력이 있는 정책네트워크 구성원은 자원을 소모하여 추진하지도 않을 것이고, 이 정책변화과정의 발전을 저지하지도 않을 것이다.

정책변화에서 서로 다른 정책참여자의 손실자 내포성은 서로 다르다. 어떤 정책영역들에서 정책변화의 잠재적 이익손실자는 중앙의 어떤 부문 혹은 지방정부 등의 관료기구이거나, 정부와 긴밀한 관계를 가지고 있는 대형국유기업이나 은행, 심지어는 정부활동능력이 강한 초국적 기업도 포함한다. 이들이 정책변화가 자신에게 초래하는 잠재적 이익손실이 충분히 크다는 것을 발견하면, 이들은 정책결정자와의 연계를 이용하여 정책변화의 진일보된 발전을 힘써 저지할 것이다. 특히, 정부가 대량의 재정자금을 투입하는 사회정책에 대해서 얘기하면, 재정부문의 지지나 반대는 종종 어떤 정책이 순조롭게 공포되어 효과적으로 집행될 수 있을지 여부의 중요한 조건이다. 이와는 반대로 어떤 정책변화과정은 어떤 일반대중들, 예를 들어 농민, 도시주민, 학생 혹은 일반소비자의 이익이 손실되게 한다. 그러나 이러한 이익손실자와 정부정책결정자의 관계는 비교적 소원하여, 그들은 일반적으로 정책변화의 과정을 바꿀 힘이 없다.

전문가 행동전략은 정책변화의 손실자 내포성의 영향을 받을 수 있다. 전문가가 지지하는 정책변화의 손실자 내포성이 강할 경우, 정책네트워크 내부의 관련 이익손실자는 전문가의 건의가 작동하는 것을 저지하려고 시도할 수 있다. 이러한 상황에서 전문가는 간접적 경로를 선택하여 정책변화를 제안하고 추진할 수밖에 없다. 전문가가 지지하는 정책변화의 손실자 내포성이 약할 경우, 전문가의 정책건의는 정책네트워크 구성원에서 오는 많은 저항을 받을 리가 없고, 심지어는 개별 정책네트워크 구성원의 지지를 받을 수도 있다. 따라서 이러한 상황에서 전문가가 정책결정자에게 의견을 표명하는 직접채널은 순조롭다.

② 지식복잡성

'복잡성'은 새로운 사상이 이해되고 운용되는 어려움의 정도를 가리키고,[102] 구체적으로는 정책결정자가 관련 정책사상을 이해하는 지력(智力)의 한계성으로 표현된다.[103] 우리가 얘기하는 정책변화의 '지식복잡성'이란, 정책결정자가 어느 정도로 이러한 정책변화에 필요로 하는 전문지식이 상대적으로 결여되어 스스로 해결하고 정책결정하기 어려워지는 것을 가리킨다. 정책문제의 복잡성으로 인해, 정책결정자는 전문가가 전문지식과 분석을 제공하기를 필요로 하고, 전문가도 자신의 시장을 찾게 된다.[104] 다른 요소를 고려하지 않는 상황에서, 전문가가 정책결정자와 비교하여 전문지식 측면에서 우위를 가질 경우, 정책결정자는 전문가를 초청하여 복잡한 정책문제에 대한 이해와 결단 능력을 스스로 강화하는데 도움으로 삼는다.[105] 일반적으로 얘기해서, 정책변화의 지식복잡성이 높을수록, 이러한 정책변화에 필요한 정책결정자의 전문지식도 더욱 결여되어 있다는 것을 의미하고, 정책결정자는 정책방안을 선택할 경우 전문가의 자문과 건의를 더욱 필요로한다. 이와는 반대로, 정책변화의 지식복잡성이 낮을 경우, 정책결정자는 정책결정을 진행할 충분한 능력을 보유하고, 전문가는 이때 불필요하게 된다.

지식복잡성은 상대적인 개념으로, 해당 정책영역에서 정부 내부 정책결정자와 정부 외부 전문가가 전문지식을 장악한 정도의 비교이다. 정책결정자 개인에서 보면, 지식복잡성은 정책결정자가 관련 정책문제를 이해하는 데 있어서 지력과 경험상의 한계로 표현될 수 있다.[106] 서로 다른 정책결정자는 정책영역의 전문지식과 경험에 대한 장악의

정도가 서로 다르고, 전문가 혹은 비전문가의 의견을 보는 태도도 역시 서로 다르다.107 | 예를 들어, 한 실증연구는 만약 정책결정자가 동일한 직위에서 재직기간이 길수록(현직 재직연한으로 측정), 그들의 해당 정책영역에 대한 이해도 더욱 많고, 정책결정자는 전문가의 의견을 접수하지 않으려는 경향을 더욱 보인다. 만약 정책결정자 자신이 전문지식 배경이 비교적 강하면(예를 들어, 중국에서 전문기술직함을 가진 기술관료 혹은 전문가형 관료), 전문성이 아주 강하지는 않은 문제에 직면했을 때, 그들은 비전문인사의 의견의 접수를 원하지 않는다.108 |

정책변화 과정에서 정책결정자 전체에 대해서 말하자면, 지식복잡성은 정책변화의 하나의 속성이 되었다. 지식복잡성은 여러 가지 측면에서 표현된다. 우선, 지식복잡성은 해당 정책문제와 대안수단 선택이 필요로 하는 지식의 전문성으로 표현되는데, 예를 들어 고(高)기술성 문제 혹은 저(低)기술성 문제로 구분된다.109 | 일반적으로 얘기해서, 전문가는 자연과학과 공정(工程)기술 및 이론성이 강한 경제, 관리, 법률문제에서 더욱 발언권을 가지는데, 특히 어떤 정책이 여러 학과에 걸친 전문지식인일 경우 더욱 그렇다. 실천측면에서 중국 관방문건은 '전문성, 기술성이 비교적 강한 중대한 사항은 전문가의 논증, 기술자문, 정책결정평가를 진지하게 진행해야 한다'110 | 고 규정하고 있다. 다음으로, 지식복잡성은 또한 정책수단의 '모호성(ambiguity)'111 | 으로 표현된다. 정책변화에서, 동시에 숫자가 많거나 혹은 명확하지 않은 정책수단의 선택방안이 존재할 경우, 정책결정자는 서로 다른 방안선택의 비용과 효익을 계산할 때 곤란정도가 커질 수 있다. 이때, 전문가는 정부의 '외부브레인(外腦)' 신분으로 나타나서 정책결정자를 도와서 모호한 정책수단에 대해 더욱 정확한 분석과 계산을 더한다. 그 다음으로, 지식복잡성은

정책수단의 '참신성(originality)'112|으로 표현될 수 있다. 완전히 새로운 정책선택방안은 명확하지만 그것의 성공여부는 거대한 '불확실성 (uncertainty)'113|이 존재할 수 있다. 정책결정자는 과거의 경험으로부터 판단할 수 없다. 따라서 이때 전문가의 출현은 정책결정자가 전문가 지식을 운용하여 미지의 상황에 대한 예측을 진행하는 데 도움이 될 것이다. 그 외 이러한 정책결정자가 이해하지 못하는 새로운 상황이 국외에서 발생한 적이 있을 경우, 전문가는 또한 정책결정자에게 국외 경험을 소개하는 것을 통해 정책결정자가 새로운 정책수단을 실시한 후의 효과에 대해 비교적 명확하게 인식하도록 돕는다.114| 마지막으로, 정책변화과정 중의 정보비대칭은 또한 지식복잡성의 중요한 표현이다. 여기의 정보비대칭은 정책결정이 필요로 하는 핵심기술정보의 정도에서 전문가에 비해 정책결정자의 비대칭을 가리킨다. 정보비대칭의 개념은 일반적으로 위탁 – 대리 관계에서 대리인이 보유한 정보우위를 해석하는 데 사용된다. 예를 들어, 대리인으로서 행정관료는 위탁인으로서의 정치가에 비해 더욱 많은 정보를 장악하고 있다.115| 그러나, 위탁 – 대리 관계에서 대리인은 결코 영원히 정보우위를 점하는 쪽이 아니다.116| 특히, 정책결정자와 전문가 사이의 위탁 – 대리 관계에서, 정책결정자와 전문가는 모두 더욱 많은 정보를 가진 쪽일 수 있다. 한편으로는 전문가의 전문지식과 현지조사연구는 정책결정자로 하여금 정책결정이 필요로 하는 핵심기술정보를 더욱 많이 이해하게 하는 데 도움이 된다. 따라서 정책결정자가 현실상황을 이해하지 못할 경우 정책결정자는 전문가로부터 필요한 지식과 정보를 얻는다. 다른 한편으로는, 정부정책결정 정보의 비공개라는 제도적 안배는 정부 외부의 전문가가 정책의 심층적 문제를 이해하기 매우 어렵게 만드는 결과를

가져온다. 이것은 또한 왜 정책결정자가 종종 전문가 연구가 '실제에 부합하지 못하다'고 불만을 품고, 전문가는 반대로 정부가 유효한 정보와 데이터를 제공하지 않았다고 불만을 품는 원인이다. 따라서 정책변화에서 정보비대칭 상태는 정책결정자의 전문가 자문에 대한 수요를 결정하는 또 하나의 요소이다.

정책문제의 지식복잡성과 정보의 제약으로, 정책결정자는 전문가가 제공하는 전문지식과 분석을 필요로 하고, 이것으로써 정책결정자가 더욱 정확하게 정책의 비용과 수익을 계산하는 데 도움이 된다.[117] 지식복잡성이 정책변화과정에서 정책결정자의 전문가 자문 필요에 가지는 역할은 결코 단선적이지 않다. 우리는 정책변화의 지식복잡성의 개념을 '복잡성'과 '정보비대칭'의 두 가지 차원에 근거하여 4가지 상황으로 나눌 수 있다(표 1-2를 보라).

정책변화의 복잡성이 약할 때, 정책문제의 전문성 정도가 비교적 약하고, 선택방안의 숫자가 비교적 적어서 상대적으로 명확하고, 정책수단의 참신성도 비교적 낮으며, 정책결정자는 비교적 용이하게 스스로 정책방안을 선택하고 전문가의 도움도 필요하지 않게 된다. 하지만 정보비대칭은 이때의 정책결정자의 전문가 자문수요에 있어서도 영향을 가진다. 정책결정자가 더욱 많은 핵심기술정보를 장악할 경우, 정책결정자는 구체적 상황을 이해하고 동시에 스스로 정책결정을 할 수도 있으며, 그들은 정책결정과정에서 전문가를 배제할 충분한 이유가 있다. 전문가가 더욱 많은 핵심정보를 장악할 경우, 비록 정책결정자가 이미 충분한 자신감을 가지고 독립적인 판단을 할 때도, 대중에게 설명하기 위해서, 그들은 전문가가 정책결정에 과학성을 논증해줄 것을 요청할 수도 있고, 이로써 정책결정자 단독의 정책결정과정의 정당성을 제고시킨다.

표 1-2 | 정책변화의 '지식복잡성'

복잡성(전문성, 모호성, 참신성) / 정보비대칭	정책결정자가 방안 선택을 진행하기 용이	정책결정자가 방안 선택을 진행하기 어려움
정책결정자가 더욱 많은 핵심정보를 장악	전문가도 이해하고, 정책결정자는 더욱 잘 이해 - 전문가 불필요	정책결정자는 이해하지 못하고, 전문가는 더욱 이해하지 못함 - 전문가는 능력이 미치지 못하고, 정책결정은 보류되거나, 독단적으로 처리되거나, 아니면 정보를 개방
전문가가 더욱 많은 핵심정보를 장악	정책결정자는 이해하고, 전문가는 더욱 잘 이해 - 전문가에게 상부기관에 보고하도록 초청	**정책결정자는 이해하지 못하고, 전문가는 이해 - 전문가 자문**

정책의 복잡성이 강할 경우, 정책결정자는 스스로 서로 다른 방안을 선택하기 어렵다. 예를 들어, 정책결정자가 전문가에 비해 더욱 많은 정보를 장악할 경우, 정책결정자가 정책결정을 내리기 힘들다고 해도, 전문가는 상황을 더욱 잘 이해하지 못하기 때문에, 정책결정자가 직접 방안선택에 대한 더욱 좋은 판단을 내리도록 도울 능력이 없다. 이때 정책결정과정에는 다음과 같은 3가지 상황이 출현할 수 있다. 정책결정이 너무 복잡하여 보류하거나 정책결정자가 독단적으로 정책결정을 하거나, 정책결정자가 정보공개를 결정하고 전문가들을 초청하여 자문과정에 개입하여 정책결정자의 방안선택을 돕도록 한다. 어떤 정책변화의 모호성 정도가 높고, 전문가가 더욱 많은 핵심정보를 장악할 경우, 정책결정자는 비로소 전문가 자문이 필요한 것이라고 인식한다(표1

70

-2의 굵은 글씨를 보라). 따라서 정책변화의 '지식복잡성'은 이런 상황에서 비로소 진정으로 강하고, 그에 따라 정책결정자가 전문가 자문단계를 시작하게 할 수 있다.

　우리는 또한 두 가지 차원으로부터 정책변화의 지식복잡성의 높고 낮음을 판단할 수 있다. 우리는 다음과 같이 정의할 수 있다.

　어떤 정책변화의 전문성 및 모호성과 참신성이 강할수록, 해당 정책 변화의 지식복잡성도 더욱 높다. 어떤 정책변화 과정에서 정책결정자가 장악한 핵심지식이 적을수록, 해당정책변화의 지식복잡성은 더욱 높다. 이렇게 하면, 우리가 지식복잡성이라는 복잡한 개념을 단순화시키는 데 도움이 된다. 따라서 정책변화의 지식복잡성이 높을수록, 정책결정자가 이 정책변화에 필요한 전문지식도 더욱 결여되어있으며, 정책결정자가 정책결정에 필요로 하는 핵심기술정보에 대한 장악정도도 더욱 낮고, 정책변화과정에서 비용과 수익을 계산할 때 직면하는 곤란함도 더욱 크다는 것을 의미한다. 정책변화의 지식복잡성이 더욱 높을수록, 정책결정자가 정책방안을 선택할 때 전문가의 자문과 건의를 더욱 필요로 한다. 이와는 반대로, 정책변화의 지식복잡성이 낮을수록, 정책결정자 스스로가 결정을 내릴 수 있고, 이때 정책결정자에 의해 전문가는 필요한 것은 결코 아닌 것으로 인식된다.

　그러나, 정책결정자가 전문가 자문을 필요로 할 경우에만 전문가가 비로소 피동적으로 정책과정에 출현한다고 말하는 것은 결코 아니다. 전문가는 정책변화의 '지식복잡성'이 강하지 않을 경우, 즉 정책결정자가 자기의 정책결정을 도울 전문가의 도움이 필요하지 않을 경우, 전문가도 역시 간접전략을 채택하여 자발적으로 정책과정에 참여한다. 따라서, 정책변화의 '지식복잡성'의 정도에 대한 판단을 통해서, 전문가

는 합리적인 참여모델을 선택하여 정책에 영향을 주고자 하는 목적을
실현한다.

(3) 이론가설

앞서 논의한 두 가지 정책변화의 속성과 관련가설을 종합하면, 우리
는 모든 정책변화를 4가지 유형을 나눌 수 있는데, 각각의 정책변화 유
형에서, 전문가가 정책에 영향을 미치고자 채택한 행동모델도 역시 다
를 수 있다. 표 1−3의 두 가지 차원은 각각 손실자 내포성과 강약과
지식복잡성의 높고 낮음을 대표한다. 그들이 수직교차하여 형성하는 4
개의 섹션은 각각 4가지 유형의 전문가 행동전략을 대표한다.

표 1-3 | 중국정책변화에서 전문가 참여모델

손실자 내포성 / 지식복잡성	강 함	약 함
높음	우회계몽모델	직접자문모델
낮음	폐쇄모델	전문가사회운동모델

① 우회계몽모델(outside−in enlightenment)

아젠다 설정: 전문가는 단지 직접채널을 통해서 정책결정자에게 건
의를 제출하고, 정부 네트워크 내부의 강력한 저항에 직면할 수 있다.

그들은 간접전략을 채택할 수 있을 뿐이다. 또한 이러한 정책은 매우 복잡하기 때문에, 그들의 전략은 전문가 신분으로 대중에 대해 연구성과를 공개하여, 복잡한 정책문제에 대한 대중의 이해를 계몽하고, 대중여론을 통해 정부에 압력을 가함으로써 '정책창'을 열고, 최종적으로 정책아젠다를 시작할 수 있다.

방안선택: 아젠다가 일단 시작되면, 정책의 지식복잡성 때문에, 정책결정자는 여전히 전문가 자신들의 정책결정을 도울 필요가 있다. 그러나 서로 다른 정책방안은 종종 각 이익상관자에게 서로 다른 영향을 미치기 때문에, 이때 서로 다른 정책방안을 지지하는 전문가 의견이 동시에 정책결정 층위에 진입하는 양상이 형성될 수 있다. 이때 전문가의 행동모델은 '우회계몽'118 이지만, 정책결정자의 최종결정은 상대적으로 균형잡힌 방안일 것이다.

② 직접자문모델(direct consultation)

아젠다 설정: 전문가는 비교적 순조롭게 직접채널을 통해서 정책결정자에게 전문적 분석을 제공하고, 문제를 밝혀내고, '정책창'을 열고, 이로써 아젠다가 시작된다.

방안선택: 아젠다 시작 후, 정책결정자는 전문가 자신들의 정책결정을 도울 필요가 있기 때문에, 이때의 정책결정은 종종 전문가를 초청하거나 전문가 자문팀의 구성을 통해서, 직접 전문가로부터 자문의견을 구한다.

이 전문가참여모델은 전문가가 정책을 미치는 고전적인 단선형 모형이다.

③ 폐쇄모델(locked - out)

아젠다 설정: 정책은 비교적 간단하고, 정책결정자는 어떻게 정책결정을 내리는지를 안다. 동시에 손실을 입은 정책 이익상관자의 영향력이 강력하기 때문에, 전문가의 건의가 역할하는 것을 저지하고, 전문가는 사실상 외부에 묶여 있다. 전문가가 비록 여러 경우 의견을 발표하지만 정책결정자는 그들의 건의를 채택할 수 없다.

방안선택: 정책결정자가 방안선택과정에서 가장 주목하는 것은 이익상관자 사이의 이익의 균형을 어떻게 유지하는가 이다. 일단 이익관계에 대해 적절한 처리가 이뤄지면, 정책결정은 단순해지고, 전문가의 기술적인 지지도 결코 필요한 것이 아니다.

전문가는 정부에도 영향을 미치지 못하고 대중에도 영향을 미치지 못하기 때문에, 자신의 생존공간을 추구하기 위해, 전문가는 이런 상황에서 강력한 이익상관자에 의해 포섭된다. 이때 '전문가'는 이미 우리가 논의한 '전문가'가 아니게 되고, 이익집단의 일부가 된다. 그들의 의견은 대중에 의해 쉽사리 간파되어 광대한 대중의 비판을 받는다.[119]

④ 전문가 사회운동 모델(social movement)

아젠다 설정: 정책은 비교적 간단하고, 동시에 정책변화도 정책네트워크의 이익상관자와 특별한 관계가 없고, 이 때문에 정책결정자는 전문가의 건의에 전혀 무관심하다. 만약 전문가가 아젠다에 영향을 미치고 싶으면, 그들은 더욱 급진적인 행동전략을 채택할 필요가 있다. 때로는 전문가가 사회운동의 동원자와 참여자가 될 수 있고, 이때 전문가의 '전문가 신분'은 별로 중요하지 않고, 중요한 것은 전문가의 행동

모델이 충분한 언론의 주목을 불러일으킬지 여부이다.

방안선택: 일단 아젠다가 시작되면, 정책결정자는 수월하게 방안을 제정하고, 전문가 자문은 이 과정에서 결코 필요한 것이 아니다.

연구설계와 사례

본 연구는 이익상관자 분석틀을 채용하여, 비교사례연구를 통해 상술한 이론가설에 대한 검증을 진행한다. 이익상관자 분석은 정책 이익상관자의 기회와 제약의 정의를 통해서 정책변화의 과정 중에 어떤 정책방안이 추진되거나 저지되는 가능성을 계산하는 것을 가리킨다.[120] 이익상관자 분석방법은 일반적으로 정책의 최종결정자는 '협조인(協調人)'으로 가정하고, 그들이 각 이해관계자와 기타 정책참여자의 의견을 종합하고 협조하고, 이것에 의해 최종정책결정을 형성시킨다. 이익상관자 분석의 일반적인 절차는, 우선 누가 정책 이익상관자인가를 판단하고, 다음으로 그들의 이익 및 관점과 자원제약이 무엇인가를 분석하고, 마지막으로 그들이 어떤 행동전략을 채택하여 자신들의 목적을 실현시키는가를 고찰한다.[121]

이익상관자 분석틀에 있어서, 우리는 규범적인 비교사례연구 설계방안에 따라 엄격히 정책사례연구를 엄격히 실시하며 다음과 같은 원칙에 따른다.

첫째, 비교사례연구설계는 '이론복제(theoretical replication)' 논리를 따른

다. 로버트 인(Robert K. Yin)은 그의 고전적인 사례연구방법론 저작인『사례연구방법』에서 다음과 같은 점을 지적한다. '이론복제'는 예측가능한 원인 때문에 서로 다른 결과가 산출되었을 경우, 각각 4~6개의 서로 다른 모델에 속하는 사례를 선택할 수 있고, 이론가설이 예측한 서로 다른 결과에 대해서 검증을 진행한다.122| 비교사례연구가 미치는 사례의 선택은, 반드시 '대표성(representativeness)'을 원칙으로 삼지는 않는다. '대표성'의 기준은 일반적으로, 어떤 양적 연구의 샘플링 과정이 합리적인지, 추출된 표본이 '총체'를 예측할 수 있는지 여부를 판단하는 근거로서 사용된다. 양적 연구의 대표성을 실현시키기 위해서는, 샘플링 과정에서 '무작위추출'을 지켜나갈 필요가 있다. 하지만, 비교사례연구 중에서, 사례선택은 무작위 추출의 대표성을 원칙으로 하는 것은 아니다. 연구자는 소수(少數)로써 '총체'를 추측하는 것을 목적으로 하지 않는 것이며, 개별사안 샘플링의 관건은 이 표본이 비교적 완전하고 상대적으로 정확하게 연구자의 연구문제에 대답하는 것에 있다.123| 따라서 비교사례연구의 선택은 개별 사례의 '다양성(diversity)'에 더욱 주목함으로써, '유의적 표본추출(purposive sampling)'을 주요 방법으로 해서 사례내부의 인과기제를 최대한 드러내는 것이다. 이 책이 제기한 이론가설에 근거하여, 전문가참여모델의 해석모형을 해석하는 것은 두 가지 독립변수가 있고, 4가지 정책변화유형이 나온다. 따라서 우리는 '정책변천'을 분석단위로 해서, 4가지(혹은 그 이상)의 정책사안을 선택하여, 상술한 일련의 가설을 검증한다. 연구작업의 범위의 제약이 존재하므로, 우리는 연구효과를 보증한다는 기본전제 하에, 목적의식적으로 4가지의 정책변천사례를 선택한다. 이러한 사례들 중에서, 정책변화의 속성은 명확한 차별성을 가지고 있고, 또한 이러한 4가지 정책변화과정 속

에서 전문가도 서로 다른 참여모델을 선택할 것으로 예측된다.

　두 번째, 의식적으로 각종 간섭요소를 배제한다. 선택된 모든 정책사례는 모두 최근 10년 내 변화가 발생한 정책이다. 또한 앞에서 말했듯이, 전문가의 이익편향(interest bias)을 최대한 감소시키기 위해서, 본 연구가 선택한 사례는 모두 사회정책이다. 더욱 중요한 것은, 이익상관자 분석틀에 의거하여, 우리가 비교사례연구를 전개할 경우 정책결정자라는 간섭요소를 통제할 필요가 있다. 동일한 관료기구가 어떤 경우는 최종정책결정자이지만, 또 어떤 경우는 상급기구가 제정하는 정책의 참여자이기도 하다. 예를 들어 국무원이 반포 또는 하급기관에 발송하거나 상무위원회(常務委員會)가 통과시킬 필요가 있는 중요 정책결정문제에 대해서, 중앙의 유관부서와 위원회 및 지방정부는 이익상관자이지 정책결정자가 아니다. 하지만, 어떤 정책이 중앙의 어떤 부서와 위원회 혹은 지방정부로부터 공포되면, 이때 정부기구는 바로 최종정책결정자이다. 따라서 비교사례연구의 규모를 일치시키기 위해서, 본 연구에 선택된 모든 정책변화사례는 모두 국무원(혹은 중공중앙과 함께)이 반포 및 통과 혹은 하급기관에 대해 회답한 정책이다. 이렇게 모든 관련 영역의 중앙 부서와 위원회와 지방정부는 모두 최종정책결정권이 없고, 단지 국무원 정책결정의 참여자이다.

　세 번째, 탐방 중의 '성찰성(reflexivity)' 문제를 최대한 극복해야 한다. 본 연구는 관련 정책사례 부문의 관료와 그 속에 참여하는 전문가를 탐방하였고, 그 가운데 2가지 정책영역인 성진의약위생(城鎭醫藥衛生)과 신형농촌합작의료(新型農村合作醫療)의 핵심전문가에 특별히 주목했다. 그런데 질적 연구방법에서 이른바 '성찰성'은, 탐방대상이 탐방주체의 의도에 근거하여 의식적으로 대답을 하거나, 혹은 피관찰자가 어떤 사람이 관찰할 때 자신의 행위를 조정하고 숨길 수 있다는 것을 느끼는 현상을 가리킨다.[124] 내부인의 성찰성 피드백을 피하기 위해서, 이 책이 보고하는 실증연구는 어떠한 내부자료 혹은 탐방기록도 채택하지 않았고, 모든 증거는 정식의 공개자료이다. 이러한 작업의 한계는 실증연구 중에 내부인만이 비로소 장악할 수 있는 정보가 남는다는 점이다. 하지만 필자는 관련 전문가에 대한 탐방을 진행할 때 전문가는 의식적 무의식적으로 자신의 영향력을 과장할 수 있고, 어떤 사실들을 기피하거나 숨길 수도 있다는 점에 주목하게 되었다. 따라서 공개자료를 채택하는 것의 좋은 점은, 인용된 모든 증거가 이미 사회여론의 일차적 검증을 통과했고, 우리도 또한 학술이론에서 자료가 비교적 높은 신뢰도를 가지고 있다는 것을 보증할 수 있다는 것이다. 이 책의 비교정책사안연구방법은 표 1-4에서 보이는 것과 같다.

표 1-4| 비교정책사례 연구방안설계

손실자 내포성 지식복잡성	강 함	약 함
높음	<u>우회계몽모델</u> ●성진의약위생 (城鎭醫藥衛生)	<u>직접자문모델</u> ●신형농촌합작의료제도 (新型農村合作醫療制度) 시험추진
낮음	<u>폐쇄모델</u> ●성시경제적용방신정 (城市經濟適用房新政)	<u>전문가사회운동모델</u> ●수용송환제도 (收容遣送制度) 취소

표 1-5는 이 책이 선택한 4가지 정책변화사례의 지표성 사건이다. 이 책은 다음 장에서 이 4가지 정책변화사례의 과정에서 정책변화과정 속 이익상관자의 이익득실 및 그 속에서의 전문가 참여행위를 체계적으로 분석하고, 전문가 역할을 할 때 채택하는 행동논리를 보여준다.

표 1-5 | 각 정책변화사례 정책결정 지표성 사건

정책변화사례	원(原) 정책결정 지표성 사건	정책변화 정책결정 지표성 사건
신성진의약위생체계 (新城鎭醫藥衛生體系)	1997년 1월 15일, 「중공중앙 국무원의 위생개혁 및 발전에 관한 결정(中共中央國務院關於衛生改革與發展的決定)」 1998년 12월 14일, 「국무원의 성진직공 기본의료보험 제도의 건립에 관한 결정(國務院關於建立城鎭職工基本醫療保險制度的決定)」	2009년 3월 17일, 「중공중앙 국무원의 의약위생체제개혁의 심화에 관한 의견(中共中央國務院關於深化醫藥衛生體制改革的意見)」 2009년 3월 18일, 「의약위생체제개혁의 단기중점실시방안의 인쇄배포에 관한 국무원 통지(國務院關於印發醫藥衛生體制改革近期重點實施方案(2009~2011년)的通知)」
신형농촌합작의료제도 (新型農村合作醫療制度) 시험추진	1997년 1월 15일, 「중공중앙 국무원 위생개혁과 발전에 관한 결정(中共中央國務院關於衛生改革與發展的決定)」 1997년 5월 28일, 「위생부 등 부문의 농촌합작의료 발전과 완비에 관한 약간의 의견을 국무원이 지시하고 전달(國務院批轉衛生部等部門關於發展和完善農村合作醫療的若干意見的通知)」	2002년 10월 19일, 「농촌위생작업의 진일보 강화에 관한 중공중앙 국무원 결정(中共中央國務院關於進一步加强農村衛生工作的決定)」 2003년 1월 16일, 「신형농촌합작의료제도 건립에 관한 위생부 등 부문의 의견을 국무원 판공청이 전달(國務院辦公廳轉發衛生部等部門關於建立新型農村合作醫療制度意見的通知)」

정책변화사례	원(原) 정책결정 지표성 사건	정책변화 정책결정 지표성 사건
성시경제적용방신정 (城市經濟適用房新政)	1998년 7월 3일, 「성진주택 제도개혁의 심화와 주택건 설 가속에 관한 국무원 통 지(國務院關於進一步深化 城鎭住房制度改革加快住房 建設的通知)」 2003년 8월 12일, 「부동산시 장의 지속적인 건강한 발전 을 촉진시키는 것에 관한 국무원 통지(國務院關於促 進房地産市場持續健康發展 的通知)」	2007년 8월 13일, 「도시저소 득가정 주택을 곤란해결에 관한 국무원 약간의 의견 (國務院關於解決城市低收入 家庭住房困難的若干意見)」 2008년 12월 17일, 국무원은 상무회의를 개최하여, 3년 내에 약 9천억 위안을 투자 하여 전국 보장성(保障性) 주택건설에 쓰고, 그 중 6천 억 위안을 경제적용방(經濟 適用房) 신축에 사용하기로 결정
수용송환제도 (收容遣送制度) 취소	1982년 5월 12일, 「도시 유 랑구걸인원 수용송환방법 (城市流浪乞討人員收容遣 送辦法)」	2003년 6월 20일, 「도시생활 이 불가능한 유랑구걸인원 구조관리 방법(城市生活無 着的流浪乞討人員救助管理 辦法)」

02

우회계몽모델

제2장   우회계몽모델

도시와 농촌을 대상으로 하는 성진의약위생체계(城鎭醫藥衛生體系) 개혁은 줄곧 중국인의 관심을 받는 뜨거운 화제이다. 2009년 1월 21일에 국무원 총리 원자바오가 주재한 국무원 상무회의는 「의약위생체제 개혁의 심화에 관한 의견」과 「2009~2011년 의약위생체제 심화 개혁 실시방안」을 심의하여 통과시켰다. 그리고 2009년 4월 6일에는 중공중앙과 국무원이 「의약위생체제개혁 심화에 관한 의견」(이하 「의견」)을 공표하였다. 「의견」은 '주민의 의료비용 부담을 경감시켜, 진료받기 어려운 상황과 의료비가 너무 높은 문제를 해결한다'는 단기적 목표를 내세우고, 동시에 도시와 농촌주민들에게 체계적인 기초 의료위생제도를 보급하여, 보다 안전하고 효과적이며 편리하고 저렴한 의료위생서비스를 제공한다는 장기적 목표를 제시하였다.

　　의약체제개혁은 의료, 제약, 공공위생, 보험 등 다양한 전문지식분야와 복잡하게 관련되어 있기 때문에 초기에는 정부 역시 개혁 이후의 상황에 대해서 완전히 파악하지 못했다. 따라서 관방 연구기관들에 의해서 시장화 방향의 성진의약위생체제개혁에 대한 평가가 진행되었다. 그 결과 2006년에 새로이 발표된 신(新)성진의약위생체계개혁방안이 나온 이후, 2009년까지 3년 동안 전문가와 대중이 적극적으로 참여하면

84

서, 중국의 정책결정과학화와 민주화건설에 기여하는 훌륭한 경험사례
가 되었다.

성진의약위생체계

중국의 성진의약위생체계개혁의 시작은 개혁개방 초기에 이루어졌
다. 다음은 개혁개방 30년 이래의 중국의약위생체계 개혁의 과정을 간
략히 서술한 것이다.

중화인민공화국이 성립된 이후부터 개혁개방이 시작되기 전까지는
정부가 대부분의 성진 주민의 의료비용을 떠맡던 체제였다. 계획경제
체제하에서 의료기구는 정부가 직접 설립한 사업단위이며, 의료자원을
정부가 통일적으로 배치하여, 의약에 대해 전면적으로 통제하는 체제
였다. 병원은 정부재원으로 유지되는 사업단위이기 때문에 병원은 주
민에게 만족스러운 의료서비스를 제공할 정도의 충분한 조건을 갖추지
못했다. 이 시기에 의약품 가격은 비록 낮았지만, 정부의 재정 투입이
부족했기 때문에 성진 주민의 '진료의 어려움' 현상은 매우 심각하였
다.125

제1단계 : 병원의 경제적 관리방식의 탐색 (1979년~1980년대 말)
개혁개방 이후 중국의 성진의약위생체계에 중대한 전환이 발생하였
다. 먼저 경제관리시스템에 병원관리가 포함되었다. 1979년 위생부 부

장 첸신종(錢信忠)은 "경제수단을 운용하여 위생사업을 관리하겠다"는 발상을 제시하였다. 1979년 3월 21일~4월 2일 위생부는 베이징에서 전국 위생국장 회의를 개최하였다. 6월에는 국무원이 「위생부의 전국위생국장회의에 관한 보고」를 회람하고, 정식으로 "각 의약위생단위는 경제관리를 강화하여, 정액(定額)관리제도를 실행하고, 계획통계업무를 강화해야 한다"는 지침을 하달하였다. 이후에 위생부는 다시금 병원에 대해 「오정일장(五定一狀)」을 전개하였는데, 이른바 임무, 병상, 편제, 업무기술지표, 경제지원기준 등을 정한 다음, 업무장려제도를 실시하고, 동시에 정액보조제도, 경제적인 결산제도, 신상필벌제도를 시범적으로 실시하였다.

1980년대 내내 위생부의 주도하에 정부는 점진적으로 '정액보조'와 '권력분산 및 이익양보'를 내용으로 한 병원체제개혁을 실시하였다. 1980년 정부는 '국무원이 비준한 위생부의 개인개업병원문제에 관한 지시요청 보고'를 공포하였고, 정부는 의사들의 사적인 병원 개업을 허용하기 시작했다. 1985년 4월 정부는 「국무원이 비준한 위생부의 위생업무개혁에 관한 약간의 정책문제 보고에 관한 통지」를 공포하였다. 보고의 핵심은 어떻게 병원의 적극성을 유도하여 진료의 어려움, 수술의 어려움, 입원의 어려움이라는 이른바 '세 가지 어려움' 문제를 해결하는 것이었다. 구체적인 방안으로는 다양한 통로의 병원개업을 격려하기, 병원에 대해 국가의 재정투입을 줄이기, 대출을 통해 자발적으로 자금 확보하기, 병원 발전을 추진하여 병실과 병상의 수량을 늘리기, 선진 의료설비를 구매하여 의료자원의 부족현상을 해결하기 등이다. 1988년 11월 「위생부, 재정부, 인사부, 국가물가국, 국가세무국의 의료위생서비스 확대에 관한 유관 문제에 대한 의견」을 공포하고, 다양한

86

형식의 책임제도를 적극 추진할 것을 제안하였다. 의료위생 사업단위는 위생주관부문과 임무 설정, 편제, 진료 품질, 경비 등에 대해 계약서를 작성할 수 있게 되었다. 이 문건은 1989년 1월 국무원의 비준을 받아 국가정책이 되었다.

제2단계 : 시장화방향의 탐색 (1990년대)

의약위생체계개혁을 정부주도로 해야 하는가 아니면 시장주도로 해야 하는가는 여전히 논쟁이 진행되고 있다. 1990년대에 병원이 경제적 이익을 강조하고 공익성을 무시하는 현상에 대해 위생부 내부에서도 논쟁이 벌어졌다. 1992년 9월 덩샤오핑의 남방담화와 중공중앙정치국 회의의 정신을 관철시키기 위해서, 위생부는 「위생부의 위생개혁의 심화에 관한 몇 가지 의견」을 발표하였다. 문건에 근거하여 위생부는 병원이 의료위생관련 서비스의 연장선상에서의 공업과 기타 산업으로 발전할 것을 장려하였다. "공업으로 의료를 보조하고, 부업으로 주업을 보조한다"는 원칙을 통해서, 병원의 수익증진을 위한 창업을 장려하고, 정부의 재정투입비중을 감소시키고자 했다. 그러나 이러한 개혁조치 이후에도 '진료의 어려움' 문제가 해결되지 않을 뿐만 아니라 의료비가 높이 상승하는 문제가 발생하였다. 병원에서는 선택 수술, 특별 간호, 특별 병실 등 새로운 의료부담항목이 증가하였다. 원래 국가가 책임지던 의료보장제도를 지속하기가 어려워 졌다. 이후 1993년 5월에 개최된 전국의료정책업무회의에서 위생부 부부장 인다쿠이(殷大奎)는 의료의 시장화를 반대하고, 의료의 대중적 성격과 최소한의 사회적 공평성 문제를 고려해야 한다고 명확히 요구하였다.126

제3단계 : 사회주의 시장경제 주도 (1996년~2005년)

1996년 12월 9일 중공중앙과 국무원은 전국위생업무회의를 개최하고, 논의된 내용은 이듬해 1997년 초에 「중공중앙·국무원의 위생개혁 및 발전에 관한 결정」으로 공포하였다. 회의에서는 사회적 이익의 견지를 최우선으로 고려해야 하고, 오로지 경제적 이익만을 추구하고, 사회적 공익을 무시하는 경향은 극복해야 한다고 강조하였다. 회의에서 중국의 의약위생체계에 대한 전면적인 개혁을 시작하기로 결정하였다. 개혁을 결정한 기저에는 전체 사회에 의료서비스를 제공하고, 의료시설 공급을 확대하며, 정부 통제를 분산시키고, 정부의 감독은 강화하고, 병원의 경쟁시스템 도입을 염두에 두었다. 이로써 의료보험제도개혁, 의료기구개혁, 약품유통체제개혁 등 세 가지 내용을 기준으로 하는 제2차 의약위생체계 개혁이 추진되기 시작했다.[127] 1998년 12월 국무원은 전국의료보험제도개혁 업무회의를 개최하고, 「국무원의 성진직공기본의료보험제도 건립에 관한 결정」을 공포하였다. 「결정」은 전국적 범위에서 전체 성진직공의 기본적 의료보험제도를 수립할 것을 명확히 요구하였다. 2000년부터 국가는 성진의약위생체제의 개혁방향을 사회주의시장경제를 주도로 하는 체제로 확정하였다. 2000년 2월 국무원은 국무원 체제개혁 판공실 등 부문에 「성진의약위생체제개혁에 관한 지도 의견」과 13 종류의 관련된 시행 문건을 회람하였다. 여기서 나타난 개혁의 목표는 "사회주의 시장경제의 요구에 적합한 성진의약위생체제를 수립하고, 위생기구와 의약산업의 건강한 발전을 촉진하여, 대중들이 합리적인 가격과 우수한 품질의 의료서비스를 향유하도록 하여, 인민의 건강 수준을 향상시키고자 한다"로 되어 있다. 주요 실시방안에는 기본의료보험제도 실시지역의 확대, 구체제의 국가재원

기반 의료 및 노동보장의료제도의 점진적 전환, 위생행정부문의 직능 전환, 정치와 사업의 분리, 점진적인 의료산업 관리, 의료기구의 분할 관리, 공립의료기구 내부에 경쟁시스템 도입, 정부 규제의 완화, 영리 성 및 비영리성 의료기구를 분리하여 성격과 기능 차이에 따라 세금과 가격을 다르게 책정하고, 사회의 다양한 의료기구의 시장화 개혁을 통 한 규범적인 운영, 약품유통체제의 개혁과 감독 관리를 강화하여 의약 분업을 실시하는 것 등이다.

제4단계 : 제1차 의료개혁 (2005년부터 현재까지)

하지만 의약위생체계개혁이 진행된 지 8년이 지난 이후에 국내외 많 은 전문가와 연구단체는 기본적으로 의료개혁이 실패했다고 평가하고 있다. 시장화를 목표로 한 성진의약위생체제개혁에 대한 평가는 위생 개혁이 의료비용의 증가문제를 해결하지 못했을 뿐 아니라 오히려 악 화시켰다고 보고 있다. 의약위생체계의 시장화개혁 이후에 일반인들의 '진료의 어려움'과 '진료비의 상승'문제가 더욱 증가하였다.[128] 2005년 국무원발전연구중심 연구원 거옌펑(葛延風)이 주관한 '중국의료위생체제 개혁' 과제소조의 연구보고는 현재의 의료서비스의 공평성이 저하하고 위생투입의 거시적 효율도 저하하고 있으며, 결론적으로 의약위생체계 에 상업화, 시장화 경향이 나타난 것은 완전히 잘못된 것이며, 의약위 생사업의 기본 원칙에 위배된다는 것이다. 거옌펑은 나중에 이러한 보 고의 주요 내용을 언론에 공개하였다. 2005년 7월 28일 『중국청년보(中 國靑年報)』는 거옌펑의 인터뷰 기사에서 "중국의 의료개혁은 기본적으로 성공하지 못했다"고 결론지었다. 얼마 지나지 않아서 신화사(新華社)는 재차 당시 위생부 장관 가오창(高强)이 7월 1일 정세보고회의에서 「의료

위생사업을 발전시켜 사회주의조화사회건설에 공헌하자」라는 제목의
보고서 전문을 대중에 공개하였다. 의료개혁의 미래에 대해서 사회적
여론의 관심이 날로 높아지고, 다른 매체들의 관련 보도가 나오기 시
작하면서 의료개혁이 기본적으로 실패하였다는 주장은 일순간에 여론
의 초점이 되었다.

중앙정부는 사회여론의 커다란 압력에 직면하였다. 정부도 매우 신
속하게 의료위생체계개혁이 기본적으로는 성공하지 못했다고 발표했
는데, 이 또한 새로운 의약위생체계개혁을 촉진하는 방향으로 작용하
였다. 2006년 6월 국무원은 신(新)의료개혁의 출발을 선포하였다. 9월에
는 16개 부서와 위원회가 조직한 '의약위생체제개혁의 심화를 위한 정
부통합업무소조'가 구성되었고, 국무원 부총리 우이(吳儀)를 조장에 임
명하였다. 성진의약위생체계 개혁은 국무원이 설립한 의료개혁협조소
조가 조직적 지도를 맡는데, 국가발전개혁위원회를 포함하여 위생부,
재정부, 노동 및 사회보장부 등 중요 부서가 모두 참여하였다.

정부의 정책결정자와 전문가의 공동노력을 통하여 새로운 의약위생
체계개혁방안이 점차 실체를 드러냈다. 2007년 7월 23일 국무원은 「국
무원의 성진주민기본의료보험지역 시범실시에 대한 지도의견」을 공포
하고, 2007년에 79곳의 도시를 시범지역으로 선정하여 성진주민 기초
의료보험 실시지역을 확대하였고, 2010년에는 전국으로 확대하였다.
2007년 9월에 국가발전개혁위원회는 최신의료개혁방안을 국무원에 보
고하였고, 향후 사회에 공개하여 모든 계층의 의견을 청취하겠다고 하
였다. 2007년 11월 30일 국가발전개혁위원회 주임 마카이(馬凱)는 가오
창과 세쉬런(謝旭人) 등을 초대하여, 기층의약위생기구의 재정투입시스
템, 공립병원의 운영시스템, 재정총지출 가운데 정부위생 재정 투입의

점유비중 등 의료개혁방안 중 여전히 남아있는 몇 가지 문제와 관련하여 의견을 교환하고, 기본적으로 이견(異見)을 조정하였다. 2008년 1월 14일과 15일에 우이 부총리는 두 차례 좌담회를 개최하여, 전국인민대표대회 교육과학문화위원회와 전국정치협상회의 교육과학문화위생체육위원회의 위원들과 만나, 업무소조의 '의약위생체제개혁 심화에 대한 지도의견'에 대해 건의와 의견을 청취하였다. 2008년 2월 29일 국무원 상무회의는 의료개혁통합소조의 의료개혁방안에 대한 보고를 청취하였고, 국무원 최상위 지도자들의 의견에 기초하여 의료개혁소조는 의료개혁방안을 부분적으로 수정하였다. 2008년 4월 11일과 15일에 원자바오 총리는 중남해에서 두 차례 의료개혁업무와 관련한 좌담회를 주재하여, 의료업무종사자, 전공학자, 약품생산 및 유통 기업인, 교사, 도시민, 농민, 농민공 등을 포함한 각계 각층의 의견과 건의를 청취하였다. 2008년 9월 10일 원자바오 총리가 주재한 국무원 상무회의에서 「의약위생체제개혁에 관한 의견(의견수렴안)」을 원칙적으로 심의 통과시켰다. 10월에는 인터넷을 통해 대외적으로 공개하고, 네티즌의 의견을 구했는데 반응이 3만 5천여 건에 이르렀다.129

2009년 1월 21일, 원자바오 총리가 주재한 국무원상무회의에서 새로운 의료개혁방안이 정식으로 통과되었다. 3월 17일 중공중앙과 국무원이 연합 공포한 「중공중앙 국무원의 의약위생체제개혁의 심화에 관한 의견」에서 성진 주민의 기초의료위생제도를 구축하여 안전하고, 효과적이며, 편리하고, 저렴한 의료위생서비스를 제공한다고 천명하였다. 「의견」에서 기초의료위생제도는 사회의 공적서비스를 주민에게 제공하는 것으로 여기고, 정부가 기초의료위생제도를 확립하는 역할을 책임질 것이라고 명시했다. 3월 18일에 국무원은 「국무원의 의약위생체

제개혁의 단기 중점실시방안(2009~2011년)에 관한 통지」를 책자로 발행하
였다. 실시방안은 2009년부터 2011년까지의 중점적인 개혁 조치 다섯
가지를 포함하고 있는데, 기초의료보장제도 수립 의 가속화, 초보적인
국가기본약물제도 수립, 공립병원개혁의 시범단위 추진 등을 포함하고
있다. 신의료개혁방안이 공포된 이후에 강력한 지도를 위해 국무원은
리커창(李克强) 부총리를 조장, 위생부 당조서기 장마오런(張茅任)을 판공
실 주임으로 하여, 16개 정부부서가 참여한 의약위생체제개혁 심화영
도소조를 구성하여 통합적인 조직관리와 개혁을 추진하였다.130

표 2-1 | 개혁개방이래 중국 도시의약위생체계개혁 관련 정책 문건

시간	문건	공표 기관	주요 내용
1979년 6월 25일	「국무원비준위생부의 전국위생국장회의 보고에 관한 통지」	국무원	각 의약위생단위는 의약위생의 현대화 건설 노력을 강화할 것
1979년 4월 28일	「병원경제관리시범업무 강화에 관한 의견」	위생부, 재정부, 국가노동총국	병원의 경제관리 강화, 정액관리제도 실행, 계획통계업무 강화를 위해 '오정일장'제도 실행
1979년 11월 3일	「병원경제관리시범업무에 관한 추가 통지」	위생부, 재정부, 국가노동총국	각지에 시범범위를 확대하지만, 필히 엄격한 심사절차를 거치도록 함
1980년 8월 24일	「개별 병원 개업 허용 문제에 관한 지침에 관한 보고」	국무원 비준 위생부	정부가 의사의 개인병원 개원을 허용하기 시작
1981년 3월 18일	「의원경제관리 임시시행방법」	위생부	병원의 경제관리의 실행은 반드시 사회주의개원방향을 견지하고, 국가의 관련 방침, 정책과 위급환자를 구호하는 혁명적 인도주의를 성실히 견지하며, 의료중심, 의료수준 향상을 촉진하며, 환자에게 경제적 부담을

시간	문건	공표 기관	주요 내용
			가중하지 말아야 한다는 원칙을 필히 견지함.
1982년 1월 12일	「전국병원업무조례」	위생부	병원은 필히 의료업무를 중심으로 하며, 당위영도하의 원장책임제 실시
1985년 4월 25일	「위생업무개혁의 일부 정책문제 보고에 관한 통지」	국무원 비준 위생부	다양한 통로의 의원 개설 장려, 위생의료기구에 대해 권한과 이익 양도와 창조적 자기 발전 장려 정책 시행, 부대비용 제도 개혁
1988년 11월 9일	「의료위생서비스 확대 문제에 관한 의견」	위생부, 재정부, 인사부, 국가물가국, 국가세무총국	각종 형식의 책임경영제도의 적극적인 추진
1992년 9월 23일	「위생개혁 심화에 관한 몇 가지 의견」	위생부	"공업으로 의료 보조, 부업을 주업으로" 원칙으로 의원의 창조적 수익확대, 정부재정투입비중 감소
1994년 2월 26일	「의료기구관리조례」	국무원	의료기구의 계획 정리 및 설치에 대한 심사비준, 등기, 개업, 관리감독 및 관련 법률책임에 대한 규정
1997년 1월 15일	「위생개혁 및 발전에 관한 결정」	중공중앙, 국무원	향후 15년 위생업무의 임무 및 개혁발전목표 제출. 2010년까지 전국에 사회주의시장경제체제와 인민의 건강 요구에 적합한 비교적 완벽한 위생체계의 구축
1998년 12월 14일	「국무원 성진직공기본 의료보험제도의 건립에 관한 결정」	국무원	전국 범위로 도시 직공 기본의료보험제도의 실시를 요구
2000년 2월 21일	「도시의약위생체제개혁에 관한 지도 의견」	국무원판공청 및 국무원 체제개혁판공실 등 8개부서	사회주의시장경제의 요구에 적합한 도시의약위생체제 건립
2007년	「도시주민기본의료보험	국무원	2007년에 79개 도시에 시범 실

시간	문건	공표 기관	주요 내용
7월 10일	「시범지역 전개에 관한 지도 의견」		시, 도시주민의 기본의료보험 실시 지역 확대하고, 2010년까지 전국에 실시
2008년 9월 10일	「의약위생체제개혁의 심화에 관한 의견」 (의견수렴본)	국무원	
2009년 3월 17일	「중공중앙 국무원의의 약위생체제개혁의 심화에 관한 의견」	중공중앙, 국무원	기본의료위생제도를 공공제품으로 전인민에게 제공하고, 정부는 기본의료위생제도의 실시 책임을 강화
2009년 3월 18일	「의약위생체제개혁의 단기중점실시방안 (2009~2011년)에 관한 통지」	국무원	2009년부터 2011년까지 5항 개혁의 중점 실시

이익상관자 분석

(1) 관방(官方) 이익상관자

2006년 9월, 국무원은 국가발전개혁위원회 주임과 위생부 부장을 공동위원장으로 하여, 14개 부서(나중에 16개로 확대)가 참여한 의료개혁협력소조를 구성하였다.[131] 이는 새로운 도시 의약위생체계개혁이 전면적으로 실시됨을 의미한다. 여러 부서 중에서 국가발전개혁위원회, 위생부, 노동사회보장부, 재정부는 의료개혁의 주요 참여자이다. 그러나 각 부문은 도시의약위생체계에 대한 태도가 일치하지는 않았다. 위생

94

부는 하부에 위치한 수많은 병원이 의약위생체계의 제공자이기 때문에 위생부는 중앙정부가 재정자금을 의약위생체계의 제공자에게 보조해 주기를 희망했다. 이렇게 해야 의약서비스 가격을 낮출 수 있고, 환자의 부담을 경감시킬 수 있다고 보았기 때문이다. 반면에 사회보장부문은 중앙정부의 자금이 환자(의약위생체계의 수요자)에 대한 보조금으로 쓰여 의료보험에 참여하도록 하고, 의약위생제공자는 경쟁을 도입해야 한다고 보았다. 각기 다른 이익상관부문의 도시의약위생체계개혁에 대한 태도는 표 2-2와 같다.

표 2-2 | 각기 다른 이익부문의 도시의약위생체계개혁에 대한 태도132 |

부문	이전 의료개혁 실패 원인	더 나은 개혁에 대한 건의
위생부문	정부의 의약위생영역에 대한 투입이 부족하여, 병원은 '약품 판매 이익으로 의료서비스를 제공하는' 기형적인 운영상태 때문.	의료개혁 이후의 재정보조금은 '공급자'에게 더 많이 지원되어야 함. 즉 자금은 의료기구에 투입되어야 함.
사회보장부문	'공급자'에 대한 지원은 단위 서비스 수준 향상을 어렵게 하고, 효율과 공평성 모두 결핍되기 때문.	의료개혁은 재정자금을 '수요자'에게 지원되어야, 즉 자금지원은 사회복지에게로 투입되어야 함.
재정부문	위생계통은 보편적으로 장부상 적자이며, 의료개혁의 재정자금을 지원하지 않으면, 먼저 '임시변통'으로 사용될 것이며, 이러한 방식의 지불은 위생부문의 '철밥통'현상과 재정낭비를 방지할 수 없기 때문.	재정부는 비교적 수요자 지원 방향으로 치우쳐 있음.

(2) 사회 이익상관자

① 공립병원

공립병원은 비록 명의상 정부위생행정관리부문이 관리와 감독을 하는 사업단위이지만 현재 공립병원의 90%의 자금은 환자에게서 나온다. 국가의 의료자원 지원이 불가능하기에 공립병원은 언제나 환자들로 가득차고, 공립병원의 의료서비스질의 저하를 초래하여, '진료의 어려움', '진료비 상승' 문제가 공립의료서비스기구의 문제점으로 등장하고 있다. 그러나 정부의 위생행정관리부문은 '운동선수이자 동시에 심판'이라는 이중적 입장에 처해 있기 때문에, 행정관리부문이 공립병원에 대한 감독기능을 제대로 발휘하지 못하고 있다. 현재 모색하고 있는 의약체계개혁의 중요한 부분은 바로 정부와 공립병원간의 행정적 예속관계를 해제하는 것이다. 정부와 공립병원간의 이해유착관계를 단절시키지 않으면 의약개혁은 성공하기 어렵다. 새로운 의약개혁은 공립병원의 소유권과 경영권 분리문제를 해결한 관리모델을 모색하여, 정부는 위탁관리방식을 통해 점진적으로 공립병원이 병원 스스로 경영하고 관리함으로써 정부와 공립병원간의 행정예속적 관계를 해제시키는 방향으로 가려고 한다. 법에 의거하여 병원관리기구가 독립법인지위를 획득하고, 병원관리위원회를 핵심으로 하는 공립병원 법인관리기구를 설립하는 것이다.[133] 이렇게 '약품 판매를 통해 의료서비스를 부양하는' 체제에서 공립병원은 정부위생행정관리부문이라는 든든한 우산을 잃게 될 것이며, 공립병원은 큰 타격을 입을 것이다. 최적화 관리가 이루어져야 서비스의 질을 향상시킬 것이며, 공립병원은 현재의 권위 있는 의료서비스제공자라는 지위를 유지할 수 있을 것이다.

96

② 사구(社區) 병원

사구병원은 주민들의 일상적인 질병 치료 뿐만 아니라 예방, 위생, 건강교육 및 가족계획관련 기술지도등을 기본내용으로 하는 위생서비스를 담당한다. 현재 정부는 사구병원을 '비영리성 공공의료위생기구'로 정의하며, 사회적 효과를 높이려 하고 있다. 그러나 공립병원과 비교해 볼 때 기술, 시설조건이 부족하기 때문에 환자는 사구병원에서 진료받기를 꺼리고 있다. 또한 정부의 자금지원도 부족한 관계로 사구병원은 정부의 지원이나 환자로부터의 수입을 창출하기가 어렵다. 이러한 조건으로 인해 사구병원의 일상적 운영은 매우 힘들게 이루어지고 있다.[134] 따라서 정부는 지원을 늘리는 것을 통해 사구병원 건설을 강화해야 하며, 사구병원에 대한 개조와 관련 의료종사자에 대해 기술훈련을 강화시켜야 한다. 새로운 의약체계개혁방안은 기본의료의 생제도를 공공제품으로서 모든 주민에게 제공하고, 사구위생서비스중심을 주체로 도시사구위생서비스네트워크를 신속히 구축하여 의료서비스기능을 개선하는 것과 손익분기점을 맞추는 두 가지 모두 계획으로 설정하며, 입원의사의 표준화연수제도를 수립하고, 지방에서는 등록의사의 다양한 개업방식과 형식을 모색하도록 장려하고, 지방은 분급의료기준을 제정하도록 하며, 사구진료시범단위를 설정하며, 도시사구의 생서비스중심과 서비스소조는 국가가 규정한 기본시설, 설비기구, 인원경비 및 공공서비스중심의 업무경비를 부담해야 한다. 정액, 정량 및 서비스 구매 등 방식을 통해 지원하며, 의무인원의 급여 시스템과 해당 지역사업단위의 담당자의 평균적인 급여수준과 비슷해야 한다.[135] 이렇게 사구병원의 자금긴장 국면을 완화시킬 수 있다면 공립병원으로부

터 환자들을 사구병원으로 분산시켜, 의료위생서비스의 자원을 합리적
으로 배치할 수 있다.

③ 의료보험체계

의료보험체계는 위생체계개혁에 있어서 중요한 위상을 지니고 있다.
한편으로는 보험금의 교부와 보상 수속과정을 통해 의약서비스 수요자
와 공급자이외의 제3자로서의 역할을 한다. 다른 한편으로는 사회보장
체계에서 의료보험은 특수성을 지니는 바, 공익성과 복지성을 구비하
는 것뿐만 아니라, 수요공급 각각의 정보가 불일치할 경우에 의료수요
자측은 유연성이 부족하고, 의료서비스공급자가 절대적인 통제권을 지
닌다는 특징을 보인다. 이러한 특수한 체계에서는 정부가 다양한 입장
을 고려해야 하는데, 먼저 의료보험제도모델의 설계자, 의료보험의 책
임운영자와 의료보험시장의 감독자 역할을 하는 것과 함께 의료보험의
책임자, 의료서비스의 구매자, 의료보험시장의 관리자 역할을 담당해
야 한다.136ㅣ 따라서 정부는 의료보험체계에서 다양한 역할을 담당하
면서 정부의 기능을 효과적으로 행사해야 한다.

④ 의사집단

중국에서 의사의 노동 가치는 현저하게 과소평가되어 있다. 한 전문
가의 표현에 의하면 의사의 부담이 가장 무거운데도 제도가 의사집단
을 하찮은 집단으로 취급한다고 할 정도이다. 의사의 진료수속비와 수
술비용은 매우 낮고, 의사는 오직 환자에게 약을 처방하거나 고가의
약을 처방함으로써 수수료를 받는다. 의약위생체계개혁은 의사집단에

대한 충격이 작지 않다. 그러나 의사집단의 새로운 의료개혁방안에 대한 영향력은 미미한 실정이다. 중국의사협회회장 인다쿠이는 중국 의사들의 개업현황에 대한 조사연구보고서를 발표했다. 이 보고서에서 나온 통계는 중국 대륙의 의사들 중 39.57%가 현재의 개업환경이 "비교적 좋지 좋다", 24%는 "매우 좋지 않다"고 보고 있으며, 45.21%는 새로운 의료개혁을 지지한다고 하며, 22.38%는 새로운 의료개혁을 잘 모른다고 응답한 것으로 나타났다.137ㅣ 한편 사회적으로 새로운 의료개혁에서 의사집단의 직업적 위상에 대해서 큰 차이가 나타났다. 하나의 시각은 의사직업은 공무원 형태로 되어, 의무인원이 교사계층처럼 공무원 대우를 받아야 의사는 비로소 정력을 환자의 질병을 치료하는데 집중할 수 있을 것이라는 입장이다.138ㅣ 또 다른 입장은 의사는 '자유직업인'이 되어야 한다는 입장이다.139ㅣ 새로운 의료개혁방안은 의료인원의 전통적 위상을 바꿔서, '등록의사의 다양한 개업방안을 탐색 연구'하는 것이다. 이는 중국의 의사제도의 중대한 변혁을 의미하며, 장기적으로 불완전한 회색지대의 '주말의사'로 하여금 밝은 환경에서 의료활동을 할 수 있도록 하는 것이다. 한 가지 측면에서 능력이 있는 의사는 '명의(名醫)의 시간외 진료'나 '주말(週末) 의사'를 통해 고수입을 얻을 수 있고, 의사의 자유로운 이동 역시 의료서비스자원의 불균형 문제를 완화시킬 수 있다.140ㅣ 그러나 다른 측면에서는 등록의사의 다양한 개업제도는 '철밥통' 구조를 타파하여, 의사직업군이 자유직업인으로 전락할 가능성이 있다. 이들 중 능력이 떨어지거나 서비스 태도가 불량한 의사들은 새로운 제도에서 자연스럽게 도태될 것이다.

⑤ 도시주민(일반환자)

지난 의약위생체계개혁은 도시 주민들에게는 더욱 혹독한 '진료의 어려움', '고가 진료비' 문제에 직면하게 했다. 특히 비공유제 기업 직공과 도시 농민공은 의료보험체계에서 제외되기 때문에 질병에 걸리면 더욱 빈곤해지는 문제가 일반화되었다. 새로운 의료개혁에 대한 최초의 희망은 도시 주민의 '진료의 어려움'과 '고가 진료비' 문제를 해결하기 위한 것이었다. 새로운 의료개혁방안에서 정부는 대규모 재정투입의 공감대를 형성하였다. 비록 의료개혁방안에서 정부의 재정투입이 '수요자'를 위한 것이든 아니면 '공급자'를 위한 것이든 이와 관련된 문제는 여전히 쟁점이지만, 결론적으로 말해서 새로운 의료개혁은 바로 도시주민의 '진료의 어려움'과 '고가진료비' 문제로 일반 시민은 대부분 찬성하는 편이다. 이 외에 새로운 의료개혁의 최종 방안은 아직 형성되는 과정에 있기 때문에 정부는 인터넷을 통하여 대중들의 의견과 건의를 청취하고 있다. 새로운 의료개혁방안에 대해서 35,000 건에 걸친 의견과 건의안이 들어왔는데, 바로 많은 국민들이 기대를 갖고 있다는 것을 입증하는 것이다. 새로운 의료개혁방안에 따라 중국은 점진적으로 전 인민에 대한 기본의료보장제도를 실시할 것이며, 의료보험이 전국적 범위에서 첫 번째로 실현되는 것을 의미한다. 국가는 향후 문을 닫거나 파산 또는 어려움에 처한 기업의 직공이나 대학생, 비공유 경제기업 종사자와 비정규직 취업인구를 도시 직공 또는 주민의료보험 범위 안으로 포함시키고 있다.[141]

100

⑥ 의약기업(醫藥企業)

　　의약기업과 정부부문 사이에 수많은 끈끈한 이익연계가 존재한다. 일반적으로 말해서 정부와 의약기업간의 관계는 다음 몇 가지 형태로 나눠진다. 첫 번째는 '부자(父子)' 관계인데, 국유의약기업은 정부가 설립한 것으로 의약기업은 지방정부의 중요한 재정수입의 원천이고 정부는 여러 가지 계획을 제정함으로써 기업에 협조한다. 두 번째는 '수족(手足)'관계로써 민영의약기업과 정부부문 간에 이익공동체를 결성하는데, 정부부문이 행정심사를 할 때 특정의약기업에 생산, 영업상의 편리를 제공한다. 세 번째는 '유세(遊說)'관계로써 다국적 의약기업은 정부의 정책결정자에 대한 발언을 통해, 정부의 의약정책을 변화시키고, 자신들의 기업 활동에 유리하도록 이끈다.[142] 의약기업이 건강하게 발전하고, 의약가격의 터무니없는 고가 상승을 막기 위해서는 반드시 정부와 의약기업간의 경제적 유착을 방지해야 한다. 새로운 의약개혁의 중요 부분은 바로 약품 판매를 통해 의료시스템을 유지운영하는 모델을 타파하는데 있다. 따라서 새로운 의약개혁의 출현은 한 부분으로 의약기업에게 전망과 공간을 확대하는 것이고, 다른 한 부분은 의약기업이 새로운 의약개혁에서 어쩔 수 없이 창조적이고 발전적인 새로운 경영모델을 찾도록 유도하는 것이다.

　　표 2-3에서 나타나는 것은 여러 이익상관자의 의약위생체계개혁에 대한 기본적 태도이다.

표 2-3 | 사회이익상관자의 의약위생체계개혁에 대한 기본적 태도

사회이익 관련자	행정부문과의 연계	기본태도
공립병원	위생부문과 행정연계	공립병원 자금의 90%는 환자에게서 나옴. '약품판매를 통한 의료시스템의 유지운영 관행'의 폐지는 공립병원의 입장에서 받아들이기 어려움.
사구병원	행정부문과의 연계 긴밀하지 않음	대형병원에 환자가 집중되면서, 운영상 어려움이 가중, 사구(社區: 지역커뮤니티)병원에는 환자가 없는 상태이며. 병원진료 어려움이 구조적인 문제임.
의료보험체계	사회복지부문과의 행정연계	개인부담비율이 너무 높음. 의료보험기금이 대량으로 남는 문제는 시급히 해결이 필요함.
의사집단	행정연계는 없고, 의사협회만 존재	중국의 의사는 부담이 가장 무거우며, 가장 빈곤함. 제도가 의사로 하여금 부정을 저지르게 함.
도시주민 (일반환자)	행정연계, 소통통로가 모두 없음	'진료의 어려움', '고액 의료비' 문제는 주민을 오랫동안 괴롭히는 문제임. 공평, 균등, 염가, 안전한 의약위생체계가 필요.
의약기업	관련부문과 '부자', '수족', '유세'관계 유지	의약위생체계개혁은 의약기업에게 성장환경을 조성함. 하지만 기존 시장질서를 혼란시킬 수도 있음.
퇴직간부	정책결정자와 비교적 강한 연결관계	'진료의 어려움', '고액 진료비' 문제가 심각, 개혁은 필요하지만, 퇴직 간부의 복지혜택은 그대로 유지해야 함.

전문가의 우회계몽방식
참여 모델

(1) 전문가 우회계몽모델의 추진 경과

2005년 국무원발전연구중심 연구원이자 사회발전연구부 부부장 거옌펑이 주재한 '중국의료위생체제개혁' 과제소조는 연구보고서에서 "중국의 의료개혁은 기본적으로 실패했다"라는 결론을 발표했다. 먼저 과제소조는 2005년 3월 국무원발전연구중심 내부보고서에 8개의 전문과제보고서와 하나짜리 총괄보고서를 발표했다. 그러나 "의료위생체제개혁이 실패했다"고 결론 낸 보고는 "정부내부에서 반대의 목소리가 존재했기 때문에"143 정책결정자들의 주의를 끌지는 못했다. 2005년 7월 28일 거옌펑은 『중국청년보』 기자의 취재를 받아들여 "현재 중국의 의료위생체제개혁은 기본적으로 성공하지 못했다"는 연구결론을 발표했다.144 보도에 의하면 이 보고서는 중국의료위생체제개혁에 대해 총체적인 평가와 반성을 진행하고, 의료개혁에 대한 새로운 프레임을 제기했다.145 의료개혁이라는 화제가 다시 폭발적으로 떠오르기 시작했고, 관방연구기구의 연구자 신분이었던 거옌펑은 미디어를 향하여 연구보고와 현행제도에 대한 비판을 공개하면서 여론의 광범위한 주목을 받기 시작했다. "의료개혁이 기본적으로 실패했다"는 것을 가장 인정하기 꺼려했던 이익상관자인 위생부는 초기에는 의료개혁의 성패문제를 토론하는 것을 막으려 했지만, 이는 더욱 여론의 비판을 자극했다.146 이후 얼마 안 지나서 신화사가 공개적으로 위생부부장 가오창의 보고를 공개하면서, 현재의 의료개혁은 문제가 많다고 지적하였다. 각계각층에서는 새로운 성시 위생체계개혁을 이제는 막을 수 없다는 점을 호소하였다.

2006년 3월 16일 국가는 '11차 5개년' 계획대강을 발표하였는데, 첫 번째로 위생 분야를 단독으로 편제하였으며, 10차 5개년 계획에는 208자에 불과한 내용이 '11차 5개년' 계획에서는 917자에 이르며, 의약위생 개혁이 사회주의 조화사회 건설을 촉진하는 것으로 자리매김되었다. 동시에 11차 5개년 계획은 정부가 공공위생과 기본의료에서 정부의 책임을 강조하고, 의약위생서비스의 사회화 방향으로 추진할 것을 확정했다.147

2006년 9월 국무원은 국가발전개혁위원회, 위생부 등 14개 부서(나중에 16개로 늘어남)가 설립한 의약위생체계 개혁심화 협조업무소조(의개협조소조)를 비준하였다. 이로써 새로운 의약개혁방안 제정 업무가 정식으로 초안을 잡는 단계로 진입했다.148

2006년 10월 후진타오 총서기는 중공중앙정치국 제35차 집단학습활동을 주재했다. 이번 집단학습활동은 의약위생체계개혁을 내용으로 하여, 베이징대학 중국경제연구중심 부주임 리링(李玲)교수와 중화의학회(中華醫學會) 부회장 리우쥔(劉俊)교수에게 의료체제에 관한 보고를 듣고, 외국의 의약의료체계와 중국의 의약위생사업의 발전과 관련한 내용에 대해 강의를 들었다. 후진타오 총서기는 강화에서 의약위생체계개혁의 심화는 성진 주민에게 기본적 의료위생제도를 설립하고, 대중들에게 보다 안전하고, 효과적이며, 편리하고 저렴한 공공위생과 기본의료서비스를 제공하기 위한 것이라고 강조했다. 이에 앞서 의료개혁 강령은 「중공중앙 사회주의 조화사회 구축을 위한 약간의 중대 문제에 관한 결정」에 이미 수록되었다.[149] 2007년 1월 2일『인민일보』는 '위생부 부장 가오창, 의료개혁 '4가지 무엇'에 답하다'라는 글을 게재하였다. 가오창은 '개혁발전은 무엇으로부터 시작하는가'에 대해 이야기하면서, 의료개혁은 다음 4가지 기본제도, 즉 성진주민에 대한 기초의료위생제도의 수립, 국가의 기본약물제도의 수립, 다양한 의료보장제도의 수립, 공립의료개혁의 실행 등을 강조했다.[150] 며칠 후 2007년 1월 8일 전국위생업무회의에서 가오창은 네 가지 기본의료제도를 다시 언급했다. 2007년 10월 중국공산당 제17차 전국대표대회 보고에서 의료위생사업의 중요성을 강조하였다. 즉 공공의료위생의 공익(公益)적 성격을 유지할 것이며, 정부의 책임과 재정투입을 강화하여, 국민 건강과 관련된 정책을 완벽히 할 것이라는 입장을 분명히 하였다.

(2) '9+1' 연구기구방안

2007년 3월 23일 다양한 방면의 전문가들의 정책결정 자문이 이루어졌다. 의약위생체계개혁방안과 관련한 정책결정의 과학성과 운영문제를 개선하기 위하여 의료개혁협조업무소조가 세계은행, 세계위생기구, 국무원발전연구중심, 베이징대학, 푸단대학, McKinsey사(중국)와 베이징사범대학 등 7개 국내외 기구에 위탁하여 '중국의약위생체제개혁의 종합적 방향과 구조 설계'라는 독립균형연구를 진행하였다.[151] 그 다음에 중국런민대학, 칭화대학이 하버드대학과 공동으로 의료개혁방안의 설계에 참여하였다. 2008년 2월 2일 중국과학원 생물의학부가 입안한 것과 광동성 의료위생부문의 전문가가 작성한「중국 현행의료체제에 대한 건의」라는 의료개혁방안이 국무원에 제출되었는데, 열 번째 전문

가 방안이 되었다.152| 열 개의 방안은 대체로 '시장주도'와 '정부주도'
두 가지 관점으로 구분된다.(표 2-4를 참조)

표 2-4 | 연구기구의 '9+1'세트 의료개혁설계방안

연구기관	시장주도/정부주도	주요 관점
베이징대학	정부주도	정부가 공립병원에 투자하는 것은 사회공익을 구현하는 것으로 정부는 완전 무료 또는 부분 무료방식으로 공공위생과 기본의료서비스를 제공해야 한다. 모두가 평등하게 건강해야 한다는 전인민 위생체제를 최종 목표로 삼아야 한다.
국무원 발전 연구중심	의료서비스는 반드시 정부간여로 주도해야	의료서비스는 반드시 정부개입을 중심으로 공익성을 유지해야 하며, 병원재산권제도 개혁은 의료문제 해결의 핵심이 아니다. 미래의료개혁 방향은 '정부보장의 전인민의 기본위생제도의 확립'으로서, 정부의 재정투입을 통해 확정된 서비스 항목에 따라서 성진 주민에게 균등하고 무료인 공공위생서비스를 제공하고, 기본 의료서비스는 개인부담금을 소액만 지출하도록 하는 것이 필요하다.
세계위생기구	정부 의료위생 서비스의 제공과 가격결정은 적극적으로 시장시스템에 맡겨야	세계위생기구 전문가는 '공평, 효율(원가 통제), 품질' 3원칙을 사용하여 중국의 위생계통의 개혁목표를 정의하고, 의료위생서비스의 제공과 가격결정에 적극적으로 시장기제가 작용되도록 해야 하며, 민간위생기구와 민영자본의 의료서비스 참여의 독려를 희망하였다.
푸단대학	제3의 길로서의 '사회주도모델'	중국의 다음 단계 의료개혁은 '사회주도모델'이라는 제3의 길로 갈 수 있다. '사회주도'는 자본축적에서 공공, 공평의 원칙을 강조하고, 정부가 선도적으로 이끌고, 공급면에서 경쟁과 효율의 원칙을 강조하고, 시장이 주요하게 작용하는 것이다. 양자의 유기적 결합이 공평과 효율이 상호 결합하는 원칙을 구현하는 것이다.

106

연구기관	시장주도/정부주도	주요 관점
베이징 사범대학	정부주도	정부가 의료기구에 서비스를 구매하는 방식을 통하여, 저비용, 고효율, 모든 사람이 기본 위생위생 권리를 향유한다. 운영방식은 정부가 의료관에 직접구매하여 의료보험 참가자수에 따라서 연간 1인당 의료비를 확정하여, 정부가 직접 의료기관에 지불한다. 환자는 병원에 의료비를 계산할 필요가 없고, 정부의 의료보험 기관에 보험료를 납부하는 방식이다.
중국런민대학	정부주도와 시장시스템의 합리적 배치	정부주도와 시장주도의 합리적인 조합방식. 재정 공급자와 재정 수요자 모두 중시(의료단위와 의료보험 모두 지급). 의료개혁에 대한 완화 입장을 선택하여, 의사생계와 병원운영을 보장하기. 장단기별 개혁정책을 동시 채택하여, 적극적인 의료간여정책체계의 시행과 '작은 병'에 대한 불필요한 조기 진단과 치료 및 예방위생, 균형적 점진적 개혁을 통해 의료개혁에서의 현실이익의 균형을 고려하였다.
세계은행	정부주도	내용 미공개, 전문가는 정부가 세수예산을 통하여 의료기관을 보조해 주는 방안을 토로하였다.
McKinsey	시장주도의 관리형 의료보험	정부가 점진적으로 성숙한 도시의 직공의료보험체계를 폐지하고, 관리형 의료보험제도의 확대를 채택할 것을 건의하였다.
칭화대학/하 버드대학	정부간여와 시장기제의 효과적인 조합 진행	정부간여와 시장기제의 효과적인 결합을 진행하여, 전민의료신용보장제도를 구축한다. 동시에 중국의 지역별 발전 차이에 따른 분류를 통하여, 각기 다른 의료개혁조치를 추진할 것을 강조하였다.
중국과학원	정부주도와 시장기제의 결합	전민의료보장체계 수립을 주장하고 동시에 보험시스템을 통해 대형병원의 '진료의 어려움' 문제의 해결을 주장하였다.

(3) 전문가들 사이의 논쟁

중앙정부는 성진의약위생체계개혁방안의 제정과정 중에 전문가의 역할을 충분히 발휘했다. 의약위생체계개혁 업무협조소조는 2006년 9월 26일 국가발전개혁위원회의 온라인 홈피 초기화면에 '의료개혁을 위한 제안' 웹사이트를 개설하여, 전화번호까지 공개하고 사회 각계각층으로부터 의료개혁에 대한 여론을 수렴했다. 2008년 10월까지 의료개혁협조소조는 모두 35,260개의 건의를 받았다. 이 중 약 56%는 의료서비스업 종사자들이 보내온 것이고, 25%는 기층민중과 농민들이었다. 동시에 여러 다른 연구기구와 전문가들 사이에는 의약위생체계개혁의 발전 방향에 대해 광범위한 토론이 이루어졌다. 종합적으로 보면, 전문가들 사이의 논쟁 초점은 다음 몇 가지 부분에 집중되어 있다.

① 정부주도 시각과 시장경쟁 시각의 논쟁

'정부주도'파는 의약위생서비스가 정부의 주요한 공공서비스 기능 중의 하나라고 여기며, 반드시 정부가 주도해야 한다고 생각한다. 예를 들면 의약위생관리대학의 위생정책 및 경제관리학과 학과장 평잔춘(馮占春)은 정부주도의 의료개혁을 주장한다. 그는 고가 의료비 문제의 원인이 상업화에 있고, 시장화가 의료위생사업발전의 기본원칙을 저해하고 있다는 점을 지적하고 있다.153 즉 향후 시장화 시스템이 의약위생서비스 영역으로 확대되면, 곧 의료 기구는 이윤 극대화를 추구할 것이며, 그에 따라 의료비용이 증가하면서 '고가 의료비' 문제가 대두될 것이다. 또한 우수한 능력을 지닌 의사들은 도시와 거점병원에만 집중될 것이며, 낙후지역 및 광활한 농촌지역은 의료시설과 약품 공급에 있어서 부족현상이 나타나면서, 진료의 어려움 문제에 직면할 것이다.

따라서 의약위생영역, 적어도 기본위생보건영역에서는 정부가 반드시 의약위생서비스를 주도해야 하며, 정부의 재정투입을 강화해야 하고, 병원에 대한 행정관리를 강화해야 한다. 즉 공립병원에 대해서 운영시스템과 관리시스템을 다시 구축해야 한다. 병원은 실제 재무업무에 있어서는 '수입과 지출을 각기 따로따로 관리'해야 하며, 약품과 의료기 구입은 정부의 통일적 입찰구매 기준에 따라 시행한다. 공립의료기관은 정부의 예산집행 단위이기 때문에 독립적인 법인자격이 주어지지 않는다. 오로지 정부주도 기준을 통해야만 정부의 재정이 기층에게 전달되어지는 것이 보장될 것이며, 최대한 군중의 '진료의 어려움', '고액 의료비' 문제를 줄일 수 있을 것이다. 이 밖에 베이징대학 의약경제 연구중심 연구원 동차오후이(董朝暉)는 정부주도의 의미가 모든 문제에 대해 정부가 개입해야하는 것은 아니라고 지적한다. 그 이유는 정부가 모든 것을 다 관리하기 위해 위생부문의 권력을 확대하는 것이 오히려 적합하지 않기 때문이다. 정부가 주도해야 할 것은 합리적인 재정투입 시스템을 구축하는 것이다.

시장주도파는 현재의 의약위생체계의 근본문제는 공립병원의 행정독점, 시장경쟁의 결핍, 관리체제의 경색 등의 문제들이 복합적으로 만들어 낸 효율성과 활동력의 저하 현상이라고 생각한다. 의료위생서비스 영역에서 시장화시스템을 도입하는 것은 비공립 병원과 영리 병원을 발전시키고, 의사들의 자유로운 이동을 장려하는 것을 통해서, 공립병원의 서비스의식을 높일 수 있고, 공립병원의 조직에 활력을 고취시킬 수 있다고 본다. 시장화는 공립병원이 관리의 강화, 원가의 절감, 창조적 활동 등을 통해서 서비스 효율과 서비스의 질을 높일 수 있으며, 이를 통해 '진료의 어려움'과 '고가 진료비' 문제를 해결 할 수 있다고 본다. 마지막에는 환자도 또한 이익을 얻을 수 있다. 따라서 시장경쟁파는 현재의 의약위생체계개혁의 이상적인 모델은 반드시 의료서비스체계내에 비공립병원을 끌어들여, 의료기관 사이에 동일한 시장 속에서 경쟁하도록 하여, 정부는 자금을 마련하여 환자에게 제공하고, 환자는 시장규율에 따라 자유롭게 의료기구의 서비스를 선택할 수 있으며, 동시에 정부는 의료서비스 제공자에 대해 시장 감독을 진행해야 한다고 생각한다.

베이징사범대학 사회발전 및 공공정책연구소 구신(顧昕, 나중에 베이징대로 옮김) 교수는 시장경쟁파의 대표적인 지식인이다. 그는 중국의약위생체제개혁에는 세 가지 돌파구가 있다고 보고 있다. 첫 번째 돌파구는 전국민 의료보험이다. 국가가 전국민 의료보험을 실현하면, 진료의 어려움과 고가 진료비 문제도 해결할 수 있다고 본다. 전국민 의료보험은 의료개혁의 공익성을 실현하는 것이기도 하고, 일반 국민들의 진료비를 해결할 수 있다. 두 번째 돌파구는 의료보험을 이용하여 의료서비스를 구매하는 것이다. 전국민 의료보험은 '의료보험기구의 제3자 구매시스템'을 파생시킬수 있다. 이러한 시스템을 수립하는데 있어서 핵심은 의료보험 선불제도를 통해 환자정산제도를 대체하고, '종합의료서비스제도'를 통해 중증질병보장제도를 대신하고, 다원화 수납방식을 채택함으로써 항목별 수납방식을 대체하는 것이다. 세 번째 돌파구는 의약서비스의 시장화이다. 의료기관은 일단 법인화하면, 병원과 위생주관부문의 행정적인 관계는 해제된다. 법인 결정구조의 핵심은 이사회의 수립이다. 이사회는 병원의 모든 이익상관자들이 공동으로 구성하는데, 투자자, 의료간호인력 등과 공립병원 관리부문도 투자자 자격

으로 이사회에 진입한다.154 |

　이상 설명한 두 가지 입장의 학자들의 논쟁에서 우리는 양 측의 관점이 모두 일정정도 근거가 있음을 알 수 있다. 베이징대학의 리링교수는 과거의 의약위생체계개혁이 실패한 원인이 의료개혁과정에서 정부와 시장이 제 역할을 발휘하지 못했기 때문이라고 보았다. 먼저 정부의 실패로써, 기초의료위생은 당연히 정부의 책임이며, 정부는 자금출자에 대한 책임을 질 뿐만 아니라, 감독과 관리, 법률 및 법규의 제정 등 공공서비스를 제공해야 한다. 과거에 경제발전중심이라는 기본방향 속에서 지방정부는 적극적으로 교육, 위생, 건강 부문에 투자하지 않았기 때문에 적지 않은 의료비를 민간인 스스로가 책임져야 했다. 다음으로는 시장의 작동 불능이다. 시장의 실패는 많은 민간인이 의료비용을 감당하지 못하는 상황을 초래했다. 리링교수는 과거 의료개혁 실패의 원인은 시장화에 있는 것이 아니라, 과도한 영리화 때문이라고 하였다. 우리가 가야할 길은 돈을 버는 길이 아니라고 강조한다. 정부가 주도해야 하며, 공립병원은 공익성을 회복해야 한다고 보았다. 그녀는 효과적으로 병원과 의사들에게 재정을 투입하고, 특히 의사의 처우수준을 높이는 것이 의사들로 하여금 사람들의 건강을 보장하도록 작용할 것이라고 본다.155 |

　주류의 '시장주도' 또는 '정부주도' 사이의 논쟁 외에 또 다른 일부 전문가들은 시장주도와 정부주도가 상호 모순되지 않으며, 융합관계 내지는 보충하는 관계라고 주장한다. 예를 들면 푸단대학 경제대학 공공경제학과 교수 차이장난(蔡江南)은 제3의 길, 즉 사회주도모델을 제기했다. 사회주도모델은 자금 모집과 투입 방면에 공공 및 공평 원칙을 강조하여, 정부가 지도 작용을 발휘하도록 한다. 동시에 공급방면에서는

경쟁과 효율 원칙을 강조하여 시장시스템이 발휘되도록 한다. 사회주
도모델은 정부주도와 시장경쟁의 혼합체에 해당한다. 푸단대학 후산렌
(胡善聯) 교수는 전국민 의료보험은 당연히 추진해야 하며, 이는 현대 경
제사회가 공평사회로 가는 필수적인 경로이며, 도시의료보험이든 농촌
의료보험이든 모두 사회의 공평성이 구현되어야 하며, 설령 서비스수
준이 낮은 상태에서 폭넓게 보급되더라도, 보급되지 않은 것보다 낫다
고 본다. 비록 '중증질병보장제도'의 완전보장을 요구할 수는 없지만,
기초의료보험의 실시는 중증질병보장제도의 비용부담을 경감시키는
하나의 방법이라고 말한다.156 시사평론가 통다환(童大煥)은 과거 의료
개혁의 실패는 정부주도와 시장규율 사이의 대립 때문이 아니라, 정부
주도와 시장규율이 모두 충분하게 작용하지 않았다는데 있다고 지적한
다. 정부는 의료의 공익성문제에서 충분한 보장을 하지 못했고, 시장경
쟁도 충분하게 이뤄지지 못하면서, 공립병원의 과도한 독점문제, 의료
자원 투입의 불공정성 문제와 불합리성 문제로 인해, 대부분의 자원이
대도시와 큰 병원으로 집중되고, 일반 질환의 '현지 해결' 시스템이 완
비되지 못하면서, '전국민이 쎄허(協和)병원에만 집중되는' 비정상적 상
태를 초래하게 되었다. 환자의 자유로운 선택권이 침해받는 현상은 대
도시와 농촌 모두 의료시설 이용에 있어서 혼잡상태를 야기하였다. 대
도시와 대형병원은 환자들로 넘쳐나고, 소도시와 농촌 및 일선의료기
관은 의료인력과 환자 모두 부족한 상황에 처하게 되었다. 이 두 가지
방식의 부족한 부분은 모두 의료비용을 높이는 현상을 가속화시켰다.
건강한 전국민의료보장체계의 수립을 중점에 두고 있는 '수요자 지원'
이 새로운 의료개혁의 근본이며, 의료위생자원의 균등한 배치를 목표
로 하는 '공급자 지원'은 새로운 의료개혁에서 빠뜨릴 수 없는 핵심 내

112

용이다.157 |

② 자금투입대상에 있어서 공급자 지원 입장과 수요자 지원 입장

시장경쟁파와 정부주도파는 의료개혁문제에 있어서 상호 동일한 견해도 갖고 있다. 두 입장 모두 국가의 재정투입이 매우 부족하다고 여기고 있다. 중국의 GDP중 6%가 의료에 사용되는데, 이 6% 중 정부의 투입은 겨우 17%에 불과하며, 국제 평균수준의 50%에 불과할 뿐이다.158 | 따라서 정부자금투입이 공급자를 대상으로 하느냐 아니면 수요자를 대상으로 하느냐의 문제는 전문가들 사이에서 또 하나의 논쟁거리가 되고 있다. 여기서 공급자는 바로 의료서비스기관을 의미하는데, 주로 공립병원이 해당된다. 수요자는 환자인 일반 시민을 의미하며, 정부가 재정지원을 하여 일반시민이 의료보험에 참여하도록 하는 것이다.

'공급자 지원' 입장을 지지하는 사람은 현재 중국은 아직은 장려하고 제약을 가하는 시스템을 완벽하게 갖추지 못했기 때문에 정부가 공립의료기관에 대한 재정지출을 강화해야 하고, 상향식 업적 평가를 통해 서비스 가격 인하와 서비스 품질 제고를 촉진시켜서 모든 시민에게 의료서비스를 제공할 것을 주장하고 있다. 공급자 지원 입장의 대표적 인물로 국무원 발전연구중심 거옌핑 연구원과 베이징대학의 리링교수가 이에 속한다. 거옌핑은 중국의약위생체계는 전국적 차원에서의 공공위생과 기초의료보장제도의 수립이 필요하다고 제기했다. 이러한 체계는 정부재정이 각급 전문 공공위생기구와 도시사구위생서비스기구와 농촌지역의 향진(鄕鎭) 위생소와 촌(村) 위생실에 지원되는 방식을 통해, 기층의료위생서비스 시스템의 통합 구축에 재정자금을 지원하는 방식으로 이루어진다. 그밖에 정부가 빈곤층이 필요로 하는 개인 지출 부분도 감면해 주어야 한다. 리링 교수는 현재의 공급자 지원제도와 수요자 지원제도는 장기적인 관점에서 고민해야 한다고 지적한다. 그녀는 현 단계에서 정부가 공급자를 지원하고, 동시에 수요자도 지원하는 것은 현명한 선택이라고 본다. 현재 상황은 중국 의약위생체계의 보장범위가 충분할 정도로 확대되지 않았고, 또한 공립병원도 완벽히 갖춰있지 못한 상태이기 때문에 양쪽을 모두 지원해야, 일반 시민들이 보다 빠른 혜택을 받을 수 있다. 그러나 장기적으로는 하나의 모델을 주도적으로 해야 한다. 전국민 보험모델이든 아니면 전국민의료서비스 보장모델이든 둘 중 하나를 결정해야 한다. 장기적으로 보았을 때 공립병원 조직을 기본으로 하는 전국민 의료서비스 보장모델로 가야 하며, 보험모델은 아니다.[159]

수요자 지원 입장을 확고하게 지지하는 베이징사범대의 구신교수는 의약위생체계 개혁의 총체적 목표는 성진 주민을 대상으로 기초의료위생제도를 실시하는 것이라고 주장한다. 대중에게 안전하고 효과적이며 편리하면서도 저렴하기도 한 공공위생 기초의료서비스를 제공함으로써 사람들 모두가 기본적인 의료위생서비스 혜택을 누리도록 하는 것이다. 국가가 전국민의료보험을 실시하면 '진료의 어려움'과 '의료비 부담' 문제도 해결할 수 있다. 정부의 재정자원은 환자에게 지원이 이루어져야, 일반 대중과 빈곤층이 의료보험에 참가할 수 있을 것이며, 의료보험기관은 의료서비스기구가 원하는 것을 제공할 것이다.

의료서비스기구에 대해 말하면 시장경쟁방식을 채택하여 환자에 대한 빠른 의료서비스를 제공하고, 의료보험기관으로부터 보험금을 받는다. 수요자 지원 개혁은 의료서비스의 제3자 구매시스템의 형성을 촉진시킬 것이다. 의료보험기관은 환자에 비해서는 전문 지식과 병원 관리 능력을 보유하고 있기 때문에 의료보험기관은 환자가 제대로 의료서비스를 받을 수 있도록 지켜보는 의료서비스 감독관이 될 수 있다. 이러한 주장들에서 우리가 알 수 있는 것은 수요자 관점이 실질적으로는 정부가 환자에게 보조금을 지원하는 바탕 위에서 시장경쟁을 진행하는 시스템이라는 것이다.

의약위생체계개혁방안에서도 똑같이 공급자 지원입장과 수요자 지원입장을 서로 반영하여 해결하는 방안이 나와 있다. 즉 정부가 위생체계에 대한 재정지원을 증가할 때 양측의 입장을 모두 고려하는 것이다. 공급자의 대상은 도시 사구위생서비스조직 등의 기층의료서비스기구로 한정하며, 도시대형병원은 시설 건축과 설비 투자에 지원을 진행하며, 대형병원의 운영비는 정부가 지원하지 않는다. 시민이 참여하는 의료보험을 정부가 재정적으로 지원하는 수요자 지원 방안은 중국에서 이미 시행하고 있다. 도시 직공기본의료보험제도는 1억 7천만 명이 가입해 있다. 새로운 의료개혁방안에서 시민의료보험의 지원기준은 앞으로 더 높아져야 한다.

③ 국가기본약품정가제도(國家基本藥品定價制度)를 어떻게 개혁할 것인가

국가기본약품의 정가제도는 오랫동안 논쟁이 있어 왔다. 정부주도를 지지하는 전문가, 예를 들어 베이징대학의 리링 교수는 상비약품의 생산, 유통, 사용 등 전 과정에서 정부의 감독을 강화해야 하고, 국가기본약물제도를 수립하여 정부고시가격방식과 총괄구매방식을 채택해야 한다고 생각한다. 국가기본약물제도의 제정은 국제적 관례에 의한 것으로, 국제적으로 이미 160여개 국가에서 국가기본약물제도를 실시하고 있다. 이러한 제도를 통해 약품가격을 인하할 수 있고 기본약품의 공급도 안정적으로 보장할 수 있다.

시장주도 의료개혁방안을 지지하는 학자는 국가기본약물제도의 '입찰지정생산(招標定點生産)'방식과 '직접 배송'방식에 대해 이의를 제기한다. 구신 등은 이 제도는 양식(糧食) 일괄구입 일괄판매(統購統銷)제도와 다르지 않으며, 약품생산과 유통영역에서의 시장시스템을 저해할 뿐만 아니라 행정부문이 점점 더 생산장소의 지정, 배송기업, 배송가격, 배송비용을 결정하는 권한을 가지게 되면서 더욱 많은 경제 부패와 권력 간섭 현상이 나타날 것이라고 본다. 게다가 향후 행정부문과 공립병원이 직접 관할하는 '행정독점'에 직면한 기초약품유통은 약품생산 및 유통 기업의 경영을 악화시켜 중소 의약기업은 점진적으로 도태될 것이라고 비판한다.

④ 공립병원 개혁을 어떻게 할 것인가

공립병원의 개혁은 의약위생체계개혁의 핵심 부분이다. 2008년의 의약개혁방안보고서는 공립병원의 '공익성'을 강조하여, 공립병원은 필히 '관리와 진료업무의 분리, 정치와 사무의 분리, 의료와 제약의 분리, 영리성과 비영리성의 분리'를 실행해야 하고, 동시에 공립병원의 독립법인으로의 전환도 담고 있다. 그러나 공립병원의 향후 개혁에 대해서는 전문가들 사이에 의견이 나뉘어져 있다.

오랫동안 정부의 위생행정관리부문은 공립병원의 출자자이자 관리자였고, 의료기관을 감독하는 권한을 가지고 있다. 이는 정부와 공립병

116

원 사이에 '부자(父子)관계'가 형성되는 환경을 조성하였는데, 정부가 공공위생에 대한 관리감독기능을 엄격하게 수행하는 것을 방해하였다. 이러한 요인으로 인해서 시민들의 '진료의 어려움'과 '고가 진료비' 문제를 해결하기 위해서는 정부와 공립병원 사이에 '관리와 진료의 분리' 문제가 공립병원개혁의 기본방향이 되었다. 정부의 위생부문과 공립병원의 관계는 반드시 통제에서 감독 및 관리로 전환해야 하고, 다양한 수단을 통해 의료서비스기관이 법에 입각한 경영을 하도록 관리하고, 시민들에게 우수하고 적절한 의료서비스를 제공하는데 초점을 맞춰야 한다.

하지만 정부와 공립병원을 어떻게 '부자관계'에서 탈피시킬 것인가 라는 구체적인 방법에 대해서는 적지 않은 견해차가 있다. 예를 들어 쟝수성 수첸시(江蘇省宿遷市)에서 전개한 '완전판매방식(賣光式)'의 의료체계 시장화개혁은 전문가들의 논쟁을 불러일으켰다. 2003년 3월에 수첸시는 처음으로 공립병원을 경매방식으로 청산하였다. 2003년 수첸시의 병원 소유권 개혁은 이미 기본적으로 완성되어, 병원은 동업형태, 주식형태, 독자형태 등의 방식으로 전환하였다. 수첸시의 '완전판매방식'의 의료개혁 이후, 병원은 의약품 가격을 인하하여 환자들을 병원으로 유인하였다. 위생업무를 담당한 수첸시 부시장 쉐부룬(薛甫倫)은 "개혁 이후 수첸시에서는 '진료의 어려움', '고액진료비'문제가 기본적으로 해결되었다. 맹장수술을 예로 들자면, 현진(縣鎭) 1급 병원에서 600위안 정도를 지출하면 수술을 할 수 있고, 시 최고급 병원에서도 800위안정도만 있으면 수술할 수 있다. 그러나 부근에 위치한 쉬저우(徐州)와 웨이안(維安)에서는 비슷한 수술을 하려 해도 2,000위안이 필요하다"고 하였다.160 그러나 2006년 4월 6일~10일과 4월 28일~30일 등 두 차례에 걸쳐서, 베이징대

학의 리링 교수는 베이징대학 중국경제연구중심 의료위생개혁과제소
조를 이끌고 쟝수성 수첸시를 방문하여, 수첸시의 시 도심지역과 무양
현 및 주위 농촌지역의 의료위생상황에 대해 조사 연구한 결과, 수첸
시의 의료개혁은 성공하지 못했다는 결론을 제출했다.[161] 2006년 6월
7일 리링교수는 톈저(天則)경제연구소에서 '의료체제의 현상, 문제 및 대
책'이라는 강좌를 개최하였다.[162] 리링 교수는 약품과 검사비용 단가
의 하락과 환자의 실제치료비용은 각기 다르다고 보았다. 의료영역의
공급자와 수요자의 정보가 서로 일치하지 않기 때문에, 이익을 추구하
는 병원은 수요 증가를 유도하는데, 약품가격은 하락하였지만, 복용량
이 증가하면서 일반인의 의료지출은 여전히 높은 상태에 처해 있는 것
이다. 하지만 얼마 되지 않은 시점에, 칭화대학의 박사후과정의 웨이펑
춘(魏鳳春)은 수첸의 개혁이 성공했다는 결론을 발표했다. 수첸시 의료
개혁에 대한 베이징대학과 칭화대학의 상반된 내용의 보고는 순식간에
사회 각계의 관심을 불러일으켰다.[163] 수첸시 공립병원 개혁방식의
성공여부에 대한 논쟁은 본질적으로 의약위생체계개혁이 결국 정부주
도인가 아니면 시장주도인가의 논쟁이다. 베이징대학 리링 교수는 전
국민 건강 보장문제는 정부의 책임이라고 생각한다. 최근 진행되었던
정부의 의료시장에 대한 관리통제는 실패했다고 본다. 그 이유는 근본
적으로 명확한 목표가 없었기 때문이다. 사실 공립병원의 존재이유는
국민의 건강을 보장하는 것이다. 베이징대학 의약경제연구원 동차오헤
이와 의료개혁전문가 구신은 시장을 통한 자원배치를 하는 방식으로
개혁이 이루어져야 한다고 보고 있다.

공립병원 개혁문제는 또한 제약사가 병원에 리베이트를 제공하는
문제를 해결하는 것이 필요하다. 중국 공립병원의 주 수입원은 정부의

118

재정지원, 의료서비스 비용과 약품판매이익으로 구성되어 있다. 정부 지원과 의료비 수익은 병원 등급과 병원 규모에 따라 결정되며, 어느 정도 정해져 있다. 때문에 약품판매수익이 병원 수입의 증가를 결정짓는 주요 수익이다. 국가는 병원이 약품판매과정에서 임의로 가격을 결정하여, 폭리를 취하는 것을 방지하기 위해서 약품판매수익은 최고 15%로 제한하는 조치를 규정했다. 그러나 사실상 이러한 정책은 병원이 좋은 약이나 비싼 약을 판매하도록 작용하였다. 이러한 방식으로 병원들은 약품판매수익을 훨씬 더 많이 벌어들이기 때문이다. 이밖에 의약기업의 유통판매 단계도 너무 많이 거치기 때문에 판매 기업은 병원과 의사에게 약품 판매의 일정비율을 리베이트로 제공하고, 환자들의 약값 상승 문제를 불러일으켰다. 이러한 문제점과 관련하여, 의료부패를 해소하고 약품판매를 통해 병원운영을 하는 상황을 타파하는 것이 공립병원개혁의 또 다른 중점으로 떠오르고 있다. 동시에 개혁이후에도 병원이 정상적으로 운영이 가능하도록 보장하기 위해서 새로운 의료개혁방안은 '약품 판매로 의료를 부양하는' 방식의 기존 적자 보전 시스템의 단계적 추진, 약사(藥師) 서비스 비용 설립, 의료서비스 가격 조정 등의 효과적인 조치를 내놓았다.

공립병원개혁의 이익상관자들이 적극적으로 논쟁에 참여하였기 때문에, 공립병원의 개혁방향은 더욱 복잡하게 변했다. 2008년 11월 3일 전국의 33개 의약산업협회 회장들은 연대 서명한 성명에서, 의료개혁 방안 의견보고서가 '관리와 시행의 분리'를 통한 의료기관 관리체제 개혁노선이 불명확하고, 제도의 설계방안 역시 불합리 하며, '약품 판매로 의료를 부양하는' 시스템이 여전히 서민들의 진료비를 올리는 주요한 원인이 되기 때문에, 반드시 병원, 의사, 약품판매기업 사이의 직접적 이익관계를 단절해야 한다.[164] 고 지적하고 국무원이 완전히 수정해야 한다고 건의했다. 11월 21일에는 전국공립병원 원장 170명이 공동 서명한 「중국병원원장 의료개혁건의서」가 의료개혁 정책결정자에게 충분히 전달되기를 희망하면서, 현재 조정 중에 있는 새로운 의료개혁정책에 대한 의료계의 의견을 제출하였다. 이 건의서는 모두 다섯 가지 주요 내용으로 되어 있는데, 공립병원의 공공성 유지를 명확히 하기, 공립병원의 법인 관리구조를 개선하기, 위생부의 권한과 기능을 조정, 확충하여 건강, 의료, 의약, 의보에 대해 통합적으로 관리감독하기, 위생부에 직능 전환 이후의 의료보험담당기구를 설치하기, 공립병원개혁속도를 가속화하고, 공립병원 자금마련 통로를 확대하기 등의 내용을 담고 있다. 동시에 공립병원이 축적한 자금에 대해서는 효과적으로 사용하는 것을 보장하고, 축적자금을 공익성 목적으로 사용하기 위하여, 정부가 다양한 방식으로 자금 사용을 관리감독을 할 것을 건의하고, 의료서비스체계를 새롭게 수립하여 '전문의와 일반의'의 업무분담과 의사들 간의 경쟁 체제를 효과적으로 구축하고, 공립병원 관리체제개혁을 추진하여 '관리와 업무'영역을 구분하는 것과 의료기관 고위관리자층에 대해서 직업화 개혁을 시범 실시하는 내용을 포괄하고 있다.[165]

⑤ 의약위생 체계개혁과정은 어떻게 추진해야 하는가

의약위생 체계개혁 자체가 하나의 복잡한 정책과정이다. 전문가들은 구체적인 의약위생체계개혁 내의 제도설계와 관련하여 이견이 존재하는 것 외에, 의약위생 체계개혁의 정책과정에 대해서도 서로 상충된

120

견해를 제기했다. 전문가들은 의약위생체계개혁이 여러 부문에 걸쳐 있기 때문에 부서간의 이해관계를 어떻게 조정하느냐가 위생체계개혁이 순조롭게 진행될 수 있는 핵심이라고 보고 있다. 중국 의약기업 관리협회 상무부회장 위밍더(於明德, 전임 국가 경제무역위원회 의약사(醫藥司) 사장(司長))는 2008년에 발표된 신의약개혁방안 의견서는 이해당사자들이 함께 만든 것으로 단락마다 서로 다른 이해당사자들의 입장이 명확하게 나타나 있으며, 일부 조항은 매우 부적합하게 서술되어 있으며, 부서이익이 의료개혁의 성공을 방해하는 핵심이라고 보았다.166ㅣ 또 전임 정부의 8개 부서 혹은 이번 정부의 16개 부서 등 관련부서들이 의료개혁 방안에 대한 이견이 컸으며, 이것이 정책결정에도 영향을 끼쳤다고 하였다.167ㅣ 푸단대학 후샨렌(胡善聯) 교수는 의료개혁문제와 관련된 부서는 현재 비교적 많으며, 부서이기주의로 인해 부서간의 협조가 쉽지 않으며, 상급 조직이 나서야 비로소 협조가 이루어질 수 있다고 보았다. 그렇지 않으면 여러 부서간의 의견조정이 실패하는데, 예를 들면 개혁의 방향, 목표, 시행 절차 등 같은 개혁에 대한 구상 역시 각 부서별 입장에서 출발할 것이라는 것이다.168ㅣ

종합하면 공공위생영역의 수많은 전문가들이 다양한 방식으로 공개리에 자신의 시각을 발표했다. 전문가들의 주장이 매우 많기 때문에 표 2-5에서는 전문가들의 대표적인 의견만을 정리하였다.

표 2-5 | 도시의약위생체제 개혁과정에서의 전문가 관점과 주요 성과

성명	기관/직위	주요관점	주요성과
리링	베이징대 중국경제연구중심 부주임, 공공위생경제학 전문가	'정부주도'를 주장. 정부가 전국민의 건강보장을 책임지고 있기 때문에 전국민이 참여하고, 누리는 건강보장체계를 구축해야 한다. 동시에 정부는 기본의료와 첨단의료에서의 소외계층에 대한 지원을 통해 빈곤한 외곽 지역을 직접 구제해야 한다.	2006년 4월 6일~10일, 4월 28일~30일, 리링 교수는 베이징대 중국경제연구중심 의료위생개혁과제소조를 인솔하여 두 차례 쟝수성 슈첸시를 방문하고, 슈첸시내, 슈양현과 농촌지역의 의료위생상황을 답사하여 의료개혁이 실패했다는 결론을 얻음. 2006년 10월, 중남해에서 중공중앙 정치국은 후진타오 총서기의 주재로 의료위생체제개혁을 내용으로 하는 제35차 집단학습을 실시하고, 리링 등의 학자를 초청하여 의료체제개혁에 관한 보고를 청취함.
거옌펑	국무원발전연구중심 사회발전연구부 부부장, 국무원발전연구중심 의료개혁과제소조 소조장	현행 체제에 전민 공공위생과 기본의료보장제도 또는 국가기본위생위생제도로 불리는 제도를 추가를 건의. 기본 의도는 각급 전문공공위생기구와 도시 마을위생서비스기구, 농촌마을위생원 및 촌위생실에 위탁하여 정부의 재정투입을 통해 확정된 서비스 항목에 따라 성진 주민에게 균등, 무료의 공공위생서비스를 제공하고, 개인은 소규모 비율만 부담하는 기본의료서비스 제공해야 하고, 빈곤계층에게는 개인 부담부분은 감면하고, 관련서비스는 인구 유동에 따라 조정하고, 실제거주지를 기초로 개방적인 서비스를 제공하는 방식을 채택해야 함.	2005년 7월 거옌펑이 주최한 '중국의료위생체제개혁'과제소조 연구보고에서 "중국의료개혁은 기본적으로 실패"라는 결론을 주장. 현재의 의료서비스의 공평성은 하락하고, 위생투입의 거시적인 효율성이 저하된 상태에서 의료위생체제의 상업화, 시장화 경향의 출현은 완전히 잘못된 것이고, 의료위생사업의 기본규율을 위반한 것이라고 지적했다. 2008년 10월 15일 거옌펑은 후난성 창사에서 정부의 재정투입을 강화하여 서비스 재원을 직접 부담해야 한다는 입장을 피력함.

성명	기관/직위	주요관점	주요성과
구신	중국 신의료 개혁과제소조 소조장, 베이 징대학 정부 관리대학 교수, 베이징사 범대 사회발 전 및 공공정 책연구소 경력연구원	의료개혁의 3대 돌파구로 전민 의료보험, 의료보험으로 의료 서비스 구매, 의약서비스의 시 장화를 주장.	'9+1'방안에서 베이징사범대학 방안의 집필자, 의료개혁시장과 의 주요 대표인사.
후산렌	푸단대 교수, 푸단대 공공 위생대학 위 생관리양성중 심 주임	전국민의료보험은 당연히 추진 해야 하는 과제이다, 현대 경제 사회가 공평사회로 가는 필수 인 경로이며, 도시의료보험 이나 농촌의료보험이나 상관없 이 모두 사회공평성을 구현하 는 보험이다. 설사 '실제 운영 수준이 낮고, 실행범위가 넓지 않더라도' 실행하지 않는 것보 다 낫다. 비록 중증 질병이 완 전 보장이 되지 실행되지 않더 라도, 기본의료보험의 시행은 중병 의료비 부담을 완화시키 는 방법이다.	2005년 후샨렌은 의료개혁에서 의 계획과 시장이 원래 대립하 지는 않았다는 관점을 제기. 2006년 초에는 「第一財經日報」 의 인터뷰에서는 평가병원(平價 病院: 의료수가가 낮은 병원)과 신농촌의료합작체계의 재정지 출을 증가시키는 것이 필요하다 고 주장.
류위안리	하버드대 공공 위생대학 박 사, 칭화대 공 공관리대학 위 생 및 발전연 구중심 주임	중앙정부는 지방에 설정된 기 본 표준을 유지하기 위하여 기 본건강보장의 전국민 보급을 보장하고, 재정지출을 책임지 고, 성급성부는 구체적인 개혁 방안을 구상하고, 각급 정부는 대책의 집행과 적절한 재정지 출을 담당해야 함.	2005년 3월 24일, 류위안리는 칭 화대에서 「위생체계연구와 농촌 위생」이라는 강좌를 하고, 2007 년 5월 14일에는 새로운 의료개 혁방안에 대해 잘 알려져 있지 않기 때문에 많은 사람들이 내 용에 대해 토론해야 함을 지적 함.
차이장난	푸단대 경제 대학 공공경 제학과 주임, 위생정책고급 연구원	중국의 다음 단계 의료개혁은 '사회주도모델'이라는 제3의 길 로 갈 수 있음. 즉 자본 모집 부분에서 공공성과 공평성이라 는 원칙을 강조하고, 정부가 지	2006년 10월 31일에 차이장난은 「중국의료위생체제개혁은 어디 로 가나」는 보고서를 발간함. 2007년 3월 23일 푸단의료개혁 방안연구소조의 설립단계에 의

성명	기관/직위	주요관점	주요성과
		도하고, 공급부분에서 경쟁과 효율 원칙을 강조하고 시장이 중요하게 작용할 수 있어야 함을 강조.	료체계방안의 설계에 참여함.
왕후평	중국인민대 의료개혁연구중심 주임, MPA 공공위생 및 의료정책 연구방향 책임교수	정부주도와 시장기제의 합리적인 조합을 주장. 재정 공급자와 수요자 모두 중시해야 하며, 의료단위와 의료보험에 대해서 모두 지급해야 함을 주장. 적극적인 의료개입정책시스템을 실행하여, 작은 병에 대한 성급한 진단과 치료에 대한 편중을 막아야 함.	2007년 5월 「중국위생의료체제 개혁건의방안 - 공공관리정신, 사회의학규율, 개혁원가편중 및 위험성대책분석에 관한 연구」(국무원에 보고한 여덟번째 의료개혁건의방안) 작성을 주재함. 2008년 7월 미국 컬럼비아대학 공공위생대학과 공동으로 중국의약위생체계개혁에 대한 대학생 강의 교과안 개발.
류귀언	베이징대 중국의약경제연구중심 주임	정부가 의료보장제도 건립에 주도적으로 나서서, 일반 국민이 적은 비용으로 병원을 갈 수 있도록 해야 함. 이러한 제도의 구축은 '고가 진료비' 문제를 해결하고, 의료서비스 기관의 건강하고 지속적인 발전을 촉진하고 확보할 수 있을 것임.	2009년 4월 8일 류귀언은 이번 의료개혁방안에서 중국정부가 향후 정부주도의 다원적 위생투입시스템을 건립하면, 정부주도로 나서면, 공공위생을 추진하는 데 유리하고, 현실요구에 부합할 것임을 표명. 소위 '정부주도에 대한 투입기제'가 주요하게 자원배치에서 구현될 것으로 봄. 예를 들면 의료보장은 세수를 기반으로 한 선택이 아니라 정부, 기관, 개인 등 여러 역량의 조합으로 충분히 구축될 것임을 주장.
치우저치	베이징대 사회학인류학연구소 교수	우리가 주장하는 정부주도형은 약품판매를 통한 병원 운영 모델이 단기간에 소멸되는 것을 의미하지 않고, 새로운 의료개혁방안에서도 이 부분은 관심을 가져야 함.	2009년 4월 7일 오후 치우저치는 봉황네트워크에서 네티즌과 새로운 의료개혁과 관련하여 구체적인 부분을 토론하고 설명함.

124

성명	기관/직위	주요관점	주요성과
다이타오	중국의학과대학 위생정책연구중심 연구원	우리는 다양한 층차의 의료보장제도를 건립해야 한다. 특별히 빈곤계층에 의료구제를 해야 하고, 심지어 사회자선기구의 도움도 사회의 책임이다. 이는 다양한 측면에서 의료위생 안전보장체계를 구축하는 것으로 전국민의 '질병있는 곳에 의료서비스를', '건강보장'을 실현하는 것으로 이는 우리 사회가 추구하는 주요 목표이다.	2007년 11월 다이타오는 기자의 취재를 받고서, 새로운 의료개혁방안은 현재의 위료위생체제에 존재하는 실제문제를 해결해야하고, 대중이 가장 시급히 해결을 원하는 문제, 현재의 의료위생서비스체계의 개혁과 부단한 정비, 위생행정관리체제의 개혁, 지속발전할 수 있고 중국의 국정에 적합한 의료위생서비스 체계의 구현 목표는 변하지 않을 것이라고 주장.
송루이린	중국의학회 의약정책연구중심 집행주임	기본의료제도의 점진적 수립과 기본약물제도의 초보적인 수립은 우리의 단기 목표이다. 공공위생보장제도 건립을 포함하여 위생서비스의 균등성을 높이는 것은 모든 국민의 기본의료 및 공공위생서비스 부분에서 획득한 서비스이며, 균등화 되어야 한다. 우리의 장기 목표는 2020년까지 비교적 나은, 전국민을 포괄하는 통일적인 기초의료보장제도를 구축해야 한다.	2006년 10월 8일 송루이린은 기자에게 중국의 약품지불에서의 제도의 불합리성을 해결하기 위해서는 정부가 1차로 위생의료의 구매자가 되어야 한다고 주장. 정부가 세운 기본 약물제도는 병원과 환자가 직접 의약기업에 약품을 구매하고, 병원이 약품과 의료서비스에서 이익을 획득하는 연결고리를 차단한다. 2008년 10월 22일 송뤠이린은 국가의약산업정책연구에서 출중한 발언을 했다. 2009년 3월 29일 송루이린은 의료개혁관련 문제에서 봉황TV 경제채널과 인터뷰를 함.
저우즈쥔	베이징대 공공위생대학 교수, 의료개혁방안 집필자	의사 근무지를 이동시키고, 병원의 적극성을 고취하는 문제는 계획경제체제에서는 할 수 없었다. 이러한 것은 시장에서의 방법을 통하여 의사와 병원이 의료서비스를 제공하도록 한다. 여기에도 모순이 있는데,	2006년 9월 25일 저우즈쥔은 새로운 의료개혁이 두 가지 개혁대상에 맞서고 있다고 하였다. 첫째는 기본의료보험제도를 수립하는 것이고, 둘째는 기본의료서비스체계를 수립하는 것이다. 2009년 3월 18일 저우즈쥔은

성명	기관/직위	주요관점	주요성과
		정부는 규제완화 이후에 관리의 부재와 부재 이후 가격 급등을 걱정한다. 왜냐하면 정부가 의료서비스 산업에서의 정보가 매우 제한적이기 때문이다. 현재 제기된 것은 곧 개방이며, 사회자본이 진입하여, 미래에 일련의 기업병원이 등장할 것인데, 이는 과거의 국유기업개혁에서 성공한 방식이다.	봉황네트워크 경제채널에서 의약위생체제개혁(신의료개혁) 관련문제에 대해 언급하였다.
펑잔춘	화중과기대 의약위생관리대학 부원장	정부주도의 의료개혁을 주장하고, '고가 진료비'문제의 근원이 상업화와 시장화에 있으며, 의료위생사업발전의 기본법칙에 위배된다고 함.	2008년 11월 11일 펑잔춘은 정부가 농촌에 대한 재정투입을 증가해야 하며, 재정투입은 기초를 갖추는 것이며, 의료서비스의 공익성과 기본적인 공평을 보장하려면 반드시 정부의 투입을 증가시켜야 한다고 주장.
통차오헤이	베이징대 의약경제연구중심 연구원, 인력자원 및 사회보장부 사회보장연구소 보조연구원	이번 의료개혁에서 우리가 더욱 많이 보는 것은 단순하게 '자금 지원'을 하는 것이며, 부적절하게 위생부문의 권력을 증대하는 것이다. '정부 주도'는 모든 것을 정부가 재정 투입하는 것과는 다르다. 정부가 주도해야 하는 것은 과학적인 투입 시스템이다.	2009년 6월 9일 통차오헤이는 기자에게 전국에서 베이징, 광동, 장시 등 6개 성시만 공적자금을 통한 의료개혁을 진행하지 않고, 대부분 지방에서 기본적으로 이미 국비의료와 직공의료보장을 공동으로 추진하고 있다.

126

다양한 입장을 조정한 신(新)의약개혁방안

전문가 참여와 성진의약위생 체계개혁의 변화과정을 보면, 우리들은 이 과정을 2단계, 즉 의사일정 설정과 대안 선택으로 나눌 수 있다. 각각 다른 단계에서 전문가는 상이한 전략과 행동모델을 통해 정책에 영향력을 행사한다.

의사일정 확정단계에서 전문가는 단지 직접적인 통로를 이용하여 정책결정자에게 건의내용을 전달한다. 자아 정책네트워크 내부에 잠재되어 있는 이익손실자의 강력한 저항에 대해서는 간접적인 전략을 채택할 뿐이다. 따라서 이 단계에서 전문가는 자신의 연구성과를 대중에게 공개하는 전략을 통해 여론으로 정부에 압력을 행사한다. 2005년 7월 28일 국무원 발전연구중심 연구원 거옌핑은 『중국청년보』의 기사를 통해 자신이 주도한 '중국의료위생체제개혁' 과제소조의 연구보고에서 나온 "중국의 의료개혁은 기본적으로 실패했다"는 결론을 공개하여, 사회적 여론의 반응을 강하게 이끌어냈다. 2005년 8월 13일 신화사는 공개적으로 위생부 부장 가오창이 7월 1일 정세보고회에서 가진 「위생사업을 발전시키는 것은 사회주의 조화사회의 구축에 공헌하기 위한 것」이라는 보고서 전문을 보도하였다. 이 보고서 역시 과거의 의료개혁에 적지 않은 문제가 있다는 내용을 담고 있다. 이런 과정을 거치면서 현재의 의료개혁에 대한 사회 각계의 관심이 집중되었다. 2006년 베이징대학과 칭화대학 연구소조가 내놓은 장수성 수첸시의 의료개혁 성공여부에 대한 각기 다른 결론은 더욱 여론의 관심을 불러 일으켰다. 즉 전문가들의 의견이 공개되면서, 대중적 여론의 관심은 더욱 높아졌고, 정부를 향한 여론의 압력이 점점 증대됨으로써 새로운 의료개혁이 정식으로 시작될 수 있었다.

대안선택단계에서 개혁 방안을 준비하는 작업이 매우 복잡한 과정이기 때문에 정부는 정책수립과정에서 긴급히 전문가들의 건의를 참고하게 되면서, 결과적으로 전문가들에게 정책체계에 직접 참여하여 정책 자문을 하는 기회가 주어졌다. 전체적인 참여과정에서 수많은 국내외 의료위생전문가들과 연구기관이 새로운 의료개혁방안을 수립하는 작업에 참여하였는데, 이는 중국에서 최근 들어 가장 많은 수의 전문가들이 정책결정과정에 참여한 사례 중의 하나이다. 2007년 1월 의료개혁협력소조는 많은 연구기관에 위탁하여 성진의약위생체계개혁에 대해 독립적이고 균형적인 의료개혁방안을 연구하도록 하였다. 이와 동시에 전문가들은 의약위생 체계개혁이 진행되는 동안에 지속적으로 정부에 자문을 제공하였고, 중남해(中南海, 중국 최고 지도부)의 초청을 받아 국가지도자들에게 의약위생체계개혁에 대한 특강을 하기도 했다. 전문가들의 의견이 국가지도자들의 관심을 받게 되면서, 전문가는 의약위생체계개혁에서 중대한 영향력을 행사하였다.

모든 전문가들이 의료개혁방안의 목표를 대중에게 안전하고 효율적이며 편리하고 저렴한 의료위생서비스를 제공하고, '진료의 어려움'과 '의료비 부담' 문제를 완화하는 데에 두고 있다. 하지만 전문가들의 관점은 대체로 '공급자 지원'의 '국민기본의료보장제도'와 '수요자 지원'의 '국민사회의료보장제도'라는 두 가지 입장으로 분리되어 있다. '공급자 지원'과 '수요자 지원' 입장은 의약위생 체계개혁 논쟁에서도 두 가지 경향으로 나뉘어져 '정부주도'냐 아니면 '시장주도'냐로 나뉘어져 있다.

128

국무원은 최종적으로 관련된 부문, 전문가, 사회 각계의 의견을 종합하여 '공급과 수요 병행 고려'입장을 채택했다.

3년의 연구와 검정과정을 통해서 중공중앙과 국무원은 마침내 의약위생체제개혁방안을 제정했다. 2009년 3월 17일과 18일에는 각각 「중공중앙 국무원 의약위생체제개혁의 심화에 관한 의견」과 「의약위생체제개혁 단기 중점실시방안」(2009~2011년)을 공표하고, 2009년부터 2011년까지 기본의료보장제도 등 다섯 가지의 개혁조치를 중점적으로 시행하기로 결정하였다.

(1) 기초의료보장제도 건설을 보다 신속하게 추진하기로 하였다. 3년 이내에 도시직공과 주민의 기초의료보험 그리고 신형농촌합작의료보험 참가율(參保率)을 90% 이상으로 높이기로 하였다. 2010년에 성진주민의료보험과 신형농촌합작의료(新農合)에 대한 보조기준을 1인당 연간 120위안으로 하여, 개인 지급비용기준을 적절한 수준으로 높이고, 결산(報銷) 비율과 지불금액 한도를 높이기로 하였다.

(2) 국가기본약물제도 설립을 결정하였다. 과학적·합리적 방식에 입각한 기본약물목록 선택조정관리시스템과 공급보장체계를 설립하고, 향후 기본 약물은 모두 의료보험대상품목으로 지정하였다.

(3) 기층의료위생서비스체계 구축을 결정하였다. 현급 병원(중의원(中醫院) 포함), 향진 위생원, 변방지역 촌 위생실 및 재해지역 도시의 사구위생서비스중심을 건설하기로 하였다.

(4) 기초공공위생서비스의 단계적 균등화를 추진할 것을 결정하였다. 국가기초공공위생서비스항목의 제정과 실시를 통해, 2009년부터 단계적으로 통일된 주민건강기록부 제도 수립, 공공위생서비스항

목 증가, 지불기준 제고 등과 함께 중의약(中醫藥)의 발전도 도모하고자 했다.

(5) 공립병원개혁의 모범사례를 선정하여, 공립병원관리체제와 운영, 감독시스템의 개혁, 공립의료기관의 서비스수준의 제고, 약품 판매를 통해 의료시스템을 유지 운영하는 공립병원의 기존 관행에 대한 개혁 추진, 다원적 진료시스템 구축 가속화를 결정했다.

대체적인 통계에 의하면 5개 분야에 걸친 개혁을 실현하기 위해서, 2009년부터 2011년까지 정부가 8,500억 위안을 투입하기로 예정되어 있다. 비록 새로운 의료개혁방안은 이미 공포되었으나, 의약위생 체계개혁에 대한 논쟁은 여전히 진행 중이다. 의약위생 체계개혁은 아직 완성되지 않았고, 정책집행상황과 정책집행효과는 여전히 확실하게 나타나지 않고 있다. 2009년 4월 6일 새로운 의료개혁방안의 공포 이후, 개혁정책을 확실히 수행하기 위해서 국무원은 리커창 부총리를 조장으로 하고, 위생부 당조서기 장마오런을 판공실 주임으로 하며, 16개 정부 부서가 참여하는 '국무원 의약위생 체제개혁 심화를 위한 영도소조'를 조직하여, 통일적인 조직 및 협력을 통한 개혁을 진행하도록 하였다. 의료개혁 영도소조의 구성은 여러 부서간의 원활한 협조를 통해, 더 나은 의료개혁을 실시하고, 의료개혁의 성공을 보장하는 유리한 환경을 조성하기 위한 것이다.

03

직접자문모델

제3장   직접자문모델

중국은 농촌합작의료제도의 오랜 역사를 가지고 있다. 그런데 개혁개방 이래, 농촌합작의료제도는 점차 쇠퇴했다. 신형농촌합작의료제도는 중앙정부가 2002년 말 2003년 초에 내놓은 새로운 정책이다. 이유는 당시의 신형농촌합작의료제도가 정책과정 측면에서 보면 아직 '시험'과 '추진' 단계였고, 중앙 정책결정자가 제도의 전문지식의 복잡성에 직면하여, 서로 다른 유형의 제도방안에 대해서 장소를 정하여 시험할 필요가 있었기 때문이다. 농촌위생정책 및 농촌합작의료제도는 의약, 경제학, 공공위생, 보험, 농촌거버넌스 등 복잡한 학제적인 전문지식에 관계된다. 중앙정부가 신형농촌합작의료제도를 시험하고 추진하기 이전에, 중앙 정책결정자는 중국 농촌 각지의 의료위생상황 및 농촌사회에 대한 위험에 대해서 충분히 이해하고 있지 못했으며, 동시에 광대한 중국 농촌에 직면하여, 정책결정자는 어떤 농촌합작의료제도와 기제가 가장 효과적인지 잘 이해하고 있지도 못했다. 따라서 중앙정부가 장소를 정해서 신형농촌합작의료제도를 추진하는 과정에서, 전문가의 직접참여는 아젠다 추진 설정과 방안선택 단계에 있어서 모두 중요한 역할을 하였다.

농촌합작의료제도

중국의 신형농촌합작의료제도(약칭, '신농합(新農合)')의 개념을 이해하는 것은 중요한 의미가 있다. 이것은 중국 농촌합작의료제도가 중화인민공화국 성립 초기부터 존재했기 때문이고, 현재 우리는 그것을 '구농합(舊農合)'이라고 부른다. 또한 구농합은 개혁개방 이전에 빛나는 역사를 가지고 있다. 2003년을 전후하여 중국은 장소를 정해서 신형농촌합작의료제도를 시험적으로 추진하는데, 이것은 바로 이미 유명무실해진 원래의 전통적인 농촌합작의료제도에 수정을 가한 것이다.

2003년 1월, 국무원 판공청은 위생부 등 부문의 「신형농촌합작의료제도의 건립에 관한 의견(關於建立新型農村合作醫療制度的意見)」을 전달하고, 신형농촌합작의료제도를 전국적인 범위에서 장소를 정해 시험하기로 결정한다. 「의견(意見)」이 확정한 이 제도의 구체적 정의는, '신형농촌합작의료제도는 정부조직이 자발적인 참가를 조직, 인도, 지지하고, 집체와 정부 등 여러 부문이 자금을 조달함으로써, 중증질환통합지원(大病統籌)을 위주로 하는 농민의료상호부조 공제제도'이다. 자금을 조달하는 방식에 관하여 '의견(意見)'이 확정한 원칙은, '자발적인 참가, 여러 부문 자금조달'이고, 구체적으로는 '농민이 가정을 단위로 하여 신형농촌합작의료에 자발적으로 가입하고, 유관규정을 준수하고, 시간에 맞추어 합작의료경비를 완납하며, 향(鄕) 진(鎭) 촌(村)의 집체는 자금보조를 해야 하며, 중앙과 지방의 각급 재정은 매년 일정한 자금항목을 설정하여 지원'해야 한다. 신농합과 구농합은 자금조달 측면에서 주된 차이는, 중앙 재정이 농촌합작의료제도에 자금지원을 한다는 것을 처음으

로 제시했다는 점인데, 과거에는 관련 문건 중에 '정부'는 단지 '지방정
부'만을 가리켰다. 2008년이 되어, 국가는 「사회보험법(社會保險法)초안」
을 공포하여, 기본의료보험에 대해 명확한 규정을 했는데, 기본의료보
험은 직공(職工)기본의료보험 및 성진주민(城鎭居民)기본의료보험과 신형
농촌합작의료를 명확히 포함했다.[169] 전체적으로 볼때, 현 단계 신농
합은 실질적으로 여전히 정부가 상당부분 보조하는 자발적 사구(社區)
의료보험이다.[170]

국무원 및 위생부, 재정부와 농업부는 신농합 시험에 대한 지도성
문건에서 신농합에 대해 비교적 명확한 정의를 내렸지만, 현재까지 정
부관료 및 연구자와 위생관리자들 사이에 신농합의 개념에 대해 여전
히 다음과 같은 일정한 논쟁이 존재한다. 주요 논점은, 신농합의 정부
책임은 '인도'인가 '주도'인가, 농민참여는 '자발'인가 '강제'인가, 제도의
목적은 '빈곤완화'인가 '건강촉진'인가, 구체적인 형식은 '사구의료보험'
인가 '사회의료보험'인가 등등이다.[171] 바로 이 때문에, 2003년 공포된
신농합정책은 단일한 모델이 아니고, 각지의 구체적인 상황을 결합시
켜 시험이 필요했다.

중국합작의료제도의 발전역사는 대체로 아래와 같이 몇 단계로 구
분된다.

제1단계: 합작의료제도의 맹아기(항일전쟁시기부터 1954년까지).

일찍이 항일전쟁시기에, 중국공산당은 그 혁명근거지에서 이미 합작
의료제도의 초기적인 발전을 시작했다. 중국합작의료제도의 가장 초기
형태는 '위생합작사(衛生合作社)'로, 일종의 '민영과 국가보조 결합(民辦公助)'
의 합작의료제도였다.[172] 1938년 산간닝(陝甘寧) 변구(邊區)에서 중국공

136

산당은 '보건약사(保健藥社)'를 창립했고, 1939년에는 위생합작사를 창립했다. 1944년 변구정부는 현지 상업판매기구인 '대중합작사(大衆合作社)'에 위탁하여 합작의료사무를 처리했다.173 신중국 성립초기, 둥베이(東北) 각 성(省)도 합작제와 군중자금조달(群衆集資) 방식을 운용하여 기층위생조직을 건설할 것을 적극적으로 제기했다. 당시의 둥베이 인민정부 위생부의 통계에 따르면, 1952년 둥베이 지구의 1,290개 농촌위생소 가운데 합작사 성격에 속하는 것이 85개, 군중자금조달 성격에 속하는 것이 225개였는데, 양자의 합계는 전체 둥베이 위생수 총수의 24%를 점했다.174 이러한 상호부조공제와 정부출자 형식을 가진 합작의료제도는 중국농촌합작의료제도의 원형이고, 이후의 합작의료의 발전에 기초를 닦았다고 할 수 있다.

제2단계: 합작의료제도의 형성기(1955년부터 1958년까지)

1953년 12월 16일 중공중앙이 발표한 「농업생산합작사의 발전에 관한 결정」은 합작의료제도의 형성에 기본적인 토대를 제공했다. 몇 년 안 되는 기간에, 농촌생산합작사는 신중국 성립기의 19개에서 1956년 75만개로 발전하였다. 이 시기 중국의 농촌생산합작사는 이미 서서히 형성되고 있었다. 1955년 초, 산시성(山西省) 가오핑현(高平縣) 미산향(米山鄕)은 연합보건소(聯合保健站)가 성립되었고, 군중이 '보건비(保健費)'를 납부하고 생산합작사가 공익금을 보조하는 '의사결합(醫社結合)' 집체의료보건제도를 실시하였다. 1955년 겨울, 국가 위생부와 산시성 인민위원회(성 정부)는 연합하여 이 제도에 대해서 조사를 실시했고, 미산향의 경험을 총결하고 긍정적 평가를 내리고, 이것이 "병이 없으면 조기에 예방하고, 병이 있으면 조기에 치료하며, 작업과 돈을 절약하며, 간편하고

신뢰할 수 있다'는 집체화 농민의 이상을 초보적으로 실현하고, 농촌예
방보건 작업을 위해 신뢰성 있는 사회주의 조직기초를 수립했다'고 보
았다.175ᐟ 이후 미산향의 경험은 전국의 부분지역에서 추진되어, 후베
이(湖北) 산둥(山東) 구이저우(貴州) 등 각 성에서 잇달아, 집체경제를 기초
로 하고 집체와 개인이 결합하며 상호부조 상호공제하는 집체보건의료
소(集體保健醫療站), 합작의료소(合作醫療站) 혹은 총괄의료소(統籌醫療站)를 설
립하였다. 1955~1958년 기간에 전국 합작의료범위는 10%에 달했고, 합
작의료의 첫 번째 고조기에 달했다.

제3단계: 합작의료의 전국적인 추진과 발전시기(1959년부터 1977년
까지)

1958년 첫 번째 '인민공사(人民公社)'가 허난(河南)에서 탄생하고, 중국의
합작의료제도는 완전히 새로운 발전단계로 들어섰다. 1959년 위생부는
산시성 지산현(稷山縣)에서 전국농촌위생작업회의를 개최하였다. 이후
위생부 당 조직은 중공중앙에「전국농촌위생작업 산시성 지산현 현장
회의 상황에 관한 보고(全國農村衛生工作山西稷山現場會議情況的報告)」를 제출하
고, 인민공사 사원집체보건의료제도에 긍정적인 평가를 내렸다. 1960
년 2월 2일 중공중앙은 이 보고서를 전달하여, 이 제도를 집체의료보건
제도로 칭하고, 각 지역에서 참고하여 집행할 것을 요구하여, 이로써
농촌합작의료제도는 전국적으로 추진되게 되었다.176ᐟ

'문화대혁명'의 시작을 전후로, 마오쩌둥의 최고지시(最高指示)로 합작
의료는 또 다시 고조되었다. 1965년 6월, 마오쩌둥은 '의료위생작업의
중점을 농촌에 두라'는 최고지시를 내렸다. 1968년 마오쩌둥은 친히 후
베이성 창양현(長陽縣) 러위안(樂園) 인민공사의 합작의료경험을 전달하

고, "합작의료는 좋다"고 칭찬했다. 당시 '문화대혁명'은 이미 시작된 상황으로, 이러한 정치적 배경으로 '합작의료를 하는가 하지 않는가'는 이미 농민의료보장을 중시하는가 중시하지 않는가의 문제만이 아니라, 마오주석의 혁명노선을 집행하는가 하지 않는가의 문제가 되었고, 이 때문에 각 지역은 모두 재빨리 합작의료라는 '붉디 붉은' 국면을 만들어갔다.177 | 사실상 농촌합작의료제도는 광대한 농민의 기본위생의료 수요를 위해 중대한 공헌을 했고, 개발도상국의 빈곤인구 의료서비스 문제에도 중요한 본보기를 제공했다. 이 때 '합작의료'(제도) 및 농촌 '보건소'(기구)와 '맨발의 의사'(인원)는 중국 농촌지역 의약결핍 문제를 해결하는 중요한 3가지 방법으로 인식되었다. 세계은행과 WHO는 중국 농촌의료위생제도를 개발도상국에서 위생경비를 해결한 유일한 모범적 사례로 평가했다.178 | 1976년에 전국 90% 이상의 행정촌(생산대대)에 합작의료보건제도가 만들어졌고, 중국합작의료는 두 번째 고조기에 달했다.179 |

제4단계: 합작의료의 쇠락시기(1978년에서 1989년까지)

'문화대혁명'과 '사인방(四人幇)' 분쇄 이후, 1978년 중국은 완전히 새로운 개혁개방 발전시기로 들어섰다. 하지만 이 시기 중국의 농촌합작의료제도는 급속히 쇠락한다. 이것은 대체로 다음과 같은 몇 가지 원인이 있다. 첫째, 1980년대 초 농촌은 경제체제 개혁을 시작하여 가정생산책임제(家庭聯産承包責任制)를 실시하여, 기존의 인민공사의 집체경제는 급속히 와해되었다. 둘째, 농촌합작의료는 '문화대혁명'의 산물로 인식되어 배척되었다. 각 지역 정부는 농촌합작의료제도와 관리기구를 신속히 폐지하였다. 1989년이 되면 합작의료를 계속 실시하는 행정촌은 총수의 4.8%에 지나지 않게 된다.[180] 1990년대 초가 되면, 전국적으로 아직 합작의료를 실시하는 지역은 주로 상하이와 장쑤성(江蘇省) 남부지역에 분포해있었고,[181] 중국 농촌합작의료제도는 심각하게 쇠퇴한 상황으로 붕괴직전에 처해 있었다.

제5단계: 합작의료의 회복과 재건시기(1990년부터 2002년까지)

중국정부와 학계는 이미 농촌합작의료제도 쇠퇴의 심각한 결과를 인식하고, 1980년대말 신형농촌합작의료제도 연구작업을 실시했다. 당시 중앙정부는 어떤 의료보장방식이 중국 농촌이 적합한지를 확정하지 않았고, 따라서 관련 기구와 학자들이 조사연구를 하도록 지원했다. '문화대혁명'이 막 끝났고, 가정생산책임제가 추진되고, 시장경제이념이 도입되어서, 각급 정부는 합작의료에 대해서 별로 흥미를 느끼지 못했다. 그런데 중앙은 계속 자유방임적 태도를 취하고 입장은 명확하지 않았다. 1990년대가 되자 중앙정부의 태도에 변화가 일어났다.

1990년대 농민의 의약결핍 문제는 점점 더 심각해졌다. 농촌의료보장이라는 심각한 문제에 직면하여, 합작의료제도의 재건작업은 정부의 일정에 포함되게 되었다. 1990년 3월, 위생부 등 5개 부처와 위원회는 「우리나라 농촌 '2000년 위생보건 완비'의 계획목표(시험실시)를 실현시키기 위한 통지」를 하달하여, 명시적으로 '합작의료'를 평가항목에 집어넣었다. 1991년 1월 「농촌의료위생작업의 개혁과 강화에 관한 위생부 등 부문의 지시요청에 대한 국무원 지시사항의 통지」는 합작의료보건제도를 안정적으로 추진하고, '2000년 위생보건 완비'를 실현하기 위해 사회보장을 제공"할 것을 요구하였다. 1993년 국무원 정책연구실과 위생부는 전국적인 범위에서 광범위한 조사연구를 실시하여, 「농촌합작보건의료제도의 개혁과 건설의 강화」라는 연구보고서를 제출하고, '농촌합작의료제도를 발전시켜야 한다'는 구상을 명확히 밝혔다.182 1997년 5월, 국무원은 위생부 등 5개 부처와 위원회가 발표한 「농촌합작의료의 발전과 완비에 관한 약간의 의견의 통지」를 지시하고, 농촌합작의료제도가 중국 상황에 적합한 농민의료보장제도라고 긍정적인 평가를 내리고, 각지에서 농촌합작의료의 건전한 발전을 지도하고 적극적이고 적절하게 강화할 것을 요구했다.

비록 중앙정부는 농촌합작의료제도의 재건작업을 매우 중시했지만, 각 지역에서 이 제도의 재건작업은 별로 만족스럽지 않았다. 1997년이 되자 농촌합작의료의 보급률은 겨우 전국 행정촌의 17%에 달했고, 농촌주민 중 합작에 참여하는 비율도 또한 전체 농촌인구의 9.6%에 그쳤다.183 위생부는 1998년 진행된 「제2차 국가위생서비스조사」의 결과에서 다음과 같은 사실을 보여주었다. 전국농촌주민 중 합작에 참여하는 숫자의 비중은 6.5%에 그치고, 또한 그 지역적 특징이 명확해 주로 경제가 비교적 발달한 지역인 상하이 광둥(廣東) 저장(浙江) 산둥(山東)과 같은 동부 연해지구에 분포해 있고 그 확산율은 22.21%에 달한다. 그런데 광대한 중서부 지구, 특히 빈곤한 성(省)은 합작의료가 중지된 후 다시 회복되기 어려우며 보급률도 대체로 3% 이하이다.184 1997년 이후, 중앙의 농촌작업의 중심은 '농민부담감소'와 '농민소득증대'이고, 합작의료는 농민에게 함부로 분담을 요구하여 농민의 부담을 증가시키는 것으로 잘못 오인되었다. 이 때문에 농촌합작의료는 다시 좌절되어, 불안정한 침체상태에 빠졌다. 2001년 중앙의 유관 부처와 위원회는 연합하여 문건을 발표하여, 지방정부가 합작의료에 대한 조직적 지도를 강화할 것을 요구하였고, "자발적으로 능력에 따라, 현지의 상황에 맞추어, 민영과 국가보조를 결합시킨다"고 재차 표명했고, 조건이 되는 지방에서 현(縣)과 시(市)를 단위로 하는 '중증질환통합지원(大病統籌)'를 실시할 것을 제기했다. 그러나 여기에서 이전에 중앙재정으로 농촌합작의료정책에 대한 직접적인 지원을 시행한 적은 한 번도 없기 때문에, 합작의료제도의 재정압박은 모두 지방정부가 부담해야 하고, 이 때문에, 2003년이 되기 전까지 중서부지역 특히 빈곤한 성은 농촌합작의료제도의 보급률이 계속 매우 낮은 상태였다.

제6단계: 신형농촌합작의료제도 시험추진(2002년부터 지금까지)

2002년 중앙농촌위생작업회의가 개최되고 중공중앙과 국무원의「농촌위생작업의 강화에 대한 결정」을 공포하였다. 그 후 2003년 국무원 판공청은 위생부 등 부문의「신형농촌합작의료제도 건립에 관한 의견의 통지」를 전달하였다. 이 두 가지 중요한 정책의 반포이후,「신형농촌합작의료제도」는 비로소 확립되었고, 또한 중앙재정은 처음으로 농촌합작의료제도에 대해 이전지출 방식으로 지원하게 되었다.

신형농촌합작의료제도는 전통적인 농촌합작의료제도에 비해 다음과 같은 주요특징을 가지고 있다. 첫째, 정부의 명확한 정치적 승인과 바램으로 농촌주민이 전염병이나 향토병 같은 중증질환으로 빈곤상태에 빠지는 문제를 중점적으로 해결한다. 둘째, 중앙정부재정의 중서부지역에서의 이전지출(轉移支付)이 사실상 자금조달의 주요출처가 되었다. 셋째, 농촌주민은 가정을 단위로 자발적으로 신형농촌합작의료에 참가하고, 이로써 농촌주민이 자신의 의료보장책임을 부분적으로 부담한다. 넷째, 정부의 자금보조는 '개인별 보조' 방식으로 지급하여, 보조금을 합작에 참여하는 개별 농민에게 지급될 수 있도록 했다. 다섯째, 지

142

방정부가 전문관리기구를 설립하여 신형농촌합작의료에 대한 관리를 실행한다. 여섯째, '중증질환 보상'을 원칙으로 하고, 현을 단위로 해서 이러한 위험을 분담하도록 한다. 일곱째, 상호보충의 합작의료제도와 의료구조제도를 수립한다. 그 중 '자발적 참가'와 '중앙정부재정보조'는 가장 뚜렷한 두 가지 특징이다.

신형농촌합작의료제도는 2003년 이후 점차 전국적인 범위에서 추진되었다(표 3-1을 보라).

표 3-1 | 신농합 데이터표

연도	시험 현(개수)	실제참여농민 (억 명)	합작참여율	보상금지출 (억 위안)
2004	310	0.67	72.6%	13.94
2005	678	1.79	75.7%	61.75
2006	1,451	4.10	80.7%	155.81
2007	2,451	7.30	86.2%	346.6
2008	2,729	8.15	91.5%	662.0
2009	2,716	8.33	94.0%	922.9

출처: 2004년「중국위생사업발전상황통계공보(中國衛生事業發展情況統計公報)」데이터에 근거해 편집

국가가 매년 공포하는 위생사업발전 통계데이터가 제시하는 항목이 완전히 통일된 것은 아니기 때문에, 표 3-1의 데이터는 역대 공포된 데이터 중 공통의 항목이다. 2004년 이후 매년 중국 신형농촌합작의료제도의 건설상황의 구체적인 데이터는 아래 특별란에 보이는 것과 같다.

【특별란】 2004년 이후 전국 신형농촌합작의료제도 전개상황

2005년말 까지 기준으로, 전국적으로 이미 678개 신형농촌합작의료 시험 현(시, 구)가 있고, 보급률은 2.36억 명에 달하며, 모두 1.79억 명의 농민이 합작의료에 참가했고, 합작 참여율은 75.7%이며, 합작에 참여한 농민의 진찰률과 입원율은 모두 명확히 상승했으며, 진료의 경제적 부담은 감소했고, 신형농촌합작의료제도는 농민군중에 의해 광범위하게 수용되었다. 전국적으로 보상을 받아서 신형농촌합작의료에 참가한 농민은 연인원 1.22억 명에 달하고, 보상금 지출은 61.75억 위안이다.[185]

2006년말 까지 기준으로, 전국적으로 이미 1,451개 현이 신형농촌합작의료를 실시했고, 보급률은 5.08억 명에 달하며, 4.1억이 농민이 합작의료에 참가했고, 합작 참여율은 80.7%이다. 합작에 참여하는 농민의 진찰률과 입원률은 모두 명확히 상승했으며, 진료의 경제적 부담은 감소했고, 신형농촌합작의료제도는 농민군중에 의해 광범위하게 수용되었다. 2006년 전국적으로 보상을 받아서 신형농촌합작의료에 참가한 농민은 연인원 2.72억 명에 달하고, 보상금 지급은 155.81억 위안이다.[186]

2007년말 까지를 기준으로, 전국적으로 이미 2,451개 현(시, 구)가 신형농촌합작의료를 실시했고, 합작 참여농민은 7.3억 명이고, 합작 참여율은 86.2%이다. 전년과 비교해서 신농합을 실시하는 현(시, 구)는 1,000개가 증가하였고, 합작 참여 농민은 3.2억 명이 증가하였으며, 합작 참여율은 5.5%가 증가하였다. 2007년 전국 신농합기금의 지출은 346.6억 위안이고, 보상지출 수익을 받은 것은 연인원 4.5억 명이다.[187]

144

2008년말 까지를 기준으로, 전국적으로 이미 2,729개 현(시, 구)가 신형농촌합작의료를 실시했고, 합작 참여농민은 8.15억 명이고, 합작 참여율은 91.5%이다. 전년과 비교해서 신농합을 실시하는 현(시, 구)는 278개가 증가하였고, 합작 참여 농민은 0.89억 명이 증가하였으며, 합작 참여율은 5.3%가 증가하였다. 2008년도 자금조달 총액은 785.0억 위안에 달했고, 1인당 평균 96.3위안을 모았다. 전국 신농합기금의 지출은 662.0억 위안이고, 보상지출 수익을 받은 것은 연인원 5.85억 명이며, 그 중 입원 보상은 연인원 0.51억 명이고, 외래진료 보상은 연인원 4.86억 명이며, 신체검사 및 기타가 0.48억 명이다.[188]

2009년말 까지를 기준으로, 전국적으로 이미 2,716개 현(시, 구)가 신형농촌합작의료를 실시했고, 합작 참여농민은 8.33억 명이고, 전년과 비교해서 1,800만 명이 증가했다. 합작 참여율은 94.0%로, 전년에 비해 2.5% 증가하였다. 2009년도 자금조달 총액은 944.4억 위안에 달했고, 1인당 평균 113.4위안을 모았다. 전국 신농합기금의 지출은 922.9억 위안이고, 보상지출 수익을 받은 것은 연인원 7.6억 명이며, 그 중 입원보상은 연인원 0.6억 명이고, 외래진료 보상은 연인원 6.7억 명이다.[189]

위의 데이터에서 다음과 같은 사실을 알 수 있다. 2003년 이후 중국 신형농촌합작의료제도 집행상황은 양호한 발전추세를 보이고 있다. 2009년의 합작 참여 농촌인구는 이미 기본적으로 모든 농민을 포괄하며, 중서부 지역 합작 참여에 대한 중앙재정의 보조금 지급 기준도 역시 매년 증가했다. 2009년 전국 신농합 자금조달 수준은 이미 매년 1인당 100위안에 달했고, 그 중 중서부 지역 합작 참여농민에 대한 중앙재

정의 보조금도 40위안 기준으로 실시되며, 동부 지역의 성들에 대해서
는 중서부 지역의 일정한 비율에 따라 보조금을 지급한다. 지방재정
보조금 기준은 40위안 보다 낮아서는 안 되며, 농민 개인의 납부금 증
가는 20위안 보다 낮아서는 안 된다. 동부 지역의 1인당 자금조달 기준
은 중서부 지역보다 낮아서는 안 된다.[190]

　개혁개방 이후, 중국 농촌합작의료제도에 관련된 중요정책문건의 구
체적인 상황은 표 3-2와 같다.

표 3-2 ㅣ 개혁개방 이후, 중국 농촌합작의료제도 관련 중요정책문건

시간	사건 혹은 문건	문건 발행 단위	주요내용
1979년 12월	「농촌합작의료장정(시험실시초안)」	위생부	자발상호부조를 원칙으로, 기금은 개인과 집체로부터 모집하고, 생산대대 판공실이 주관하고, 경제적으로 곤란한 인민공사에 대해 국가가 필요한 지원을 제공한다.
1990년 3월	「우리나라 농촌 '2000년 위생보건 완비'의 계획목표(시험실시)를 실현시키기 위한 통지」	위생부, 농업부, 국가계획위원회, 국가환경보호국, 전국애국위생운동위원회	우리나라 농촌 '2000년 위생보건 완비'의 각종 최저목표를 명확히 제기하고, 그 중 경제발달지역과 경제미발달지역에서 각각 60%와 50%의 이른바 '자금조달의료보급률(集資醫療覆蓋率)'을 실현시키는 것을 포함한다.
1991년 1월	「농촌의료위생작업의 개혁과 강화에 관한 위생부 등 부문의 지시요청에 대한 국무원 지시사항의 통지」	국무원이 위생부, 농업부, 국가계획위원회, 국가교육위원회, 인사부에 지시 전달	합작의료보건제도를 안정적으로 추진하고, '위생보건 완비'를 실현시키기 위해 사회보장을 제공한다.
1992년 9월	「농촌 위생작업 강화에 관한 약간	위생부, 재정부	자발적 상호이익의 원칙으로써 농촌합작의료를 건립하고, 수혜

시간	사건 혹은 문건	문건 발행 단위	주요내용
	의 의견의 통지」		군중 및 전민(全民)사업단위와 집체사업단위, 사회단체 다양한 주체가 자금조달한다.
1997년 1월	「위생개혁과 발전에 관한 결정」	중공중앙, 국무원	'적극적이고 신뢰성 있게 합작의료제도를 발전시키고 완비해야 한다' 제기하고, '2000년까지 농촌 다수지역에서 각종 형식의 합작의료제도를 건립한다'는 목표를 세우고, '민영과 국가 보조를 결합시키고 자발적으로 참가하는 원칙'을 지켜 나간다.
1997년 5월	「농촌합작의료의 발전과 완비에 관한 약간의 의견의 통지」	국무원이 위생부 등 부문에 지시 전달	개인의 자금투입을 위주로 하고, 집체가 지원하며, 정부가 적절히 지원하고, 농민은 합작의료비용을 자발적으로 납부하며, 농민개인의 소비성 지출에 속하고 향(鄕)이나 촌(村)의 유보금에 산입하지 않는다.
2001년 5월	「농촌위생개혁과 발전에 관한 지도의견」	국무원 판공청이 국무원경체제제개혁판공실, 국가계획위원회, 재정부, 농업부, 위생부에 전달	합작의료에 대한 지방정부의 조직적 지도를 요구하고, '자발적으로 능력에 따라, 현지의 상황에 맞추어, 민영과 국가보조 결합시킨다'을 재차 표명했고, 조건이 되는 지방에서 현과 시를 단위로 하는 '중증질환통합지원'를 실시할 것을 제기했다.
2002년 10월	「농촌위생작업의 강화에 대한 결정」	중공중앙, 국무원	중증질환통합지원을 위주로 하는 신형농촌합작의료제도를 건립하고, 중앙보조금 제도를 건립하며, 보조대상은 중서부 지역의 시구(市區)이외의 신농합 참가 농민이며, 보조기준은 매년 1인당 평균 10위안으로 하며, 참가농민에 대한 지방재정 보조는 매년 10위안보다 낮지 않을 것을 요구한다.

시간	사건 혹은 문건	문건 발행 단위	주요내용
2002년 12월	「농촌위생 기구 개혁과 관리에 관한 의견」	위생부, 국가발전 계획위원회, 재정부, 인사부, 국가 중의약관리국	공립의료 위생기구는 현지 농촌합작의료제도 건설을 의무적으로 지원해야 하며, 조건에 부합하는 민영의료기구도 농촌합작의료의 지정 의료기구가 될 수 있다.
2003년 1월	「신형농촌합작의료제도 건립에 관한 의견의 통지」	국무원 판공청이 위생부 등 부문에 전달	자발적 참가하고, 현과 시를 단위로 총괄하고, 농민의 개인 납부금은 매년 10위안이고, 지방재정 보고는 매년 1인당 10위안이고, 중앙재정이 중서부 지역 시구 이외의 참가농민에게 주는 보조 기준은 매년 1인당 평균 10위안이고, 집체경제조직도 적절히 지원해야 한다.
2003년 2월	「"농촌 위생사업 보조정책에 관한 약간의 의견"의 통지」	재정부, 국가계획위원회, 위생부	각급 재정은 농촌합작의료와 의료구조의 자금보조에 동급의 재정예산을 납부하고, 지방재정보조 기준은 매년 1인당 10위안이며, 현급 재정은 농촌 오보호(五保戶: 중국 농촌의 기초생활수급자)와 빈곤농민가정에 대해 의료구조를 실행한다.
2003년 3월	「신형농촌합작의료 시험지역 작업을 잘 처리하는 것에 관한 위생부 판공청의 통지」	위생부 농촌위생 관리	"2010년까지 신형농촌합작의료제도는 기본적으로 농촌주민 전체를 포함한다"는 목표를 제기하고, 신현농촌합작의료의 자금조달, 조직, 관리와 감독기제를 탐색하며, 신형농촌합작의료의 시험 현(시)는 성급 인민정부가 제정한다.
2003년 11월	「농촌의료구조 실시에 관한 의견」	민정부, 위생부, 재정부	각급 정부는 자금을 조달하여 농촌빈곤가정에 대해 의료구조를 실시하고, 신형합작의료를 실시하는 지방에서 빈곤가정의 비용납부는 전체 혹은 부분을 의료구조에서 부담한다.

시간	사건 혹은 문건	문건 발행 단위	주요내용
2004년 1월	「신형농촌합작의료 시험지역 작업을 잘 처리하는 것에 관한 위생부 등 부문 지도의견을 국무원 판공청이 전달하는 통지」	위생부, 민정부, 재정부, 농업부, 국가발전과개혁위원회 등	농민이 자발적으로 참가하는 원칙을 견지하고, 자금조달 기준을 합리적으로 확정하며, 총괄기금과 가정계정을 합리적으로 설치하여, '수입에 따라 지출을 정하고, 수입에 맞게 지출하고, 점진적으로 조정하여, 적절히 보장한다'는 원칙을 견지한다.
2004년 8월	「2004년 하반기 신형농촌합작의료 시험지역 작업을 잘 처리하는 것에 관한 국무원 판공청의 통지」	국무원 판공청	검사평가를 조직적으로 전재하고, 시험 지역 보상방안을 적시에 신중하게 조정하며, 2005년 새로운 시험 현(시)을 적극적으로 안정적으로 확정하며, 2005년 시험 지역 확대작업을 잘 처리하고, 기금모집과 관리작업을 잘 처리하고, 처리기구의 능력건설을 강화한다.
2005년 8월	「신형농촌합작의료 시험지역 유관 작업을 잘 처리하는 것에 관한 통지」	위생부, 재정부	현재의 시험 지역에 대한 검사평가 작업, 규범적 관리의 기초 위에서 시험 지역 속도를 적절히 강화한다.
2006년 1월	「신형농촌합작의료 시험지역 작업의 신속 추진에 관한 통지」	위생부, 국가발전과개혁위원회, 민정부, 재정부, 농업부, 국가식품의약감독국, 국가중의약관리국	시험 현을 증가시키고, 중앙재정과 지방재정은 매년 1인당 보조금을 20위안으로 높이고, 새로이 증가한 자금도 소액 의료비용보조에 적절히 사용한다. 처리기구의 설치와 관리를 강화하고, 처리기구의 편제를 해결하고, 보험회사 참여와 합작의료업무 서비의 시험 지역을 지원한다. 농촌의료구조제도를 건립하고 완비한다. 사회적 역량을 충분히 발휘하여, 여러 가지 경로로 자금을 조달한다. 농촌의료서비스 감독관리와 농촌의약품 감독관리를 강화하고, 농

시간	사건 혹은 문건	문건 발행 단위	주요내용
			촌위생서비스체계 건설과 기층의료위생팀 건설을 신속히 추진하고, 신농합에 대한 조직적 지도를 강화한다.
2007년 3월	「2007년 신형농촌합작의료 작업을 잘 처리하는 것에 관한 통지」	위생부, 재정부	신형합작의료를 간부고과 내용에 넣는다.
2008년 3월	「2008년 신형농촌합작의료 작업을 잘 처리하는 것에 관한 통지」	위생부, 재정부	2008년부터 시작해서, 합작 참여 농민에 대한 각급 재정의 보조금 기준을 매년 1인당 80위안으로 높이고, 그 중 중서부 지역 합작참여 농민에 대해 중앙재정에서 매년 1인당 40위안의 보조를 주고, 동부성에 대해서는 일정 비율로 보조를 지급하고, 지방의 증가된 소요자금은 성급 재정의 부담을 위주로 하고 경제적으로 곤란한 현(시, 구)의 부담을 가능한 감소시킨다. 농민개인의 납부비는 매년 1인당 10위안에서 20위안으로 증가했고, 경제적으로 곤란한 지역은 2년으로 나누어 맞출 수 있다.
2009년 3월	「의약위생체제개혁 심화에 관한 의견」	중공중앙, 국무원	기본의료서비스를 공공재로서 모든 인민에게 제공함으로써, 모두가 기본적인 의료위생서비스를 누리는 목표를 실현시킨다.
2009년 3월	「의약위생체제개혁의 단기중점실시방안(2009~2011년)의 인쇄배포에 관한 국무원 통지」	국무원	3년 내에 농촌의료합작참여율이 90% 이상에 도달한다. 2010년 매년 1인당 120위안으로 하고, 개인납부 기준을 적절히 높인다. 당해연도의 신농합총괄기금 잔액은 원칙적으로 15% 이내로 통제하고, 잔액누계는 당해연도 총괄기금의 25%를 넘지 못한다.

시간	사건 혹은 문건	문건 발행 단위	주요내용
2009년 7월	「신형농촌합작의료제도의 공고화와 발전에 관한 의견」	위생부, 민정부, 재정부, 농업부, 국가중의약관리국	2009년 하반기부터, 신농합보상 상한선(최고지급제한액)은 현지 농민 1인당 평균 순수입의 6배 이상으로 도달한다. 2009년 전국 신농합 자금조달 수준은 매년 1인당 100위안에 달해야 하고, 2010년부터 전국 신농합 자금조달 수준은 매년 1인당 150위안으로 높인다.

이익상관자분석

(1) 관련기구의 참여

중앙정부는 중앙에서 지방에 이르기까지, 정부가 지도하고, 위생부문이 주관하고, 관련부문이 협조하고, 처리기구가 운용하며, 의료기구가 서비스하고, 농민군중이 참여하는 관리운영기제를 건립했다. 중앙정부에서 여러 부처와 위원회는 신형농촌합작의료제도의 관리와 실천에 공동으로 참여한다. 국무원은 「신형농촌합작의료 부처간 연석회의 (部際聯席會議)」 제도를 통과시키고 건립하였다. 연석회의는 상설기구가 아니고, "'인장(印章)을 만들어서는 안 되고, 정식으로 공문을 보내지도 않고, 일상적인 작업은 위생부가 책임진다"[191]. 위생부는 동시에 신형농촌합작의료 부처간 연석회의 사무실을 설립하여, 일상적인 사무를 처리한다. 「부처간 연석회의」 기제를 건립함으로써, 국무원은 사실상

위생부에게 여러 부문이 참가하는 연석회의를 개최할 수 있는 권한을 부여하였고, 연석회의를 통해, 위생부는 여러 부문과 협조하여 공동으로 신형농촌합작의료제도의 각종문제를 처리할 수 있다.

위생부문의 농촌위생관리사(農村衛生管理司)는 위생부에서 신형농촌합작의료를 직접 책임지는 작업부문이다. 그 주요직책은 다음과 같은 것들을 포함한다. 농촌위생 관련 법률, 법규, 규장(規章)을 제정하고, 농촌위생사업 발전규획(發展規劃)을 제정하며 관련정책을 건의하고, 농촌기본위생보건작업의 종합적 관리를 평가 및 책임지며 농촌기본위생보건규획을 제정하며 조직적으로 실시하고, 신형농촌합작의료의 종합관리를 책임지며 신형농촌합작의료정책의 제정을 조직하고, 그 실시의 협조 및 조직과 지도, 농촌위생서비스체계 건설에 참여 규획(規劃)하며 지도하고, 지방이 법에 따라 농촌의사 개업등록과 관련 관리작업을 하도록 지도하고, 농민의 건강상황정보를 수집 분석하고, 농촌의 중요한 위생정책의 실시와 실현 상황을 검사하며 평가하고, 관련 사(司) 및 국(局)과 함께 농촌의 공공위생 및 기본의료와 인재배양 등의 작업에 관련된 관련규획을 제정하며 그 실천을 지도하고, 국무원 신형농촌합작의료 부처간 연석회의 판공실의 일상적인 업무를 책임진다.[192] 국가 위생부 농촌위생관리사는 2004년 6월 합작의료처를 설립하였고, 국가 신농합정책 제정과 행정관리 등의 작업을 구체적으로 책임진다.

각급 지방정부는 신형농촌합작의료제도의 시험지역과 추진을 실현시키는 것을 책임진다. 「위생부 등 부문의 신형농촌합작의료제도 건립에 관한 의견의 통지를 국무원이 전달」하는 것에 근거하면, 신형농촌합작의료제도에 관련된 구체적인 규정은 다음과 같다.

첫째, 신형농촌합작의료제도는 일반적으로 현(시)를 단위로 하여 총괄하는 방식을 채택한다. 조건이 갖춰지지 않은 지방은 초기에 향(진)을 단위로 하여 총괄하고, 점차 현(시) 단위로 총괄로 나아가도록 한다.

둘째, 정선되고 효과적인 원칙에 따라 신형농촌합작의료제도 관리체제를 건립한다. 성, 지급(地級) 인민정부는 위생, 재정, 농업, 민정, 감사, 빈곤구제 등 부문으로 구성된 농촌합작의료 협조소조를 설립한다. 각급 위생행정부문 내부에는 전문적인 농촌합작의료 관리기구를 설치해야 하고, 원칙적으로 편제를 증가시킬 수 없다.

현급(縣級) 인민정부는 유관부문과 합작의료에 참가하는 농민 대표로 구성된 농촌합작의료 관리위원회를 설립하고, 관련된 조직, 협조, 관리 및 지도 작업을 책임진다. 위원회는 처리기구를 설치하여 구체적인 업무작업을 책임지고, 그 인원은 현급 인민정부가 조정하여 해결한다. 수요에 근거하여 향(진)은 파출기구(인원)를 설립하거나 유관기구에 관리를 위탁할 수 있다. 처리기구의 인원과 작업경비는 동급 재정예산에 들어가고, 농촌합작의료기금에서 가져갈 수 없다.

(중략)

첫째, 농촌합작의료 처리기구는 관리위원회가 인정한 국유상업은행에서 농촌합작의료 기금의 전용계정을 설치하고, 기금의 안전과 완전무결을 확보하고, 건전한 농촌합작의료 기금관리를 위한 규장(規章)제도를 건립해야 하고, 규정에 따라 합리적으로 자금조달을 하고 시간에 맞추어 적절히 농촌합작의료기금의 지출을 심사해야 한다.

숭다핑(宋大平) 등이 수행한 전국 각급지방정부에 대한 조사연구결과에 따르면, 각지 신농합관리체계는 완전히 동일하지는 않고, 다음과 같은 몇 가지 특징을 보인다. 첫째, 성급 신농합관리와 처리기구는 관할지역 신농합의 규획, 조직, 관리, 관리감독, 지도 및 훈련 등의 직능을 책임지는데, 각 지역의 모델은 서로 다르다. 광둥, 후난과 하이난(海南) 등의 3개 성은 성 위생청(衛生廳) 내에 합작의료처가 설립되어있고, 편제인원수는 3~12명이다. 산시, 안후이(安徽), 후베이, 지린(吉林), 허베이(河北)와 베이징의 6개 성과 직할시는 독립적인 성급 신농합처리기구가 설립되어, 성 위생청 직속의 전액출자사업단위이다. 산둥, 윈난(雲南)과 간쑤(甘肅) 3개 성도 신농합 관리기구를 설립하여, 성 위생청 관련 직능의 처(處) 및 실(室)과 함께 「하나의 기구, 두 개의 팻말」의 작업기제를 실행한다. 푸젠성(福建省)은 현재 독립적인 신농합처리기구를 설치하는 작업 중에 있다. 기타 성(자치구와 직할시)은 여전히 위생청(국)의 관련 처와 실이 신농합관리 작업을 책임진다.193ㅣ 둘째, 전국 시급(市級) 및 지급(地級)의 신농합관리와 처리체계의 건설의 차이도 매우 크다. 대부분의 지역은 '성이 현을 관할하는' 방법을 채택하고 있으며, 기본적으로 성 위생청(국)이 현(시, 구)의 신농합작업을 직접 관리하고 지도한다. 간쑤, 후베이, 장쑤, 산시 및 저장 5개 성의 일부 지(地)와 시(市)만이 독립적인 시급 신농합관리기구를 설치하여, 관할지역의 신농합업무작업에 대한 규획, 조직, 관리, 감독, 지도와 훈련을 진행한다.194ㅣ 셋째, 현급 신농합관리와 처리기구는 신농합제도를 실현시키는 최하위 기층단위이다. 현급 위생국은 주로 행정관리직책을 맡고, 현급 처리기구는 신농합 일상사무의 관리직책을 구체적으로 맡는다. 대다수의 현(시, 구)은 이미 동급에 속하는 위생행정부문을 설치했고, 수입은 주로 동

급 재정출자의 현급 신농합처리기구로부터 나온다.[195]

전체적으로 보아, 전국 신형농촌합작의료제도의 관리와 처리체계는 그림 3-1에서 보이는 것과 같다.

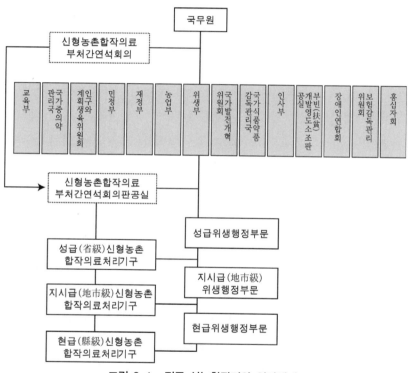

그림 3-1 | 전국 신농합관리와 처리체계

이상의 정부 부처와 위원회 및 지방정부 소속기구 외에, 병원(의료지
정단위에 속하지 않는), 중국상업은행, 보험회사 및 합작의료에 참가하는 농
민대표가 공동으로 구성한 농촌합작의료 감독위원회 및 기층간부 등이
있다.

(2) 관련 참여자의 이익

어떤 정책의 실시는 다양한 이익상관자와 명시적으로 관련이 되는
데, 이 이익상관자들은 직접적인 사람들도 있고 간접적인 사람들도 있
다. 어떠한 정책변화도 결국 다양한 관계자들의 수익 혹은 손실과 관
련되기 마련이다. 여기서 우리는 관련된 이익자가 신형농촌합작의료제
도를 시험 지역에서 추진할 때의 잠재적인 이익득실의 문제를 주로 논
의한다. 앞 절의 분석에 근거하여, 정책변화의 이익상관자는 주로 중앙
과 지방정부, 보험회사, 의료서비스 수요자(즉, 농민) 등을 포함한다.

① 중앙과 지방정부

시험 지역에서 신형농촌합작의료제도를 추진하는 것은 많은 정부부
문과 관련된다. 하지만 전체적으로 보면, 신형농촌합작의료제도를 추
진하는 것은 위생부에게 유리하다. 이것은 위생부가 시험 지역에서 신
형농촌합작의료제도를 추진하는 것을 통해 대량의 재정경비를 장악하
여 전국 농촌위생체계건설에 사용하고, 최종적으로는 농촌의료위생체
계에서 장기적으로 존재하는 문제를 해결하기 때문이다. 국무원이 비
준하여 건립한 위생부가 책임지는「부처간 연석회의 제도」는 사실상
위생부로 하여금 신형농촌합작의료제도를 건설하는 아젠다 설치권력

156

을 장악하게 했다. 또한 연석회의에서 위생부는 서로 다른 부문의 유관 지도자들이 나타낸 의견을 청취할 수 있고, 이렇게 하여 위생부는 기타 부문이 서로 다른 의견을 상급 국무원 지도자에게 직접 반영하는 것을 저지했다. 서로 비교해 보면, 기타 부문은 신형농촌합작의료제도를 추진하는 과정에서 행사할 수 있는 역량은 제한적이고, 당연히 담당하는 책임도 제한적이다.

신농합제도를 추진하는 과정에서 가장 영향을 받는 부문은 중앙재정부문으로, 중앙재정은 대량의 경비를 내서 농촌합작의료제도 건설을 지원해야 한다. 1997년 1월 공포한 「중공중앙 국무원 위생개혁과 발전에 관한 결정」은 다음과 같이 규정하고 있다. "합작의료제도를 적극적 안정적으로 발전시키고 완비해야 한다", "자금조달은 개인의 자금투입을 위주로 하고, 집체가 지원하며, 정부가 적절히 지원한다". 여기서 정부는 1997년 5월 공포한 「위생부 등 부문이 농촌합작의료의 발전과 완비에 관한 약간의 의견의 통지를 국무원이 지시 전달하다」에서, "지방 각급 인민정부는 각자 재정능력에 근거해서 서로 다른 방식으로 농촌합작의료의 건립과 발전을 인도하고 지지해야 한다". 또, "적절히 지지한다"는 정부에 대한 재정지지는 결코 강제적인 임무가 아니라는 것을 의미한다. 이렇게, 구농합시기 농촌합작의료의 정부보조책임은 모두 지방정부에게 있었다. 특히, 중서부의 재정자원이 상대적으로 부족한 지역에서 광대한 농촌인구를 위해 기본적인 의료위생서비스를 제공하는 재정자원은 매우 제한적이다.

중앙재정이 구농합시기 농촌합작의료제도 건설에 적극적으로 투입되지 않은 것은 그 원인이 있다. 1997년 이전, 중국의 중앙재정은 거대한 위기에 직면해있었다. 개혁과정에서 「방권양리(放權讓利)」 정책으로,

전국GDP에서 중앙재정수입이 점하는 비중은 매년 점차 하강했다. 이러한 하강과정의 속도는 1994년이 되어 중앙이 분세제(分稅制) 개혁을 실시한 후에 비로소 완화되었다. 전국GDP에서 중앙재정수입이 점하는 비중은 1996년 최저점에 도달한 이후 완만하게 상승하기 시작했다. 그러나 1997년 동남아 금융위기의 폭발로 중앙재정이 기타 부문에게 분배해야 할 자금은 또다시 매우 커졌다. 이것은 중앙재정이 농촌합작의료제도 건설에 투입할 충분한 자금을 지원할 능력이 없는 상황을 초래했다. 1999년이 되어, 국가재정이 위생사업경비 중 농촌합작의료에 사용할 수 있는 보조비는 3,500만 위안에 불과했고, 전체 위생사업비의 경우 0.36%를 점했다.[196]

분세제 재정체제의 실시 6년 후인 2000년, 중앙재정능력은 이미 커다란 신장세를 보였고, 이것은 중앙재정으로 하여금 농촌합작의료제도 건설을 지원할 비교적 큰 능력을 이미 보유할 수 있게 했다. 하지만 재정부 체계 내부에서도 농촌위생의료체계 건설에 관심을 가진 인물이 나타났는데, 그는 당시 재정부 부부장(副部長) 가오창(高强)이었다. 그는 중앙재정자금이 이전지출을 통해 농촌합작의료체계 건설을 지원하는 것을 크게 지지했고, 광대한 농민이 의료위생보장을 받을 수 있기를 희망했다. 가오창은 2002년 중앙농촌위생작업회의의 준비책임을 지도록 지정되었다.[197] 2003년 '사스(SARS)'기간에 중공중앙은 당시 위생부 부장이던 장원캉(張文康)의 위생부 당 조직 서기직무를 면직시키고, 제10차 전국인민대표대회 상무위원회 제2차 회의에서 표결을 거쳐 그 위생부 부장 직무를 면직시켰다. 이후 국무원 부총리 우이(吳儀)가 국무원 사스예방치료 지휘부 총지휘를 겸직하였고, 위생부 부장을 담당했다. 그리고 가오창은 동시에 위생부 당 조직 서기, 상무 부부장을 맡았다.

가오창은 2005~2007년 사이 위생부 부장을 담당하고 2009년 2월이 되면 위생부 당 조직 서기 직무를 그만둔다.

또한 신농합제도는 중앙의 기타 부문의 정책과 농촌합작의료제도가 서로 충돌되는 국면을 전환시켰다. 1999년 7월, 국무원 판공청은 「당면한 농민부담경감 공작에 관한 농업부 등 부문의 의견을 국무원 판공청이 전달하는 통지」를 반포하여, '농민에 대한 불법 자금조달과 분담에 대해 엄격히 금지'하고, 합작의료가 강제로 추진되어서는 안 된다고 규정했다. 위생부가 책임지는 농촌합작의료제도 중의 '개인의 자금투입을 위주로 하는' 제도는, 농업부가 보기에 '농민에 대해 불법적인 자금조달과 분담'을 하는 '불법적인 비용수수' 항목에 속해서 엄격히 금지된다. 그러나 신농합제도에서 중앙재정은 이전지출을 통해 농촌합작의료제도를 지원한다. 이렇게 되면, 농민에 대한 '불법적인 비용수수'는 농민에 대한 '중앙재정보조'로 바뀐다. 이 조치도 농업부의 지지를 얻었다.

전국 각지의 시험 지역에서 신형농촌합작의료제도를 추진하는 것은 지방정부가 대량의 재정자금을 투입할 것을 요구하고, 이것은 중서부 낙후지역에 대해서 비교적 큰 재정 부담이다. 구농합 시기 합작의료제도의 전국보급률은 17%였고, 특히 중서부에서는 합작의료의 보급률은 3%에 불과했다.[198] 그런데 신농합제도는 중앙재정이 이전지출 항목을 통해서 중서부 지역에 보조금 지급을 진행시킬 것을 규정하는데, 이 조치로 빈곤지역의 신형농촌합작의료제도 추진에 수반되는 재정상의 우려를 해결하였다. 그 외, 재정이전지출의 기준이 합작 참여농민의 숫자에 따라 자금보조를 진행하도록 한 중앙의 규정은, 지방정부의 적극성을 크게 자극하였다. 현지의 농민이 더 많이 참여하도록 고무하기만 하면, 지방정부는 중앙재정교부금 중 더욱 많은 자금을 획득할 수

있게 되고, 농촌합작의료 보험기금에 투입하여 의료보험기금의 총비축
자금을 충실히 할 수 있게 된 것이다.

② 보험회사

보험회사가 신농합의 구체적인 업무를 책임지는 위탁처리는, 자금저
축 및 업무관리와 규정에 따른 보조금 지급을 포함한다. 이러한 모델
은 과거 지방정부에서 합작의료 보험업무와 자금의 관리운영이 미분리
되었던 현상을 바꿨다. 사실상, 정부와 보험회사는 신농합을 통해 원윈
게임을 하게 된 것이다. 정부 입장에서 보면, 한편으로는 정부는 의료
보험업무를 보험회사에 외주(外注) 주는 것을 통해서 관리와 운영의 분
리를 이뤄냈고, 신형농촌합작의료 자금안전의 보호기제를 만들어, 자
금안전을 보장했고, 다른 한편으로는 정부는 농촌합작의료업무를 보험
회사에 외주 주는 것을 통해서, 이 서비스에 따르는 재정부양인원과
운영비용이라는 재정지출을 크게 절약하고, 지방정부의 재정 부담을
경감시켰다. 또한, 시장경쟁 때문에, 보험회사는 규범적이고 전문적이
며 높은 효율의 서비스 체계를 시행해야 하고 의료보험의 서비스 질을
제고했다. 보험회사 입장에서 보면, 정부업무를 위탁받은 보험회사는
정부가 외주하는 잠재적인 농촌보험시장과 관방 브랜드 효과를 얻었
다. 보험회사는 농촌합작의료 보험업무를 위탁받아서 농촌지역에서 널
리 점포망을 확대시키고, 이로써 그들이 농민에 대한 기타업무를 하는
데도 편리하게 되었다. 특히, 정부가 인가한 의료보험자금의 관리경영
권한을 획득함으로써, 보험회사는 관방 인가의 브랜드 효과를 얻고, 그
들이 전개하는 기타영역의 업무에 높은 신뢰도 지지를 획득하게 되었
다. 당연히 지방정부와 보험회사의 합작은 지대추구(rent seeking)와 부패

160

의 문제를 회피할 수 없다. 이것은 공공관리와 제도설계를 강화할 것을 필요로 하고, 정부 공공서비스 외주의 시장경쟁 기제를 도입한다.

③ 농민

농민은 왜 신형농촌합작의료제도에 참가하기를 바라는가? 신형농촌합작의료제도가 추진하는 효과를 측정하는 중요한 지표는 합작 참여율이다. 비교적 높은 수준의 합작 참여율을 유지하는 것은 신농합의 건전한 발전의 관건이다. 합작 참여율이 실질적으로 반영하는 것은 신농합제도가 농민에게 진정한 흡인력을 갖추고 있는지 여부이다. 신농합이 '농민의 자발적 납부'와 '자발적 참가'라는 제도를 규정했기 때문에, 비교적 높은 합작 참여율을 유지하려면 두 가지 조건이 필요하다. 즉 농민의 합작 참여희망과 농민의 지불능력이다. 비록 농촌 빈곤인구에게 지불능력 부족의 문제가 존재하지만, 매년 1인당 10위안의 자금조달 수준에 대해서 얘기하자면, 이러한 개인 자금조달의 정도는 대다수 비(非)빈곤농민 입장에서는 별로 큰 문제가 아니다. 궁샹둥(龔向東) 등이 중국 8개성 10개현의 합작의료에 대해 진행한 개입성 실험연구는, 합작의료의 소액의 참여비는 농민의 지불능력에 문제가 되지 않는다는 것을 보여준다.[199] 전국적인 통계숫자는, 농촌합작의료제도가 없는 상황에서, 2002년 비(非)빈곤농민가정의 의료보건지출은 매년 1인당 100위안 이상이라는 것을 나타낸다.[200] 이러한 지출금액은 매년 1인당 10위안이라는 합작 참가기준을 크게 뛰어 넘는다. 이것은 신농합의 개인 자금조달 기준이 결코 높지 않다는 점을 설명해준다. 따라서 만약 농민의 합작 참여율이 낮다면, 문제의 관건은 지불능력에 있는 것이 아니라 지불의사에 있는 것이며, 이것은 실질적으로는 농촌합작의료제도의 설계가 농민에게 흡입력을 가지고 있는지 여부의 문제라는 것을 반영한다. 자발적 참가의 원칙을 견지하는 전제 하에서, 합작의료는 농민에 대해 여전히 흡인력을 가지는 관건적인 조건이고, 합작의료의 급부(給付)구조에서는, 통상적으로 얘기되는 비용보상(報銷補償)의 문제이기도 하다.201 만약 납부비가 높지 않으면, 품질을 신뢰할 수 있고 가격도 저렴한 의료서비스를 얻을 수 있고, 광대한 농민은 자연히 합작의료보험에 참가하기를 원한다. 신농합 추진 몇 년 후에, 우리는 참여율이 대폭 상승하는 현상에서 신농합은 농민이 확실히 의료위생보장 측면에서 진정한 실질적 혜택을 얻을 수 있게 했다는 것을 알 수 있었다. 여기서 알 수 있는 것은 농민은 국가가 추진하는 신형농촌합작의료제도의 과정에서 수익자라는 점이다.

(3) 이익상관자의 내포성

① 정부 내부의 관계

신형농촌합작의료정책에 참여하는 정부 부문은 비교적 많고, 관계도 또한 비교적 복잡하다. 그러나 전체적으로 보면, 신형농촌합작의료제도의 추진 과정에서 관련 중앙부문과 지방정부의 이익은 기본적으로 영향을 받지 않고, 각 부문은 잇달아 이 정책의 추진에 대해 지지를 표시한다.

우선, 중앙부문 사이의 관계에 대해서 말하면, 이 정책의 최고지도기구는 국무원이고, 국무원 하의 신농합 부처간 연석회의가 전문적으로 설치되어있다. 위생부문은 정책의 조직적인 지도, 정책제정, 조직적인 실시와 감독을 주도하고, 기타 부문은 협상과 협조를 한다. 신농합의 경비는 주로 중앙정부, 지방정부, 집체경제, 개인 등이 공동으로 자금 조달하고, 재정부는 주로 정책제정 및 조직적인 실시와 감독을 책임지고, 기타 부처와 위원회에 관계될 경우 즉각적인 협력과 협조를 진행할 필요가 있다.

다음으로, 중앙정부와 지방정부 사이에는 재정분담의 비례관계가 확립되어 있다. 중앙정부와 지방정부는 재정교부 비례의 이익갈등이 있기 때문에, 어떻게 양자의 적극성을 효율적으로 동원하고, 현지 상황에 맞게 처리하며, 각급 정부의 교부비례를 합리적으로 배분하는가는 주요한 문제이다. 중앙정부는 정책의 제정자로서, 지방정부는 정책의 집행자로서, 지방정부는 자기이익을 극대화하기 위해 정책집행과정에서 일탈이 있을 수 있다. 중앙은 다음과 같이 규정한다. 즉, 전국적인 범위에서 중앙정부가 교부하는 재정비례는 지방의 경제수준와 결합되어, 비례를 적당히 증가 혹은 감소시키고, 중서부의 비교적 빈곤한 지역에서는 지방정부에게 적절히 융통성이 있는 시간을 주어 자금을 조달한다. 중서부지역에서, 중앙정부 및 지방정부와 합작 참여농민의 재정비례는 일반적으로 4:4:2이다. 그런 교부비례의 제고와 합작 참여인원의 증가에 따라, 지방정부의 자금조달(특히 중서부 지역에서)도 일정한 곤란함을 겪게 된다. 중앙정부는 이러한 점을 인식하고, 신농합개혁이 실시되는 몇 년 동안 중앙재정교부의 정도를 지속적으로 강화하고 있다.

② 정부와 병원의 관계

신형농촌합작의료제도의 추진과정에서 정부와 병원은 대체로 다음과 같은 3가지 관계를 가진다. 우선은 지도관계이다. 정부의 전문적인 위생관리부문이 지정의료기구에 대한 지도와 관리를 책임진다. 따라서 정부와 병원 사이에는 일종의 지도와 피(被)지도 관계가 있다. 정부는 병원 측에 상벌을 부여하는 권력을 가지고 있고, 이것은 병원 측으로 하여금 감히 공개적으로 정부의 정책을 위반하지 못하게 하고, 적극적인 합작의 태도를 드러내게 할 수 있다. 그 다음은 위탁-대리 관계이다. 정부는 자금을 내서 의료기구를 설립하고, 병원이 농촌주민에 대해 의료서비스를 진행하도록 위탁한다. 이 과정에서 정부와 병원 사이에 일종의 위탁-대리 관계가 형성된다. 그러나 이 과정에서 병원은 전문지식과 기타 정보에 대해 비대칭적 우세를 점하기 때문에, 이때 병원은 위탁-대리 관계에서 도덕적 위험에 존재하게 된다. 이 때문에 정부는 병원 측과의 게임에서 전체적으로 약세에 처하게 된다. 예를 들어, 정부는 비록 지도지위라는 우세를 가지고 있고, 관련 정책을 제정하여 병원 측의 불합리한 비용행위를 규제할 수 있지만, 병원은 각종 수단을 통해 불합리한 비용을 은폐할 수 있다. 따라서 정부에만 의지해서 병원을 감독과 관리해서는 병원 측의 불합리한 비용수수 행위를 통제할 수 없다. 이 때문에 정부와 병원 사이에는 감독관계를 만들어야 한다. 정부와 병원의 주된 충돌은 병원 측이 시장화 조건에서 자신의 이익추구를 극대화하고 정부는 공공사회이익을 지키려는 것 사이의 모순이다. 정부는 비교적 낮은 비용으로 농촌주민이 기본적인 의료보장서비스를 누릴 수 있기를 희망하지만, 병원 측은 진료자의 매 순간마다 자신의 이익극대화를 시도한다. 병원의 이익극대화와 정부의 목표는 서로 충돌하므로, 정부는 각종 수단을 통해 병원 측의 불합리한 비용행위를 통제한다.

③ 정부와 농촌주민의 관계

정부는 중공중앙의 「농촌위생작업의 강화에 대한 결정」에 근거해서 일련의 정책을 제정하였고, 그 정책목표는 농촌주민의 의료보장수준을 개선하기 위해, 농촌주민이 질병으로 빈곤과 재(再)빈곤을 겪지 않도록 하는 것이다. 농촌합작의료 보험기금의 조성은, 간단히 이해하면, 농촌주민이 자발적 참여 원칙에 따라 일부분의 돈을 지불하고, 중앙과 지방정부는 다시 참여 인원수에 따라 각자 모든 사람에게 일정한 비례를 주는 재정교부금을 내는 것이다. 이 두 종류의 자금 출처로 전체 농촌합작의료 보험기금을 조성하여, 전문적으로 농촌주민을 진료하고 일정한 비례에 따라 청구금을 지급하는 것이다. 그런데 중앙정부는 지방정부가 합작 참여 농촌주민의 숫자를 허위로 보고하여 중앙 교부금을 타낼 것을 방지하기 위해서, 지방정부가 필수적으로 먼저 농촌주민의 돈을 모은 다음에, 중앙에 보고하면, 중앙정부가 비로소 인원수에 따라 자금관리기구에 직접 교부할 것을 규정하고 있다. 그 외, 농촌주민의 입장에서 보면, 국가가 재정교부에 대해서 안정적인 법률보장을 하고 있지 않기 때문에, 그들은 적극적으로 참여하여 합작 참여비용을 납부하기를 별로 원하지 않는다. 정부를 믿지 못하기 때문에, 농촌주민은 정부가 먼저 교부금을 내면 비로소 그들이 참여할 수 있기를 희망하기 때문에, 이성적인 농촌주민은 모두 먼저 관망하는 태도를 취한다. 농촌주민의 이러한 심리를 겨냥하여, 정부는 최초에 어떤 지방들에서 먼저 시험 지역을 설치하는 방식으로 농촌주민이 신농합정책을 이해하고, 이 정책이 농촌주민에게 확실히 이득이 있다는 것을 알게 했고, 또한 다수의 농촌주민 입장에서 보면, 납부해야 할 비용도 별로 큰 부담이 아니다. 따라서 각급 정부와 촌 위원회의 선전 및 인도와 고무 하에 농촌의 다수 인원은 신형농촌합작의료보험에 참가했다.[202]

주목해야 할 점은, 2007년 3월 위생부와 재정부가 연합하여 공포한 「2007년 신형농촌합작의료 작업을 잘 처리하는 것에 관한 통지」에서, 신농합정책의 실시상황을 간부고과내용에 넣었다는 사실이다. 이러한 배경으로 지방간부는 상응하는 연성 강제의 방법을 채택하여 농촌주민으로 하여금 신농합에 가입하도록 할 수 있다. 따라서 농촌주민의 합작 참여율은 안정적인 증가가 반드시 농촌주민이 신농합에 자발적으로 참가했다는 것을 의미한다고 볼 수는 없다. 전체적인 과정에서, 사실상 농촌주민은 반드시 정부정책결정자와 유효한 관계를 수립하여 정책의 제정에 영향을 미칠 수 있었던 것은 아니었다.

④ 정부와 보험회사의 관계

일부 신형농촌합작의료 시험 지역의 지방정부는 이미 보험회사와 일종의 위탁-대리 관계를 성했다. 2005년 10월 26일 중국 보험감독관리위원회는 「보험업의 신형농촌합작의료 시험지역 참여 작업을 완비하는 것에 관한 약간의 지도의견」에서, 보험업이 신형농촌합작의료제도에 참여하는 것은 원칙상 위탁관리 모델을 채택하여 처리서비스를 제공해야 한다고 지적했다. 위탁관리 모델은 일종의 위탁-대리 모델로 정부가 주관하고, 보험회사는 구체적인 서비스만을 제공하며, 손실과 수익의 리스크를 부담하지 않는 운영모델이다. 이러한 모델에서는 보험회사와 정부는 위탁관리 협의를 체결하고, 쌍방의 권리와 의무를 명확히 확정한다. 보험회사는 협의에 따라 방안을 제시하여, 계산하고,

청구를 관리하며, 지급을 결산하는 등의 관리서비스를 제공하여, 상응하는 관리비용을 받는데, 기금의 손실과 수익에 대해서는 책임을 지지 않는다. 위탁관리모델을 채택하여 참여하는 보험회사는 위탁관리 계약을 엄격히 이행해야 하고, 농촌합작의료기금의 투자운용은 책임지지 않고, 어떤 형식으로든 기금의 운용위험을 부담해서는 안 되고, 어떤 형식으로든 기금의 운용수익을 공유할 수 없다. 만약 결산연도 내 기금이 남으면, 남은 부분은 다음 연도 기금계정에 이월한다. 만약 기금에 적자가 발생하면, 현지 정부가 보충한다.203|

앞서 내용을 종합하면, 신형농촌합작의료제도를 추진하는 주요 이익상관자 사이의 관계는 그림 3-2에서 보이는 바와 같다.

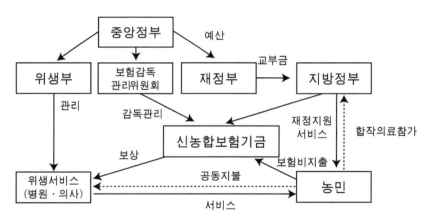

그림 3-2 | 신농합 주요이익상관자 사이의 관계

전문가의
직접참여모델

중앙재정이 결심을 해서 자금을 투입하고 시험 지역을 정해서 신형 농촌합작의료제도를 추진하는데 전문가의 참여는 관건적인 작용을 한다. 신농합의 성질은, 일종의 정부가 고도로 보조하는 자발적인 사구의료보험으로 일반적으로 인식된다.204| 비록 1990년대에 정부가 이미 농촌합작의료의 재건의 필요성을 인식했지만, 정부는 중앙재정의 이전지출을 동원해서만이 비로소 농촌합작의료를 지속적으로 발전시킬 수 있다고는 인식하지 않았다. 1990년대 내내 전문가들은 빈곤지역 합작의료에 대한 일련의 조사와 개입성 실험을 전개했다. 이러한 전문가들은 체제 내 연구기구의 전문가만이 아니라 대학, 심지어는 해외대학 및 싱크탱크와 국제기구 등의 전문가도 포함했다. 그것들은 국무원 정책연구실, 위생부 규획재무사(規劃財務司), 기층위생과 부녀아동 보건사(保健司), 위생통계정보중심, 푸단대학(復旦大學), WTO, 유니세프, 세계은행, 유엔개발계획, 미국 RAND 연구소 등을 포함했다. 이들 연구는 정부로 하여금 중앙재정의 참여가 결여된 농촌합작의료제도는 전면적인 추진이 불가능하다는 사실을 인식하게 했다. 동시에 일부 연구팀의 보고는 이미 실제 작동될 수 있는 정책방안을 내놓았다. 빈곤지역의 대다수 농촌가정은 자신의 가정을 위해 최대 매년 1인당 평균 10위안보다 적은 합작의료경비를 지불할 수 있고, 정부는 합작의료에 참가하는 농민에게 매년 1인당 10위안의 보조금을 지급하는 방식의 투입모델을 실행한다.205| 우리는 최근 10여 년 동안 신형농촌합작제도에 관한

연구를 다음과 같은 3가지 측면으로 요약할 수 있다.

① 신농합의 자발적 참가원칙에 관한 연구

신농합의 기본원칙은 다음과 같다. 첫째 자발적 참가와 다양한 주체의 자금조달, 둘째 수입으로 지출을 정하고, 적절한 정도를 보장, 셋째, 먼저 시험지역에서 하고, 점차 넓혀가는 것이다. 그 중에서 자발적 참가 원칙에 관한 논의는 비교적 많다. 예를 들어, 위생부 및 유니세프와 세계은행의 지도와 자금보조 하에, 중국의 위생경제 훈련과 연구 네트워크는 미국 하버드대학과 협동으로, 1992~2000년 사이에 하나의 과제 연구를 수행했다. 이 과제팀이 제출한 정책건의 가운데, 합작의료 실시는 '가정을 단위로 하고, 농민이 자발적으로 참가하는' 것을 견지하는 원칙이 있어서, 이로써 건강한 사람은 합작의료에 참가하지 않고, 건강하지 않은 사람은 합작의료에 참가하는 역(逆)선택을 방지하고자 했다.206| 그리고 WTO, 유엔개발계획, 중국 위생부 규획재무사, 기층위생과 부녀아동 보건사(保健司)는 2000~2002년 사이에 공동으로 협동한 연구는, 상하이 자딩(嘉定), 장쑤 쿤산(昆山), 구이저우 두산(獨山), 후베이 우쉬에(武穴) 등지에서 실시한 조사연구에서, '주민이 가정을 단위로 해서 자발적으로 참가'할 것을 건의했다.207|

② 농민이 참가하는 신농합의 지출액 한도에 관한 연구

1985~1991년 사이, 세계은행 위생차관의 지원 하에, 위생부와 미국 RAND 연구가 협동하여, 쓰촨(四川) 젠양(簡陽)과 메이산(眉山) 2개 현의 농촌지역에서 「중국 농촌 건강보험 실험연구항목」을 진행했다. 이 연구로, '보험비 수취의 기준은 농민 1인당 평균수입의 1~2%로 확정'할 수

있지만, '보험비 자금조달은 매우 곤란하다'는 사실을 발견하였다.[208]
1992~2000년 사이, 중국 위생경제 훈련과 연구 네트워크와 미국 하버
드대학은 위생부 및 유니세프와 세계은행의 자금보조 하에 「중국농촌
빈곤지역 위생자금조달과 조직」이란 과제연구를 실시했다. 과제팀은
우선 전국 14개 성의 114개 현에서 기초조사를 진행했고, 그 중 10개
성 30개 현의 180개 향(鄕)에 대해서 다시 심층적 조사연구를 수행했다.
연구를 통해서, 이들 빈곤지역의 대다수 농촌가정은 자신의 가정을 위
해 최대 매년 1인당 평균 10위안보다 적은 합작의료경비를 지불할 수
있다고 밝혔다.[209]

③ 신농합건설에 대한 정부재정의 보조정도에 관한 연구

많은 과제팀의 연구는 모두 하나의 현상을 보여주고 있는데, 그것은
신농합건설에 대한 정부재정의 투입이 농민이 신농합에 참가하는 적극
성과 농촌합작의료의 지속가능한 발전의 필요조건이라는 사실이다.
1993~1998년 사이 국무원 정책연구실, 위생부, WTO이 실시한 전국 7개
성 14개 현의 「중국농촌합작의료보건제도개혁」 연구는 다음과 같은
사실을 발견하였다. 정부와 집체자금의 지원은 농민이 합작의료에 참
여하는 적극성을 증가시킬 수 있다. 반대로 합작의료보험에 대한 국가
와 집체의 투입을 증가시키지 않으면, 합작의료는 쇠퇴할 위험이 있
다.[210] 1999년 위생부 기층위생과 부녀아동 보건사(保健司), 유니세프가
협동하여 실시한 「시장경제 조건 하에서 합작의료제도의 개혁과 발전」
과제는 정부재정자금투입이 농촌의료보장에 대한 역할을 분석하여, 재
정투입으로 전문기금을 설립하는 것이 농민의료보장의 지속가능성의
관건이라는 사실을 지적했다.[211] 중국 위생경제 훈련과 연구 네트워

크와 미국 하버드대학이 1992~2000년 사이 실시한 「중국 농촌 빈곤지역 위생자금조달과 조직」이란 과제연구는, 농촌주민은 국가, 집체, 개인이 모두 합작의료 자금조달에 일정한 비례를 부담해야 한다고 인식하고 있으며, 그 중 국가투입 위주를 선택하는 것이 가장 높았다.[212] 또한 세계은행이 차관을 내고, 중국정부가 1998~2005년 사이에 실시한 「중국 농촌빈곤지역 기본위생서비스 항목 강화」는 중서부 7개 성급과 지구(地區)급의 71개 국가급 및 성급 빈곤 현에서 조사를 진행하였다. 연구팀은 정부투입 모델의 개입성 시험을 제기하고, 항목은 영국국제발전부의 자금지원을 이용하여 충칭(重京), 간쑤의 5개 현에서 합작의료 농민에게 매년 1인당 10위안의 보조금을 지급하는 형식에 따라 정부가 투입하고 합작의료를 진행하는 시뮬레이션을 실시했다. 시험 지역 결과는 정부투입은 농촌합작의료의 지속가능한 전개에 도움이 된다는 사실을 보여주었다.[213]

상술한 소개를 통해, 우리는 하나의 중요한 현상을 발견할 수 있는데, 그것은 모든 중요과제팀은 정부정책결정부문의 조직역량이 국내외 전문가 및 자금과 결합하여 각지의 신형농촌합작의료제도의 시험 지역 연구를 전개했다는 사실이다. 정부정책결정부문은 주로 위생부 유관 사와 국이다. 왕샤오광(王紹光)은, 전문가들의 장기적인 노력을 통해 학계는, 이미 정부 특히 중앙재정투입이 농촌이 성공적이고 지속가능하게 신형농촌합작의료제도를 전개해 나가는 관건이라는 컨센서스에 도달했다는 사실을 지적한다. 그러나 왕샤오광은, 과제팀과 정책결정자 사이에 어떻게 상호작용을 했고 결국 신농합정책의 추진을 정식 공포했는지에 대한 얘기는 없다.[214] 전문가들의 신농합에 관한 연구성과와 정책건의가 어떻게 중앙고위층의 중시를 이끌어 냈는가?

우리는 이러한 항목들에 참가한 전문가의 기억 중에서 전문가가 참여하여 정부정책결정에 영향을 미치는 수많은 단서 중의 하나를 찾을 수 있다. 하버드대학 교수 류위안리(劉遠立) 등의 서술에 근거하면, 그는 위생부 및 유니세프와 세계은행이 연합하여 자금을 보조하고 중국 위생경제 훈련과 연구 네트워크와 미국 하버드대학이 1992~2000년 사이 협동하여 실시한 「중국농촌 빈곤지역 위생자금조달과 조직」이란 과제 연구에 참가한 적이 있고, 뚜렷한 연구성과를 얻었으며, 류위안리와 그의 팀은 이로써 중국정부의 신뢰를 얻었다. 2001년 아시아개발은행이 위탁하여 그는 「중국농촌위생안전문제」 연구를 담당한다. 이 연구는 동시에 국가발전과 개혁위원회의 지지를 받았는데, 그 목적은 농촌의 주요한 경제와 사회발전 목표와 전략을 수립하는 것이었다. 이 항목의 연구품질과 정보의 교류와 전달을 보장하기 위해, 류위안리는 동시에 베이징 대학의 사회의학 저명 교수이자 당시 위생부 위생정보통계중심 주임을 겸임하던 라오커친(饒克勤)과 푸단대학 교수이자 중국 저명위생 경제학자인 후산롄(胡善聯)을 초청하여 자문고문으로 삼고 항목 연구보고서의 작성에 참여하게 하였다.

이 항목이 종료된 후, 조사연구팀은 70페이지의 조사연구보고를 작성하였다. 2001년 7월 국가발전과 계획위원회는 베이징에서 국제연구 토론회를 조직했는데, 그 목적은 이 항목의 주요한 연구성과 및 전문가의 건의를 토론하고 중앙고위층에게 보이는 것이었다. 회의의 영향력을 확보하기 위해, 회의는 WTO와 하버드대학의 전문가를 초청하였고, 국무원 연구 판공실, 국무원 경제체제개혁 판공실, 위생부, 재정부, 농업부의 고급관료, 중앙 각 부처와 위원회의 대표 및 각급 지방관료와 저명 경제학자 등이 회의에 참가하였다.

172

당시 위생부 부장이던 장원캉도 이 국제연구토론회에 참가하여 조사연구팀의 보고서를 열심히 읽고, 중국정부는 농촌위생안전문제를 중시해야 한다고 인식하게 되었다. 그래서 그는 라오커친을 그의 판공실로 초청하여, 말하기를 "라오 선생, 나는 당신의 보고서를 열심히 읽었는데, 아주 좋다. 당신은 나의 일 두 가지를 도와 줄 수 있는가? 첫째, 이 보고서의 복사본을 위생부 규획재무사 사장(司長)인 천샤오훙(陳嘯宏)과 위생부 기층위생과 부녀아동 보건사 사장인 리창밍(李長明)에게 보내주고, 둘째 이 보고서를 5페이지가 넘지 않도록 줄여서 내 개인 편지함에 넣어서 여기서 장주석(江主席)에게 부칠 수 있도록."215 | 장원캉은 장쩌민 주석이 시간을 내서 자신의 편지를 볼 것을 믿었다. 라오커친은 이틀의 시간을 들여서 보고서의 주요한 발견과 건의를 5페이지로 줄였고, 장부장이 직접 고친 후, 장쩌민 주석에게 부쳤다. 다음 날 장주석은 장부장을 불러서 말하기를, "장부장, 당신이 말한 농촌의 현상황을 보니 깜짝 놀라겠소. 당신은 1/3의 빈곤가정이 의료비용 때문에 생긴 거라고 확신하오?"라고 했고, 장부장은 "주석님, 저는 어느 독립연구의 결론을 인용할 따름입니다. 주석님께서 직접 사람을 보내서 더욱 심층적인 조사를 할 수 있을 겁니다. 그러나 솔직히 말해서, 저는 당과 정부의 농촌인구위생작업은 확실히 별로 충분하지 않고, 위생체계가 낙후되어있다고 생각합니다"라고 대답했다. 며칠이 지나고, 라오커친은 중공중앙정책연구실에서 온 두 사람의 인터뷰를 받았고, 연구의 구체적인 세부사항 및 데이터 출처와 정책건의의 이론적 근거에 대해서 자문하였다. 그들은 또한 보고서 작성에 참여한 기타 인물들을 인터뷰했다. 두 달 후, 농촌위생보건이 중국 고위층의 연설보고에 자주 출현하기 시작했다. 2001년 11월 국무원 경제체제개혁 판공실은 중국 신농촌

위생정책 협조발전의 책임을 지게 되었다. 2002년 위생부의 추진으로 중앙은 중국농촌위생보건에 관한 국가급회의를 거행했고, 이 회의의 의미는 국가고위급 지도자와 재정부가 마침내 농촌위생보건정책에 대한 자금지원을 하게 된 것이다.[216]

라오커친 등의 전문가는 농촌위생안전문제를 내부경로를 통해서 성공적으로 중국 고위층 지도자의 중시를 이끌어냈고, 지도자로 하여금 상응하는 조치를 결정하게 하여 농촌위생현황을 개선하게 했다. 이 과정에서 몇 가지 성공경험을 이끌어 낼 수 있다. 첫째, 정책결정자가 긴급히 주목할 필요가 있는 중대한 문제 및 특정한 경제와 정치환경에서 제기한 실행가능한 방안을 중시한다. 어떤 연구들은 비록 이미 성공적으로 정책결정자의 주목을 끌어냈지만, 좋은 실행가능한 방안을 제기하지 못했다. 두 번째, 국제회의를 이용하여, 각계 전문가 및 정부기술관료와 위생부 등의 비평과 건의를 광범위하게 수집하는데, 이것은 연구보고서의 품질을 제고시킬 뿐 아니라 일종의 집단지성의 형식을 만들고 중요한 이익상관자의 지지를 얻을 수 있다. 셋째, 정부의 주요기구(예를 들어, 국가발전과 개혁위원회, 위생부)가 중앙 고위층에 브리핑을 하는 것을 이용한다. 일정한 시간이 지난 후, 대중에게 연구보고서에서 발견한 문제를 공포하면, 정부가 문제에 대해서 공식적이고 전방위적인 대응을 할 수 있다. 넷째, 연구인원과 정부는 계속 협동파트너 관계이다.

2002년 농촌위생작업회의 개최 후, 「농촌위생작업의 강화에 대한 결정」이라는 회의정신에 근거하여, 위생부는 초안을 작성하여 「중국농촌 초급위생보건발전강요(2001~2010년)」, 「신형농촌합작의료제도 건립에 관한 의견」, 「농촌위생기구 개혁과 관리에 관한 의견」, 「농촌위생사업 보조정책에 관한 약간의 의견」, 「농촌위생인재 배양과 단체 건설의 강

174

화에 관한 의견」, 「도시위생이 농촌위생 작업을 지원하는 것에 관한 의
견」 및 「농촌의사취업관리조례」 등 7개의 관련문건을 공포했다.[217]
이 7개 문건이 연속 공포된 것은 놀라울 정도였다. 이것은 사실상 1990
년대 몇 가지 중대한 농촌위생연구항목이 축적된 것과 관련이 있다.

2003년 전국적으로 시험 지역을 정해서 신형농촌합작의료제도를 실
시한 이후, 신농합 정책의 실시를 더욱 완벽히 하기 위해서, 위생부는
2004년에 「위생부 신형농촌합작의료 기술지도팀의 성립에 관한 위생
부 판공청의 통지」라는 문건을 공포한다. 신형농촌합작의료 기술지도
팀 구성원의 명단은 표 3-3을 보고, 4개 성(省) 고정연계팀 인원의 명
단은 표 3-4를 보라.

표 3-3 | 위생부 신형농촌합작의료기술지도팀

기술지도팀 구성원 명단	리창밍(李長明)	국무원 신형농촌합작의료 부처간 연석회의 판공실 주임
	왕루성(王祿生)	위생부 위생경제연구소 부소장
	장전중(張振忠)	위생부 위생경제연구소 부소장
	후산렌(胡善聯)	푸단대학 공공위생학원 교수
	하오모(郝模)	푸단대학 공공위생학원 교수
	마오정중(毛正中)	쓰촨대학 공공위생학원 교수
	예이더(葉宜德)	안후이 의학고등전문학교 교장, 교수
	류상시(劉尙希)	재정부 과학연구소 연구원, 중국재정학회 부비서장
	잉야전(應亞珍)	재정부 과학연구소 부교수
	위성룽(于生龍)	국가 중의약 관리국 전 부국장, 연구원
	류용화(劉永華)	허베이성 위생청 고문
	장리밍(張黎明)	상하이 자딩구 WTO 원수보험 협력중심 부주임
연락원	녜춘레이(聶春雷)	위생부 농촌위생관리사 처장
	푸웨이(傅衛)	위생부 농촌위생관리사 보조 조사연구원

주: 2007년 4월 11일 「위생부 판공청 농촌위생 [2007] 69호」 문건에 따라, 일부 전문가들
은 조정이 있고, 기술지도팀 전문가의 규모도 증가했다.

표 3-4 | 4개 성(省) 고정연계팀 인원의 명단

저장성		
팀장	하오모	푸단대학 공공위생학원 교수
	궈칭(郭淸)	저장 항저우(杭州) 사범학원 부원장 교수
	장리밍(張黎明)	상하이 자딩구 WTO 원수보험 협력중심 부주임
연계인	장차오양(張朝陽)	위생부 농촌위생관리사 부사장(副司長)
후베이성		
팀장	마오정중(毛正中)	쓰촨대학 공공위생학원 교수
구성원	천잉춘(陳迎春)	화중(華中)과학기술대학 퉁지(同濟)의학원 부교수
	장자린(蔣家林)	쓰촨대학 공공위생학원 강사
연계인	주훙밍(諸宏明)	위생부 농촌위생관리사 주임과원(主任科員)
지린성		
팀장	류용화(劉永華)	허베이성 위생청 고문
구성원	순핑후이(孫平輝)	지린대학 공공위생학원 부교수
	야오란(姚嵐)	화중(華中)과학기술대학 퉁지(同濟)의학원 부교수
연계인	녜춘레이(聶春雷)	위생부 농촌위생관리사 처장
윈난성		
팀장	왕루성(王祿生)	위생부 위생경제연구소 부소장
구성원	완충화(萬崇華)	윈난 쿤밍의학원 공공위생학원 부원장
	싱위잉(邢宇英)	위생부 위생경제연구소 보조 연구원
연계인	푸웨이(傅衛)	위생부 농촌위생관리사 보조 조사연구원

주: 2007년 4월 11일 「위생부 판공청 농촌위생 [2007] 69호」 문건에 따라, 일부 전문가들
    은 조정이 있고, 기술지도팀 전문가의 규모도 증가했다.

이들 전문가의 다수는 이미 중국농촌위생보건연구 작업의 각 연구
항목에 장기적으로 종사했다. 신형농촌합작의료 기술지도팀의 주요직
책은 다음과 같다. 첫째 전국 신형농촌합작의료 시험 지역 작업의 기
술지도를 담당하고, 신형농촌합작의료의 각항의 중대한 정책과 조치의
실현을 추진하는 것, 둘째 고정된 전문인원이 저장, 후베이, 지린, 윈난

176

4개 성의 신형농촌합작의료 시험 지역에 대해 조사연구 및 지도와 평가를 수행하고, 제때 문제를 발견하여 지방과 함께 공동으로 경험을 총괄하고 방안을 완비하는 것, 셋째 제때 위생부에 신형농촌합작의료 시험 지역 작업의 상황 및 관련된 중대 문제를 보고하고, 정책건의를 제출하고, 관련 정책조치의 완비의 토론에 참여하는 것, 넷째 전국 신형농촌합작의료의 관련 훈련과 연구 작업에 참여하는 것이다.[218]

2005년 위생부는 다시 「위생부 신형농촌합작의료 연구중심 성립에 관한 위생부 판공청의 통지」라는 문건을 공포하였고, 위생부 신형농촌합작의료 연구중심이 성립되었다. 위생부 신형농촌합작의료 연구중심은 위생부 경제연구소에 속해있고, 현재 작업인원은 15명이고, 전국 신농합작업의 검사, 지도감독과 훈련, 정보관리와 정보화 건설, 자문, 조사연구, 경험의 총괄추진, 과학연구와 국제교류 및 협동 등의 작업임무를 담당하고, 상응하는 작업임무를 담당하고 연구항목을 실시함으로써 경비를 획득한다.

농촌합작의료연구중심의 주요직책은 다음과 같다. 첫째, 위생부의 통일 지도와 조직 하에 전국 신형농촌합작의료의 사무작업을 담당하고, 지방 신형농촌합작의료 처리기구의 자금과 재무관리 작업을 감독 및 지도하고, 위생부 조직과 협조하여 신형농촌합작의료의 검사평가 작업을 실시한다. 둘째, 지방 신형농촌합작의료 작업의 업무지도를 담당하고, 합작의료처리기구의 훈련규획을 제정하고, 조직적으로 실시한다. 셋째, 신형농촌합작의료정부의 수집, 정리, 분석 및 관리 작업을 책임지고, 전국 신형농촌합작의료 정보체계의 규획건설 작업에 참여한다. 넷째, 합작의료의 자문, 투소 및 검사작업을 담당한다. 다섯째, 이론연구에 대한 조사와 진행을 조직적으로 전개하고, 각지의 신형농촌합작의료 추진경험을 총결하고, 우리나라 농촌의 건강보장사업의 발전을 위해 이론과 실천의 근거를 제공한다. 여섯째, 위생부의 통일적 관리 하에 농촌의료보장의 관련영역에 대한 국내와 국제의 교류와 협조를 실시하고, 전국 합작의료 처리기구에 대한 섭외기술협조 및 인재교류와 전문훈련을 조직한다. 일곱째, 위생부가 하달한 기타 작업을 완성한다. 신농합 기술지도팀과 신농합연구중심은 모두 위생부 정부관료 및 농촌위생보건을 장기적으로 연구한 전문가로 구성된다.[219] 따라서 이것들은 신농합 정책실시과정에 있어서 싱크탱크의 역할을 담당한다.

앞서 내용을 종합하면, 우리는 광의의 신농합정책에 대한 연구를 시작하는 것부터 정책의 공포까지의 과정에서 다음과 같은 사실을 알 수 있다. 즉, 정부를 제외하고 전문가가 지극히 중요한 역할을 했고, 위에서 예로 든 1990년대 이래 매우 중요한 실험연구에서 모든 항목은 정부 중요부문의 지지가 있었고, 이 영역의 세계 전문가와 연구기구를 힘써 초청하여 항목의 연구에 참여시키고, 이후 연구성과를 연구보고서의 형식으로 정부 관련부문에 제출한다. 그 다음에 전문가 혹은 연구기구가 각종 채널을 통해서 중앙정부 고위층이 항목 연구 중 발견한 농촌위생보건문제를 중시하게 하고 상응하는 조치를 취하여 개선시키게 한다. 당연히 정부가 이러한 상황을 개선시키기로 결정할 때, 중국 각 지역의 정치, 경제, 문화의 차이가 매우 크기 때문에, 정부는 적합한 정책을 제정하기는 매우 어렵다. 이 때문에 이때는 또다시 이 영역의 전문가와 연구기구가 정책의 제정에 참여하도록 의뢰해야만 한다. 이러한 상황에서만이 제정해낸 신농합정책이 비로소 중국농촌실제에 더욱 부합될 수 있고, 또한 정부, 전문가, 연구기구의 공동협조와 부단한 노력을 통해서, 신농합정책이 실시되는 과정에서 맞닥뜨린 곤란을 점차적으로 해결할 수 있다. 문헌과 실증 분석을 통해서, 전문가와 관련 연구기구가 전국적으로 시험 지역을 정한 이후 기울인 부단한 노력으로 이미 현저한 과학연구 성과를 얻었고, 신농합정책의 완비에 없어서는 안 될 역할을 했다.

04

폐쇄모델

제4장 폐쇄모델

이 장에서는 중국 도시의 새로운 경제적용방(국민주택의 의미: 역자 주) 정책을 사례로 하여 전문가 참여형태에 있어서 폐쇄모델을 소개할 것이다. 새로운 경제적용방정책은 2008년 말 국무원에서 부동산 시장의 건전한 발전을 촉진하기 위해서 내놓은 정책이다. 복지형(保障性) 주택건설을 확대하기 위해서 향후 3년간 9,000억 위안 가량을 복지형 주택 건설에 투자하여, 경제적용방의 공급을 늘리겠다는 것이다.

경제적용방정책의 개혁에 있어서 가장 중요한 조치는 재정투자, 토지공급 그리고 구매기회의 배분 세 가지이다. 바로 이 세 가지 정책요소로 인해 집행과정에서 여러 가지 문제점이 나타났으며, 경제적용방 정책이 오랜 기간 사회적인 이슈가 되어왔다. 세 가지 정책 도구는 지식 측면에 있어서 그렇게 복잡한 성격을 갖고 있는 것은 아니다. 앞 장의 공공위생영역의 두 개 정책 사례 중 여러 복잡한 정책도구와 기술적인 문제와 서로 비교해 보면, 경제적용방 정책개혁의 정책도구는 상대적으로 명확하고, 기술적인 부분을 강하게 요구하고 있지는 않다. 더욱 중요한 것은 정부가 외부보다 훨씬 많은 재정 분배, 토지 공급, 주택 구매의 기회와 관련된 핵심 정보를 쥐고 있다는 것이다. 따라서 경제적용방 정책영역의 정책결정자에게는 정책도구를 선택하는 과정에서 전문가들의 전문적이고 기술적인 분석이 그다지 필요하지 않다는 것이다. 오히려 반대로 정책결정자가 가장 고려해야 할 부분은 경제적용방 정책과정에서 어떻게 각각의 이익상관자의 이익에 균형을 이뤄내는가 문제이다. 필요한 정보가 없기 때문에 전문가들이 자주 제기하는 건의는 현실성이 떨어지기도 한다. 앞의 2개 장에서 신형농촌협력의료제도와 신도시의약위생체계에서 나타난 사례와 달리, 도시 경제적용방 신정책의 변화과정에서, 비록 전문가들은 여러 방법으로 정책과 주장을 표현하지만, 실제로 정책결정과정에서 전문가의 건의는 배제된 가운데 폐쇄적으로 결정된다. 우리는 이러한 형태로 전문가가 참여하는 모델을 '폐쇄모델'이라고 한다.

경제적용방 정책

(1) 경제적용방정책의 발전(1998~2009년)

1998년 7월 3일 국무원이 「성진(도시와 농촌)주택제도개혁의 심화와 주택건설의 확대에 관한 통지」를 발표한 것을 시점으로 중국의 주택제도개혁은 '화폐배분화' 단계로 접어들었는데, 즉 과거에는 노동자의 급여 수입에 포함되지 않았던 주택소비 부분이 화폐형태로 직접 급여에 포함되었다. 이를 통해 노동자의 주택이 현물 분배에서 화폐 분배로의 전환이 이루어졌다. 상기 문건은 '경제적용방 위주의 주택공급체계의 설립과 개선'이라는 정책방침을 제출했다. 경제적용방은 이미 국가의 주택보급계획에 포함되었음을 의미하며, 각 지역 정부는 부동산개발기업 또는 주택건설조합을 조직하여, 이윤을 적게 취하면서 성진지역의 중하위 소득계층에게 판매되는 주택을 건설하는 것이다. 이러한 개혁의 주요내용은 다양한 형태의 주택을 공급하는 것인데, 저소득가정을 대상으로는 정부 혹은 직장에서 저가 임대주택을 공급하며, 중등 소득가정에게는 경제적용방을 구매하도록 하고, 고소득가정은 시장가격 상품주택을 구매하거나 임대하도록 하는 것이다.

경제적용방은 사회복지 성격을 지닌 상품주택이다. '경제적용방' 개념을 어떻게 이해할 것인가? 먼저 경제적용방의 주택가격은 상대적으로 시장가격보다 저렴하여, 중하층 소득가정이 받아들일 수 있다. 다음으로 경제적용방은 주택설계, 분양면적규정 그리고 건축기준에 있어서 실용적 효과를 강조하고 있다. 경제적용방은 이윤을 낮춰 판매되는 주택으로, 정부는 경제적용방의 판매가격을 엄격히 제한하고 있다. 가격은 주요하게 건축 비용으로 확정한다. 건축 단가는 토지 수매, 철거 비용, 탐사 설계 및 이전 공정비용, 내외부 건축비용, 단지내 편의시설 조성비용, 대출금 이자, 세금, 1%~3%의 관리비, 5% 이내의 이윤 등으로 되어 있다. 경제적용방은 분양만 가능하고 임대는 불가능하다. 부동산개발기업이 경제적용방을 판매할 때, 정부는 지도가격(指導價)제도를 실시한다. 지도가격은 시, 현정부가 앞서 언급한 요소들을 고려한 가운데 종합적으로 확정하여 정기적으로 발표하며, 임의로 가격을 올려 판매하지 못하게 되어 있다.

2002년 11월 국가계획위원회와 건설부는 공동으로 「경제적용방 가격관리방법」을 발표하였다. 「방법」은 경제적용방이 '정부의 경제적용방건설계획에 들어있으며, 건설용지는 행정불하(行政划拨)를 통해 마련하며, 정부가 제공하는 우대정책을 통해서, 성진지역의 중하위 소득계층에게 보통수준의 주택을 공급하는 것'이라고 정의했다. 경제적용방건설은 '낮은 이윤 추구가 원칙'인 것으로 되어 있다. 경제적용방의 통일적인 가격 기준을 세우기 위하여, 「방법」에서는 경제적용방의 기준가격을 건축원가, 세금, 이윤 세 가지로 나누고, 이 중 기업관리비와 이윤은 토지 수매와 철거 보상비, 탐사 설계와 이전 단계 공정비용, 내외부 건축공정비용, 주택단지 기초 부대시설 건설비용을 기준으로 하여 각기 2%에서 3% 범위 이내로 제한하고 있다. 주택단지내부의 상업시설 건설비용은 주택건설기업이 남겨놓은 사무용 주택, 상업용 주택의 건설비용 및 코너의 각종 비용, 주택건설과 관련 없는 집단자금, 찬조금, 기부금 및 기타 비용, 각종 배상금, 위약금, 연체금, 벌금 및 규정에 따라 이미 감면한 비용 등은 경제적용방가격에 포함시키지 않는다. 「방법」의 기준에 따라서 정부의 가격관리부서는 경제적용방가격과 부동산건설프로젝트에 대해 감독과 감사를 강화하고, 가격법규를 위반할 경우에는 정부가격주관부문이 「중화인민공화국 가격법」과 「가격위법행위 행정처벌규정」에 따라 처벌한다고 되어 있다.[220]

2003년 국무원은 「부동산시장의 지속적인 건강한 발전을 촉진시키는 것에 관한 통지」(국발「2003」18호)에서 국무원이 1998년도의 23호 문건에 수록된 경제적용방의 '주택공급주체'에서 '복지성격을 지닌 정책적 상품주택'으로 바꾸었다. 경제적용방이 성진주민을 대상으로 공급기능이 하락함에 따라, 상품주택을 시장공급주체로 하고 경제적용방은 상품주택의 보충수단으로 하는 시장 시스템을 확립하였다. 2004년 5월에 건설부, 국가발전과 개혁위원회, 국토자원부, 인민은행은 국발「2003」18호 문건을 기초로 하여, 공동으로「경제적용방관리방법」
을 발표했다. 이에 따라 본래 경제적용방을 공급받는 대상자였던 대다
수 성진지역의 주택수요자들은 상품주택시장으로 떠밀려나갔다. 국발
「2003」18호 문건은 이후 수년 동안 중국 부동산시장의 고속발전에 영
향을 끼쳤으며, 중국의 부동산 가격의 폭발적 상승도 2003년부터 시작
되었다.

　　경제적용방의 복지성 기능에 대한 사회 다수의 우려에 따라 2007년
국무원은「도시저소득가정주택 곤란을 해결하기 위한 약간의 의견」
(국발「2007」24호)를 발표하여, '도시저소득가정을 대상으로 도시염가
주택제도를 수립하여 경제적용방제도의 개선과 규범화하고 판자촌, 낡
은 주택을 개량을 강화시키자'는 방안을 제출했다. 중앙정부는 경제적
용방제도의 기본틀은 바꾸지 않는다는 전제하에 도시에서 저렴한 임대
주택 건설을 대규모로 시작했다. 그리고 얼마되지 않은 2007년 11월에
는 건설부, 국가발전개혁위원회, 검찰부, 재정부, 국토자원부, 중국인민
은행, 국가세무총국 등 일곱 부서는 공동으로「경제적용방 관리방법」
(건주방「2007」258호)를 발표하였다.「방법」은 국무원의 건설행정 주
관부문이 전국의 경제적용방 업무의 지도와 감독을 책임지고, 현급 이
상 지방인민정부의 건설 및 부동산 행정주관부문은 당해 행정지역내의
경제적용방 관리업무를 맡는다고 하였다. 이로써 경제적용방 건설 임
무에 있어서 중앙정부가 지방정부의 강제집행을 더 이상 요구하지 않
게 되었다.

　　1998년 국가가 경제적용방 개념을 규정한 이후부터 2008년까지, 중
앙정부는 여러 차례에 걸쳐 부동산시장의 건강한 발전을 촉진시키기
위한 정책을 내놓았다. 그러나 중앙정부는 계속하여 중앙정부의 재정

188

을 전국적인 범위에서 대규모로 경제적용방 건설에 투입하지 않고 있다. 경제적용방의 건설비용은 여전히 계속해서 지방정부가 부담하고 있다. 이는 지방정부로 하여금 경제적용방 건설에 열의가 높지 않거나 소극적으로 추진하는 요인이기도 했다. 처음 국발 23호 문건에 입각한 2차년도와 3차년도에서 각 지역의 경제적용방은 부동산 총투자액 중 11% 정도를 차지했다. 그러나 첫번째 경제적용방의 건설과 판매, 입주가 시작되면서 여러 가지 문제가 연달아 나타나기 시작했다. 2001년부터 중앙정부의 정책은 시종일관 정책집행의 강화에 초점을 맞췄다. 그러나 경제적용방의 실제투자액은 부동산 총 투자액 중에서 차지하는 비중이 해마다 감소하였고, 2005년에는 4.7%까지 낮아졌다. 경제수치의 하강에 따라 사회적으로 경제적용방제도를 취소해야 한다는 소리가 나타나기 시작했다.[221] 2007년까지 중앙정부 역시 지방정부에게 경제적용방을 건설하도록 압력을 가하지 않았다.

그러나 2008년 말 상황은 정반대로 바뀌었다. 중앙정부는 대규모 재정을 경제적용방 등 복지형 주택건설에 투입하기로 결정했다. 우리는 2008년 이후의 경제적용방 정책을 '경제적용방신정(新政)'이라고 부른다. 2008년 11월 9일 국무원은 상무회의를 개최하여 내수 확대, 경제성장 촉진 등을 위한 10가지 조치를 실시하기로 결정했다. 이 중 첫 번째 조치가 바로 '복지형 안거(保障性安居) 주택의 조기 건설'이다. 대략적인 계산을 하면 10가지 조치를 실행하기 위해서는 2010년 말까지 총 4조 위안의 투입금액이 필요하다. 2008년 12월 17일 국무원은 상무회의를 개최하여 부동산시장의 건강한 발전을 촉진시키기 위한 정책을 내놓고 복지형 주택건설의 강도를 높일 것을 결정했다. 2008년 12월 20일 국무원 판공청은 상무회의의 정신에 따라 「국무원 판공청의 부동산시장건

강발전을 촉진하는 것에 관한 약간의 의견」(국판발 「2008」 131호)을
발표하고, 각 지역은 현지 조건을 고려하여 경제적용방의 공급을 확대
할 것을 요구하고, 향후 3년 동안 9,000억 위안을 복지형 주택에 투자
하는 것을 계획하여 복지형 주택 건설을 가속화하기로 했다. 복지형
주택건설은 경제적용방, 저가 임대주택, 불량주택 개선 공정으로 나누
었다. 전체적으로 2009년부터 2011년 까지 전국에서 매년 130만호의 경
제적용방을 건설하기로 계획하였다.

2009년 6월 초에 주택건설부, 국가발전개혁위원회, 재정부는 공동으
로 「2009~2011년 저가임대주택 보장계획」(건보 「2009」 91호)을 발표하
고, 이 기간 동안 747만호의 저가 임대주택을 건설하여 공급할 것을 계
획했다. 91호 문건은 3년간 747만호의 저가 임대주택의 건설 임무를 각
성(省)에게 분배하고, 각 성은 상황에 따라 관할 시와 현 정부에게 주택
건설규모를 할당했다. 그러나 국무원이 발표한 「부동산 시장의 건강한
발전을 촉진하기 위한 약간의 의견」에서 명확하게 규정되어 있다 할지
라도, 최근 3년 동안 전국적으로 매년 130만호의 경제적용방이 공급되
는 것에 그쳤다. 상대적으로 저가 임대주택은 명확하게 중앙정부가 재
원을 보조하여 건설이 이루어지는 방식인데 비해(서부지구 400위안/㎡, 중부
지구 300위안/㎡, 랴오닝, 산동, 푸젠성의 재정곤란지역 200위안/㎡), 경제적용방의 건
설은 여전히 자금 원천이 명확하지 않고, 건설 방식도 확정되지 않은
문제가 존재하기 때문이다. 구체적으로 도시 경제적용방정책의 변화와
관련한 내용은 (표 4-1)에 정리되어 있다.

190

표 4-1 | 도시 경제적용방정책의 변화 내용

일자	정책문건	부서	정책 주요 내용
1998년 7월 3일	성진주택제도 개혁심화, 주택건설 가속화와 관련한 통지	국무원	주택실물배분제도 중지, 주택화폐배분화 제출, 상품주택, 경제적용방, 저가임대주택 개념 정의, 국민주택을 주택공급체계의 주체로 결정
2002년 11월 17일	경제적용방가격관리방법	국가계획위, 건설부	경제적용방의 기준가격은 개발 원가, 세금, 이윤 세 부분으로 구성되고, 개발이윤은 3% 이내로 규정
2003년 9월 12일	부동산시장 지속건강발전을 촉진하는 것에 관한 통지	국무원	경제적용방이 '주택공급주체'에서 복지성 정책적 상품주택'으로 바뀌어 상품주택이 시장공급의 주체가 됨을 확립.
2004년 4월 13일	경제적용방관리방법	건설부, 국가발전개혁위원회, 국토자원부, 인민은행	복지성 정책적 상품주택이라는 위치에 따라 경제적용방제도를 상세하게 규정
2007년 8월 7일	국무원 도시저소득가정주택 곤란문제 해결에 관한 약간의 의견	국무원	도시저소득가정을 대상으로 도시 저가임대주택제도의 수립 및 경제적용방제도의 개선과 규범화
2007년 11월 19일	새로운 경제적용방관리방법	건설부, 국가발전개혁위원회, 감찰부, 재정부, 국토자원부, 인민은행, 국가세무총국 7부서	중앙정부는 지방정부의 경제적용방 건설임무를 강제적으로 하는 것 중지
2008년 11월 12일	국무원 판공청 부동산시장건강발전을 촉진하기 위	국무원	11월 9일 국무원 상무회의 4조 위안 투자를 하기로 하고, 이 중 9,000억 위안을 복지성 주택에 투자, 12월 17일 개최된 국무원 상무회의에서 부동산시장

일자	정책문건	부서	정책 주요 내용
	한 약간 의견		건강벌전의 정책조치를 배정하고, 복지성주택건설 확대하기로 결정
2009년 5월 22일	2009~2011년 저가임대주택 보장 계획	주택 및 성진 건설부, 국가 발전과 개혁위원회, 재정부	저가임대주택건설은 3년간 747만호, 저가임대주택은 정보의 재정지원방식을 명확히 함.

(2) 경제적용방정책 집행과정에서의 문제

경제적용방은 특수한 상품주택으로서 정책보장기능과 상품교역이라는 이중적 성격을 지니고 있다. 먼저 저가임대주택과 달리 경제적용방은 분양만 되고, 임대는 허용되지 않지만, 상품주택이 지니고 있는 재산권 소유 권한은 동일하다. 즉 주택구매자가 재산권을 모두 행사(적어도 정책 시행 초기에는 이렇게 규정됨) 할 수 있다. 그러나 경제적용방의 가격은 행정수단을 통해 엄격하게 규제하며, 다른 상품주택처럼 시장에 의한 가격결정이 이루어지는 것이 아니다. 게다가 주택구매자가 경제적용방을 구입 후 5년 이내에는 주택 매매를 할 수 없도록 규정되어 있다.

이는 중하층 소득계층의 주택 문제를 완화시키기 위한 조치들인데, 최근 많은 문제점이 드러나면서 적지 않은 사회적 갈등을 일으키고 있다. 경제적용방정책의 집행과정에서 나타나는 문제는 다음과 같다.

주택구매 포기 현상

(1) 2007년 7월 14일, 지난(濟南)에서 204채 경제적용방 구매자 중 반수
    이상이 구매 포기
(2) 2008년 8월, 항저우(杭州) 제1기 경제적용방 구매자의 20%가 구매 포기
(3) 2008년 12월, 광저우(廣州) 제1기 경제적용방 1,170채 구매 포기
(4) 2008년, 선전(深圳) 388채의 경제적용방 구매 포기
(5) 2009년 8월, 스자좡(石家莊) 제1기 경제적용방 분양, 수 천채의 주택
    구매 포기

   경제적용방의 구매 포기 현상에는 다양한 원인이 있으나, 가장 주요
한 원인은 가격이 너무 비싸다는데 있다. 예를 들면, 2009년 8월 광저
우에서 있었던 경제적용방 분양 설명회에서 590채의 경제적용방의 경
우에는 위치는 비록 매우 좋지만, 건축분양면적이 70㎡를 초과하였다.
광저우시의 경제적용방 가격규정에 따르면, 건축면적 70㎡가 가격 결
정의 기준선으로 되어 있다. 70㎡ 이하의 건축면적일 경우 시장가격의
1/3 정도의 가격으로 판매가 가능하다. 즉 평방미터당 4~5,000위안 정
도이다. 그러나 70㎡를 초과할 경우에는 시장평가가격에 따라 구매를
해야 하며, 최저 가격도 평방미터당 9,000위안으로 상승한다. 따라서
많은 구매자들이 경제적 부담으로 인해 경제적용방을 구매할 수 없는
상황이 발생한 것이다. 일반 구매자들은 정부가 소형주택을 많이 만들
어 주기를 희망했다. "주택은 조금 작아도 괜찮아요. 핵심은 가격이 낮
아야, 구매할 수 있어요."222

그 밖에 경제적용방은 대부분 도시의 교외에 위치하여 지리적 위치가 비교적 도심지에서 멀리 떨어져 있다는 점과 대중교통, 학교, 병원, 상업지구 등 기반 시설이 다 갖춰 있지 않다는 점 그리고 주택 형태가 마음에 들지 않다는 점 등이 주택 구매를 포기하는 요인들이다. 예를 들어 베이징시의 최고 가격인 평방미터당 4,550위안의 차오양구(朝陽區) 창잉(常營)지역에 조성한 60만평 규모의 경제적용방 단지는 1km도 떨어져 있지 않은 거리에 가오안둔(高安頓) 쓰레기 처리장이 있다.

불법 임대

경제적용방의 불법 임대 현상은 상당히 보편적이다. 언론에 보도된 사건도 적지 않다. 총칭시에서는 다수의 경제적용방이 임대된 사건이 발생했다. 총칭시(重慶市) 위중구(渝中區) 다핑진(大坪鎭)에 있는 신청아파트(新城大廈)는 322채의 경제적용방이 분양 이후 8개월도 되지 않아 절반 이상이 임대되었다.

주택 및 성향건설부(住宅和城鄕建設部)의 주택보장사(住房保障司) 사장(司長) 호우시민(侯淅珉)은 불법 임대문제의 출현은 관련 부서가 복지형 주택에 대한 지속적 관리를 소홀히 하고 업무 수행을 제대로 하지 못하기 때문이라고 강조하였다.[223] 그러나 경제적용방 임대 현상은 본질적으로 주택구매자들이 이미 다른 주택을 소유하고 있기 때문에 발생한다. 이들은 자격조건을 갖고 있지 않은 상황에서 주택구매 기회를 획득하

194

고, 저렴하게 경제적용방을 구매하여, 임대수익을 얻으려 하는 것이다. 이러한 사회적 현상은 결국 '부자나 주택소유자가 경제적용방을 구매하고, 빈자나 무주택자는 오히려 줄 서서 주택구매를 기다리는 상황'이 나타났다.[224] 따라서 경제적용방 불법 임대현상으로 나타날 수 있는 사회적 불공정 문제를 충분히 보여주며, 결코 후속관리를 중시하지 않았다거나 처리가 미흡했다는 것에 국한되는 것은 아니다.

이 외에 구매 조건에 부합하지만 구매할 능력이 없거나, 구매 능력은 있지만 여전히 무주택인 경우도 있다. 경제적용방 분양권은 시장에서 반공개적으로 팔린다. 베이징의 텐통웬(天通苑)은 경제적용방 분양을 시작하면서 동시에 분양권 전매 현상이 나타났는데, 분양권 한 장이 수 만 위안에 팔리기도 하였다. 2003년 3월 건설부, 전 국가계획위원회, 국토자원부는 공동으로 베이징 등 11개 성시(省市)의 경제적용방 분양과정에서 나타나는 문제점에 대해 실태 조사를 하였다. 예를 들어 주택부족으로 인해 많은 실수요자들이 구매할 수 없는 현상, 분양권 전매 세력이 인터넷을 통해 분양권 소유자를 확인할 수 있는 기회를 이용하여, 높은 가격으로 분양권을 전매하는 현상 등이다.[225] 이런 현상을 통해 정부가 내놓은 저소득계층을 대상으로 하는 복지정책이 부자들의 돈벌이 수단으로 변질되었다.

다수 주택에서
품질 문제 발생

경제적용방은 건설과정에서 품질을 보장하기가 어렵다. 언론 보도에 의하면 항저우(杭州)의 경제적용방 란차오밍웬(藍橋名苑) 단지 주택 800가구는 분양이 완료되었지만 이 중 500여 가구 이상이 하자보수를 요청했다. 이들 주택에서는 벽에 금이 가거나 천정에서 물이 새는 등 11곳에 걸쳐 문제점이 발견되었다고 하였다.226

사기사건의
빈번한 발생

주택 구매기회를 배분하는 과정에서 행정기관이 사리사욕을 채우기 위해 부정을 저지르거나, 임의대로 배분하는 사례가 자주 발생하였다.227

(1) 2009년 3월, 저쟝성(浙江省) 온저우시(溫州市) 구시가지 개발 지휘부서의 한 자료가 인터넷 공간에 공개되었는데, 140여 가구에 이른 분배 대상 중에는 시, 현정부의 관료 수십 명과 그 가족들이 포함되어 있었다.

196

(2) 2009년 6월 12일, 후베이성(湖北省) 우한시(武漢市)의 경제적용방 보급 사업에서는 수십억 분의 1의 비율로 나올 수 있는 여섯 자리가 같은 번호가 나왔는데, 결국에 관료 기업인이 결탁한 부패행위였다.
(3) 2009년 7월 29일, 후베이성(湖北省) 라오허코우시(老河口市)의 모 경제적용방의 번호는 보기 힘든 14자리 연속 번호가 나왔는데, 이 중 1명의 당첨자는 만 17세에 불과했다.

별장주택으로
변신

정부 부서는 경제적용방의 용지계획에 따라 업무를 진행하지만, 건설사는 경제적용방 건설을 규정대로 하지 않는 경우가 나타난다.

2009년 6월 18일, 정저우시(鄭州市)정부는 합동조사소조를 구성하여, 허난(河南) 텐룽(天榮)유한공사가 「공정건설계획 허가증」과 「공정건축시공허가증」이 발급받지 않고서 경제적용방 용지에 14동의 별장과 124채의 주택을 건축한 것을 적발하였다. 현지 언론사 기자가 취재를 하려 하자, 현지 관료에게서 "공산당을 위해 보도할 것인가 아니면 주민들을 위해 보도할 것인가?"라는 질문을 받았다고 하였다.228

(3) 지역의 창조적 정책의 탐색

경제적용방의 발전은 주요하게 대도시와 중형 도시에 집중되어 있다. 비록 소형 도시로의 보급을 요구하는 여론도 계속하여 나오지만, 사업 시행이 비교적 쉽지 않은 편이다. 그 이유는 바로 경제적용방은 국가가 재정을 투입하고, 지방은 실행만 하기 때문이다. 토지양도비용은 지방정부의 가장 주요한 수입원이며, 그러나 경제적용방 건설에 투입하는 것은 지방정부가 높은 가격에 토지사용권을 팔 수 없다는 의미이며, 동시에 지방 재정 수입의 감소를 야기한다. 따라서 경제적용방 건설과정에서 지방정부들은 다양한 방식으로 탐색적인 개혁조치를 통해 어려움에 대처하고 있다.

① 화이안(准安): 재산권 공유

쟝수성 화이안시는 2007년 8월에 시장과 연계하여 재산권을 공유하는 경제적용방 모델을 내놓았다. 이 모델의 특징은 중하위 소득계층 가운데 무주택소유자가 주택을 구매할 경우에, 자금 출자 비율에 따라 개인과 정부가 공동으로 주택에 대한 소유권을 갖는다. 토지는 불하(劃撥) 조건에서 양도(出讓)조건으로 바꾸고, 토지를 양도할 때의 가격과 불하할 때의 가격사이에 발생하는 격차와 정부의 경제적용방 우대정책을 정부의 출자 부분으로 산정한 다음 주택 재산권을 보유하는 것이다. 현재 재산권 공유모델은 쟝수성의 여타 지역으로 확산되고 있는데, 쟝옌(薑堰), 루가오(如皋), 수저우(蘇州) 등의 도시는 재산권 공유 경제적용방의 시범지역이다.[229]

② 허베이(河北), 산동(山東): 경제적용방과 저가임대주택을 일원화

여러 지방의 개혁 가운데 허베이성 스자좡시의 개혁이 가장 깊이 있는 의미를 부여할 수 있다. 임대주택과 경제적용방의 신청조건을 일원화하여, 조건에 부합한 저소득가정에게 균일하게 「주택보장증명」을 배부하는 것을 통해서, 주민들이 자유로이 경제적용방 혹은 임대주택을 선택하도록 하였다. 이 정책은 허베이성 정부로부터 동의를 받았고, 2008년 11월 허베이성 정부는 「전성(全省) 부동산시장의 건강하고 안정적인 발전을 촉진하는 것에 관한 약간의 의견」을 발표하여, "2011년 1월 1일부터 각 시, 현은 임대주택과 경제적용방 보장조건을 통일하고, 보장조건에 적합한 가정은 임대주택과 경제적용방 보장을 스스로 선택하도록 하며, 이러한 조건을 구비한 시, 현 지역은 현재부터 일원화하여 실행한다."고 발표하였다.230

③ 션양(沈陽), 창사(長沙), 정저우, 창저우(常州): 주택보조비용 지급

션양시는 2008년에 경제적용방 보장을 위한 새로운 방법을 제정했다. 즉 경제적용방 건설을 중단하고, 가구당 5.5만 위안의 주택구매 보조금을 지급함으로써, 경제적용방 구입 자격을 갖춘 가구가 시장에서 상품주택을 구매할 수 있도록 보조해 주는 조치이다.

창사시도 2008년에 경제적용방 건설 중단을 결정하고, 저소득 무주택가구에게 8만 위안의 보조금을 지원하여, 지원대상자들이 평방미터당 3,500위안 이하의 상품주택을 구매하도록 유도했다. 지원금 지급이 시작된 지 4개월 이후에는 5,000여 가구의 저소득계층이 보조금을 지원받았다.

정저우시 주택관리국은 2009년 4월 28일에 「부동산산업의 건강한 발전을 가속화하기 위한 약간의 의견」을 발표했다. 이 문건에서 2007년 12월 31일 이전에 「경제적용방 구매자격증명」을 취득한 시민이 경제적용방 구매자격을 포기하고 일반상품주택을 원한다면 건축면적 90㎡ 이내일 경우 평방미터당 600위안의 보조금을 지급한다고 하고, 주택재산증명과 구매계약서에 따른 보조금 지급은 '구매시에 보조금을 지급하지만, 구매를 하지 않을 경우에는 보조금 지급을 중지한다'는 원칙에 따라 이루어지며, 주택 구매 이후 5년 이내에는 매매를 할 수 없으며, 5년 이내에 매매할 경우에는 보조금 전액을 반드시 반환해야 하며, 주택재산권이 5년이 경과되면 상품주택 재산권으로 바뀐다고 규정하였다.[231]

창저우시정부는 2009년 2월 정식으로 경제적용방에 관한 새로운 정책을 공표하여, 경제적용방 건설을 중단하고, 지급 조건을 갖춘 가정에게는 보조금 지급 방식으로 상품주택을 구입할 수 있도록 지원하기로 했다. 즉 비공개 지원을 공개 지원으로 바꾸는 방식으로 1만호 정도의 경제적용방신청조건을 구비한 저소득가정의 주택문제를 해결하고자 했다. 새로운 방법은 경제적용방 신청조건을 구비한 구매자에게는 8만 위안의 보조금을 지급하여, 시 도심지 안에서 일반 상품주택을 구매할 수 있도록 했다.[232]

④ 정저우: 임대와 분양 병행

정저우시는 2009년 말에 「정저우시 실물임대주택관리방법」(시행)을 발표하여, 저렴한 임대주택의 '임대·분양 병행' 정책을 결정했다. 실질적으로 주택임대 혹은 주택분양을 모두 보장하여, 임대자가 구매를 원할 경우에는 1회 완납하거나 또는 분납할 수 있으며, 모두 재산권이 보장되며, 단지 시장에서 직접 매매를 할 수 없도록 하였다. 5년 후에는 규정에 따라 세금 우대와 토지수익금을 지원받고, 그 이후에 판매가 이루어진 저가 임대주택은 완전소유권이 부여되어 시장에서 매매 가능하다고 규정되었다.233

전국 각지의 경제적용방 정책의 새로운 시도를 종합하면, 개혁의 공통적인 의의는 중국경제적용방제도의 '복지주택'과 '상품주택' 사이의 재산권 충돌을 완화시킨 가운데, 각지의 경제적용방 건설을 위한 자금 투입 압력을 경감하고, 경제적용방을 '판매 위주' 모델로부터 '임대 위주' 모델로 전환시키거나 혹은 주택구매 보조금 지급, 공동 재산권 부여 방식 등 다양한 형식을 통해 복지성 주택과 상품성 주택의 격차와 균형을 의식적으로 유지하고자 했다.

이익상관자 분석

(1) 중앙과 지방정부의 의견 불일치

중앙정부와 지방정부의 경제적용방과 저가임대주택에 대한 태도는 각각 다르다. 저가임대주택은 중앙정부가 지시한 정책으로, 지방정부는 반드시 수행해야 한다. 경제적용방은 2008년 신정책이 출시되기 전에는 지방정부가 건설에 투입되면서 곧 지방정부의 적극성이 주도적으로 작용하였다. 이는 경제적용방건설에 있어서 지방정부와 중앙정부의 의견이 충돌하는 상황이 발생하였다.

지방정부는 경제적용방 건설에서는 적극성이 높지 않았고, 심지어는 경제적용방 제도의 완전한 폐지를 원했다. 2005년 전국정협회의에서 당시 시안(西安)시의 정협주석 푸쥐더(傅繼德)는 지방정부의 이익을 대표하여 경제적용방정책을 취소할 것을 건의했다.

2008년 11월 국무원 상무회의는 경제발전을 촉진시키기 위해 4조 위안의 투자 안건을 통과시켰는데, 이 중 9,000억 위안은 복지성 주택 건설 용도로 사용할 것을 결정하였다. 동시에 국판 131호 문건은 전국 현지 상황에 따라 적절하게 경제적용방 공급을 늘릴 것을 요구하였다. 구체적인 건설 규모는 2009~2011년 사이에 전국에서 매년 신축하는 수량을 130만호로 하였다. 하지만 지방정부의 경제적용방 건설에 대한 열기는 여전히 높지 않았다. 2009년 상반기까지 전국 각지에서 새로이 건설하는 경제적용방은 3,388만㎡, 약 48만호로서 연중 목표치의 38%에 불과했다.234ᅵ 경제적용방에 비교하여 저가임대주택의 건설 속도는 훨씬 빠르다. 2009년 상반기의 전국의 건설 규모는 105만호에 도달하여 연중 목표치의 59%를 점하였다.

지방정부가 경제적용방 건설에 대해 적극성이 높지 않은 이유는 무엇 때문인가? 여기에는 아래와 같이 몇 가지 주요한 원인이 있다.

재정 자금의
압력

　재정자금의 압력이 지방정부가 경제적용방 건설의 적극성이 높지 않은 직접적인 원인이다. 경제적용방 신정책 발표 이전, 경제적용방건설자금은 모두 지방정부가 부담해야 했다. 복지성 주택으로 인정되는 경제적용방 건설은 실제적인 수익을 창출할 수 없는데 반하여 지방정부재정은 다른 건설 사업에도 지원되어야 하기 때문이다. 그러나 지방재정은 이렇게 방대한 재원을 경제적용방 건설에 투여할 수 없다. 이외에 중앙정부는 2003년에 지방정부에 대해 경제적용방 건설과 관련하여 강제성 있는 임무 부여를 점진적으로 완화시켰다. 중앙의 감독이 완화되면서 지방정부는 더욱 많은 자금을 경제적용방 건설에 투자하기를 회피했다. 이에 비교하여, 저가임대주택 건설은 첫째, 투여금액이 비교적 적지만 지방정부가 낡은 주택의 개량 등의 수단을 통해 저가임대주택을 건설할 수 있었고, 둘째, 중앙정부의 지원금을 받을 수 있었는데, 이 중에는 자금 지원을 포함한 중앙정부의 저가임대주택전용보조금과 그리고 기타 항목의 지원예산에서 임대주택건설 지원 자금을 확보할 수 있다. 때문에 저가임대주택건설에 있어서는 지방정부의 적극성이 경제적용방 건설보다 훨씬 높게 나타났다.

토지양도금의
손실

경제적용방건설은 지방정부의 토지양도금의 손실을 의미한다. 1994
년 중앙정부가 분세제(分稅制) 개혁을 시행한 이후 지방재정수입의 중요
한 원천은 토지사용 양도금이다. 이것이 우리가 흔히 말하는 '토지 재
정'이다. 중국에서 토지의 부족 현상이 심각한 현실 속에서 경제적용방
은 분명히 효율성 높게 토지를 이용하는 선택은 아니다. 저가임대주택
의 임대주가 소득수준이 올라간 이후에는 사는 곳을 옮기면, 임대주택
은 또 다른 가난한 사람을 구제할 수 있다. 하지만 경제적용방은 일단
판매되면 정부의 임무는 끝나도, 다른 중하층 소득자들의 주택 구매
욕구를 만족시켜야 하는 문제가 발생하니, 계속하여 주택건설을 해야
만 했다.235│ 이러한 문제는 지방정부에게 지속적으로 거액의 토지양
도금의 손실을 감당해야 하는 것을 의미하며, 더욱 심각한 문제는 어
느 도시도 이런 식의 발전을 유지할 정도의 토지를 보유하고 있지 않
다는 점이다.

주택건설부 정책연구중심 주택부동산연구처 처장 겸 연구원 자오루
씽(趙路興)은 사회 각계층에서 지방정부가 경제적용방 건설에 소극적이라
고 비판하는 것에 대하여 '현재 정부에서 한 자락의 토지도 정리하기가
매우 어렵다. 먼저 이 토지는 토지 양도금이 사라지는 손해를 감수해야
하고, 그 다음에는 토지정리와 이전을 진행해야 하고, 그밖에 이 토지는
거주 가능해야 한다. 따라서 상반기의 대부분의 시간이 모두 경지정리
에 사용될 것으로 예상된다'고 언론에 호소하기도 하였다.236│

저가임대주택을 통한
중앙정부의 재정지원 쟁취

2008년부터 일부 지방정부는 임대주택 보장범위의 확대를 통해 저소득층의 주택곤란 문제를 해결하기 위한 정책들을 줄줄이 내놓기 시작했다. 허베이(河北), 랴오닝(遼寧), 샨동(山東) 등지에서 순차적으로 경제적용방 건설을 중단하였고, 허베이 스자좡, 산동 지닝(濟寧) 등지에서는 임대주택과 경제적용방의 신청조건을 '일원화'시켜, 경제적용방 건설과 배분 규모를 단계별로 감소하였다.237

경제적용방건설은 지방정부가 토지를 내놓고 개발기업이 자금을 투입하여 건설하고 있다. 중앙정부는 경제적용방 건설에 관여하지 않았다. 그러나 2007년 국무원이 「도시 저소득가정 주택곤란을 해결하기 위한 약간의 의견」을 통해 임대주택 건설 투자를 중앙과 지방 양 정부 모두 재정지원을 하기로 결정했다. 베이징사범대학 부동산연구중심 부주임 왕홍신(王宏新)은 인터뷰에서 2007년 국무원의 결정이 하달된 이후에 지방정부가 임대주택건설에 있어서 보장기준을 높이려는 추세가 점점 더 분명해졌고, 이는 지방정부가 업적을 쌓으려는 욕구로 변하고 있다고 하였다. "현재 임대주택건설은 대부분 재정지원에 의존하고 있기 때문에 이러한 방법은 지방의 '재정 지속성'에 매우 높은 요구였다. 만일 지방재정이 곤란해지면, 무조건적으로 보장기준을 높이는 것은 적당하지 않다"라고 하였다.238

2009년 6월초에 주택 및 도시건설부, 국가발전 및 개혁위원회, 재정부가 공동으로 공포한 「2009~2011년 임대주택보장계획」은 향후 3년간

747만가구의 임대주택 건설을 전국 지방정부에 나눠 하달하였다. 동시에 중앙정부에서는 330억 위안을 임대주택건설에 지원하였다. 이는 곧 지방정부가 임대주택을 건설하는 것이 중앙정부의 명확하게 임무로서 부여하는 것 일 뿐만 아니라 중앙정부의 자금지원도 받을 수 있게 되었음을 의미하였다. 동시에 공적자금 수익, 토지양도수익 역시 임대주택 건설에 투자할 수 있고, 임대주택건설자금의 보증도 받을 수 있었다. 따라서 일부 지방정부는 경제적용방과 임대주택 건설을 일원화하였고, 이는 임대주택 건설을 통해 중앙정부의 재정지원을 더욱 많이 받을 수 있는 희망이 되었다.[239]

(2) 상업은행

상업은행은 경제적용방주택 사업에 대한 대출에 그다지 많은 관심을 갖고 있지는 않다. 상업은행은 한편으로는 부동산개발기업에게 대출을 제공하며, 다른 한편으로는 상품주택 구매자에게 담보대출을 제공한다. 상업은행이 부동산개발기업에 제공하는 대출의 통상적인 절차는 부동산개발기업이 지방정부로부터 토지개발사용허가증을 취득한 이후, 토지를 은행에 담보로 제공하여 대출을 받는다. 은행은 개발기업의 요구에 따라 부동산개발대출 등 일련의 대출상품을 제공한다. 부동산 개발기업은 일단 상품주택 예비판매허가증을 획득하면 바로 구매자들에게 판매를 할 수 있다. 부동산 개발기업이 사전 판매를 통하여 축적한 판매대금 일부는 은행 대출금 변제용도로 쓰이지만, 더 많은 자금이 부동산 사업과 관련한 토지사용권을 구매하기 위해서 사용된다. 위에서의 분석을 통해서 볼 수 있듯이 부동산 개발기업에게는 자금이

끊이지 않는 것이 가장 중요하다. 자금 회전을 보장하는데 있어서 가장 핵심은 모든 주택사업에 있어 사전판매를 시기에 맞춰 최대한 많이 판매하여 신속히 자금을 회수하는 것이다. 동시에 은행은 상품주택 구매자에게 주택담보대출을 제공할 수 있다. 상업은행의 입장에서는 상품주택 담보대출은 양질의 대출 사업으로 연체율이 낮고, 상환율은 높다. 주택가격이 안정적으로 상승한다면 은행은 구매자의 채무불이행을 걱정할 필요가 없다. 설령 구매자가 대출상환 계약을 준수하지 못할지라도 은행은 대출자에게서 저당잡은 부동산을 담보물로 받을 수 있기 때문에 경매를 통해 손해를 충당할 수가 있다. 따라서 은행은 이론적으로 기꺼이 상품주택 구매자들에게 주택담보대출을 제공한다.

그러나 경제적용방은 특별한 상품주택이다. 상업은행은 경제적용방 프로젝트에 대해서는 일반 상품주택대출과는 다른 대출 조건을 제시한다. 경제적용방 또한 부동산개발기업이 세운 것이다. 정부가 토지사용 권한을 낮은 가격에 개발기업에게 제공하고, 경제적용방으로부터 얻는 이익을 매우 낮게 책정할 것을 전제조건으로 한다. 동시에 앞에서 서술했듯이 여러 혜택으로 인하여 경제적용방은 실제로 경제적 여유가 많지 않은 일반 중하층 소득계층에게 많은 실질적인 혜택을 부여하지 않고 있다. 이에 따라 경제적용방은 자주 구매 포기 상황에 직면한다. 이외에 경제적용방 건설 과정 중에 위장임대 등의 불법 현상이 빈번하게 발생하기 때문에 정부는 어쩔 수 없이 개발 사업을 중단시키기도 한다. 이러한 일련의 문제는 부동산개발기업으로 하여금 자금 회수의 어려움과 자금경색의 원인을 조성하여 은행대출의 연체율이 증가한다. 따라서 상업은행은 부동산 개발기업의 경제적용방 대출 상품에 있어서 매우 진지하게 대처한다. 은행도 또한 경제적용방 프로젝트에 대한 신용투자나 신용대출 기준을 높였다.

　이 외에 상업은행 또한 경제적용방 구매자에게 담보대출을 기꺼이 제공하지 않고 있다. 그 원인에는 첫째, 경제적용방 구매 신청자들은 대부분 안정적인 수입이 불확실한 중하층 소득계층이기 때문이다. 그들은 외부로부터의 경제적 불안정성에 대응하는 능력이 상대적으로 취약하며, 거시경제가 불안해 지면 이들 중 다수가 상환 불능에 빠진다. 둘째로 경제적용방은 재산권 행사가 제한적이기 때문에 설령 은행 구매자로부터 부동산을 담보로 잡았을지라도 손쉽게 현금화 하기가 어렵기 때문이다.240 │ 따라서 많은 도시에서 시민이 운이 좋아 경제적용방 구매자격을 얻었더라도 담보대출을 받기가 쉽지 않은 상황에 부닥쳤다. 경제적용방 사업시행을 촉진하기 위하여 지방정부는 일반적으로 지정 상업은행이 경제적용방 구매자들에게 담보 대출 서비스를 제공하도록 유도할 수 있다. 예를 들어 광저우(廣州) 완송원(萬松園) 단지는 중신(中信)은행과 건설(建設)은행이 담보대출 서비스를 제공하고, 당언(黨恩)신시가지 프로젝트의 담보대출은 중신은행과 민생(民生)은행이 담당하였다.241 │ 이러한 상황은 지방정부의 상업은행의 경제행위에 대한 행정간섭이라고도 할 수 있다.

(3) 부동산 개발기업

① 이윤 기준선 3%로 제한

　경제적용방은 복지성격을 지닌 '민심프로젝트(民心工程)'이며, 또한 특수한 종류의 상품주택이지만, 시장 논리에 따라서 매매가 이루어지지는 않는다. 한편으로 「경제적용방관리방법」 규정에 따라 경제적용방

208

건설용지는 지방정부가 무상 분할하는 방식으로 제공한다. 즉 경제적
용방 판매가격에 토지가격이 포함되어있지 않기 때문에 경제적용방의
가격은 비교적 낮게 형성된다. 다른 한편으로 정부정책은 개발기업이
경제적용방 가격을 임의로 변동시킬 수 없도록 하고, 임의로 가격을
올리는 것은 더욱 허용하지 않는다. 경제적용방의 이윤은 3%이내로 엄
격하게 통제되어 있다. 그리고 종류가 각기 다른 경제적용방 건설 프
로젝트는 이윤도 각기 다르다. 2009년 6월 하순에 상하이시 발전개혁
위원회와 상하이시 주택보장주택관리국이 공동으로 「상하이시 경제적
용방 가격관리시행방법」을 발표했다. 경제적용방건설단위를 두 종류
로 규정해 놓고 있는데, 하나는 입찰확정을 통해 가격을 결산할 때 3%
의 이윤을 남기는 것을 허가하며, 정부가 지정한 기관은 직접 경제적
용방 프로젝트는 가격 결산시에 개발건설 원가와 세금 두 가지만 포함
하며, 이윤은 허용되지 않는다.242

정부가 개발기업이 경제적용방건설에서 얻는 이윤을 제한을 두었기
때문에 경제적용방에 대해 정부의 감독 및 관리가 엄격하게 이루어지
지 않는 허점을 틈타, 개발기업은 명목상 판매가격을 정부고지가격보
다 높지 않게 하고서는 이윤을 최대한으로 늘리기 위하여 건설과정에
서 자주 건축설비 및 자재의 품질을 낮추는 방법을 사용한다. 경제학
자이자 중국 사회과학원 금융연구소 금융발전실 주임 이센룽(易憲容)은
경제적용방의 이윤이 절대로 3% 이하에 머물러 있지 않고, 개발기업이
여전히 경제적용방에서 폭리를 취하고 있다고 하였다. 이센룽은 "우리
는 절대로 개발기업이 폭리를 취하고 있는 것을 망각해서는 안 된다.
경제적용방에서의 이윤이 3%에 불과하다는 말은 근본적으로 불가능하
다. 만약에 이윤이 3%에 불과하다면 개발기업들은 단 한 개의 기업도

유지할 수 없을 것이다. 그들은 경제적용방 개발을 통하여 폭리를 얻으려고 생각한다. 그러기 위해서는 여러 가지 장애와 제한이 있기 때문에 결국 주택 시공에 있어서 불량 문제가 나타나는 것이다."라고 하였다.[243]

그밖에 경제적용방의 이윤 3%라는 낮은 수준을 유지하고, 동시에 개발기업들의 투자를 끌어들이기 위하여, 실제 운영과정에서 지방정부는 가끔 경제적용방 프로젝트와 부근 지역의 '가격제한주택' 프로젝트를 한 묶음으로 하여 입찰을 진행한다. 즉 부동산기업이 경제적용방 개발 권한을 획득하면 기업은 동시에 '가격제한주택(限價房)'의 개발권도 취득한다. 가격제한주택의 이윤은 상대적으로 높기 때문에 부동산 기업은 경제적용방 건설에서의 손실을 어느 정도 보충할 수 있다.[244]

경제적용방은 부동산개발기업 입장에서 보면 비록 수익성이 낮은 사업이었으나, 2008년에 국제적으로 경제위기가 발생한 이후에는 부동산개발기업이 경제적용방 건설 사업에 매우 적극적으로 뛰어 들고 있다. 먼저 국제 금융위기로 인해 경색된 외부 환경에서 부동산개발기업이 자금압력을 매우 크게 받고 있다. 경제적용방은 비록 이윤율은 작지만 기업은 토지매입자금을 투입할 필요가 없기 때문에 투여되는 전체적인 자본금 비율은 비교적 적다. 또한 세금이나 영업비용도 많이 소요되지 않는다. 자금압박을 받는 개발기업 입장에서 이런 요인은 사업 참여를 결정하는 중요한 요소로 작용한다. 다음으로 경제적용방 건설 사업에 참여하는 부동산개발기업은 주로 지방 각지의 국유부동산개발기업이다. 이들 국유부동산개발기업집단은 자체적으로 건설자재와 건축 회사를 자회사로 두고 있다. 경제적용방사업의 투자는 곧 그룹 산하의 건재, 건축 기업에 일거리를 보장해 주는 것이기 때문에 국제

금융위기 상황에서도 비교적 높은 공사 착수율을 보장하고 있다.

② 자금 회수의 어려움

　주택건설부(住房建設部) 주택정책 전문가위원회 부주임이면서 중국 부동산 및 주택연구회 부회장이기도 한 구윈창(顧雲昌)은 인터뷰에서 경제적용방건설 계획의 성공여부는 주요하게 3가지 요소에 좌우된다고 밝혔다. 첫째, 정부가 지시한 개발가능 토지 기준선(土地指標)의 실행 여부, 둘째, 토지구획 및 정리의 순조로운 진행 여부, 셋째, 개발기업의 건설자금 확보 여부 등이다.245│　자금 확보는 개발기업의 생존여부를 결정짓는 핵심요소로 많은 중소 개발기업들이 자금난으로 인해 경영을 지속하지 못하고 결국 파산하고 있다. 자금이 경색되는 주요 원인들 가운데 하나는 은행으로부터의 대출이 갈수록 어렵기 때문이며, 다른 하나는 주택판매가 부진하면서 자금의 빠른 회수가 용이하지 않기 때문이다. 부동산기업은 주요하게 택지개발 자금을 이용하여 상업은행으로부터 대출을 받아 경영을 하는데, 주택이 신속하게 판매되지 않으면 개발기업이 대출상환을 적절하게 하지 못하게 되는 상황에 처한다.

　경제적용방과 임대주택은 다르다. 경제적용방은 정부 재정에 의한 자금 지원이 없으며, 지방정부가 건설용지와 정책적 지원만 제공하고, 건설자금은 오로지 개발기업이 책임을 맡고 있다. 따라서 부동산 개발기업은 일반적으로 먼저 임시로 선급금(墊付)을 투자하거나 혹은 정부의 지급보증을 통해 자금지원을 받기도 한다. 부동산기업은 경제적용방의 판매 이후 회수자금에 의존한다. 하지만 전국 각지의 경제적용방이 위치, 가격 그리고 주택품질 등의 문제로 인해 구매포기 현상이 발생하면, 부동산기업은 경제적용방의 판매부진으로 인해 야기되는 자금난을 걱정하지 않을 수 없다. 특히 정부와 관계가 밀접하지 않은 민영 부동산 기업은 정부의 신용보장을 받을 수 없기 때문에 상대적으로 대출받는 것이 어렵다. 부동산기업이 자체적으로 선급금을 준비하면 규모는 커지지만, 개발이익은 상품주택보다 낮은 경제적용방건설과정에서의 선급금의 리스크도 매우 커지게 된다. 이러한 상황이 개발기업으로 하여금 경제적용방건설에 있어서 어려움을 겪게 되는 문제이다.

경제적용방의 개발속도가 늦는 것도 자금회수가 어려워지는 원인 중의 하나이다. 경제적용방의 심사수속은 상품주택보다 더 복잡하며, 여러 부서의 행정심사절차는 매우 번거로운 과정을 거치도록 되어있다. 그리고 중하위 소득계층의 가정이 경제적용방을 구매하는 절차 역시 매우 복잡하다. 뽑기(抽檢), 줄서기(排隊) 등 과정이 필요하다. 그밖에 경제적용방의건설과 배분과정 중에 부정부패사건이 매체에 의해 자주 폭로되고 있다. 사건이 드러난 다음에 정부는 일반적으로 개발기업에게 건설 중단을 요구하면서, 일부 공정은 시공 일정이 무기한 연기되기도 한다. 이러한 원인들로 인하여 경제적용방은 상품주택에 비교하여 개발이 늦어지지 않을 수 없게 된다.

③ 지방정부와의 밀접한 관계

토지문제의 복잡성은 개발기업과 지방정부 사이에서 미묘한 관계를 조성한다. 현재의 재정과 토지제도에 따라 경제적용방 사업은 매우 곤혹스러운 상황에 처해 있다. 한편으로는 정부가 자금지원을 하지 않고, 토지만 내놓고, 개발기업이 건설에 대한 책임을 맡고 있다. 때문에 정

212

부는 토지 양도과정에서 상품주택용지에 상당하는 토지로부터 재정수입을 획득하기 힘들다. 다른 한편으로 경제적용방의 이윤공간이 제한적이기 때문에 부동산개발기업은 개발과정 중에 불법 시공 문제가 제기되고 있다. 즉 주택의 시공품질을 낮춰, 이윤을 짜내거나, 또는 경제적용방 건설용지를 은밀하게 별장이나 호화상품주택으로 용도변경한 다음 개발하여 높은 이윤을 얻으려 한다.

중국의 부동산건설과정에서 개발기업과 지방정부사이의 관계는 매우 복잡하다. 한편으로 일부 지방정부와 개발기업은 이미 이익연합구도를 형성하고 있다. 부동산 개발은 지방경제의 발전과 취업을 촉진시키며, 동시에 많은 지방정부는 토지양도를 통해서 지방재정수입을 충당하고 있다. 따라서 지방정부는 대부분 개발기업의 여러 형태의 불법행위에 대해 눈감아 주기도 한다. 다른 한편으로 부동산 영역의 부패문제가 매우 심각하다. 지방관료의 수중에 부동산개발과정 중의 각종 심사 수속을 관장하는 권력이 있다. 개발기업과 토지, 규획, 시정(市政) 관할 부서의 관료들 사이에 부정부패행위가 계속하여 적발되고 있다. 전국인대 상무위원회 전임(前任) 부위원장이자 유명 경제학자인 청스웨이(成思危)는 "부동산 건설 공사에는 개발기업이 30% 이윤을 차지하고 있으며, 30% 이윤에는 솔직히 뇌물로 제공되는 액수도 포함되어 있다"고 지적하고 있다.246 |

④ 국유부동산기업이 '토지왕(地王)'들의 주력이 되다.

부동산기업은 은행에게 대출을 요청할 때 신용을 통해 상환을 보장한다. 상업은행의 입장에서 보면 일반적으로 상업은행은 국유 부동산

기업에게 대출해 주는 것을 선호한다. 왜냐하면 국유부동산기업의 배후에는 정부가 신용보증을 하면서 담보를 제공하기 때문이다. 상대적으로 민영 부동산기업의 신용은 토지사용증명 등을 담보로 잡고 이루어 질 수 밖에 없다. 이러한 이유로 국유부동산기업이 토지입찰경매과정 중에 위세를 떨치고 있다. 민영부동산기업은 국유부동산기업과 경쟁이 되지 않는다. 토지경매과정에도 손해를 보지 않기 위해서는 가격을 올려 응찰할 수밖에 없고, 결국에 국유부동산기업에게 토지 입찰권이 넘어간다. 이러한 과정을 거쳐서 '토지왕' 현상이 나타나며, 대다수의 '토지왕'이 국유 부동산기업일 수 밖에 없는 원인이기도 하다.

2009년 통계에 의하면 '토지왕' 사례만 보자면, 6월 30일 중화팡씽투자관리유한공사(中華方興投資管理有限公司)가 40.6억 위안으로 베이징 광취로 15호 지반을 가져갔으며, 8월에는 선전시 국자위(國資委)를 배경으로 둔 진디집단(金地集團)이 30.48억 위안으로 칭푸자항 10호 지역을 경매받았으며, 중앙정부 산하기업 화룬치지(華潤置地)가 35.22억 위안으로 상하이 자딩 남위 지반을, 9월 10일에는 중하이디찬공사(中海地産公司)가 70.6억 위안으로 창펑 지역을 평방미터당 22,409.3위안의 가격으로 구매하였는데 평균적으로 프리미엄 비율이 129%에 이르고 있다.

(4) 정부기관과 국유기업 및 사업 단위(單位) 노동자

1998년부터 중국은 '복지주택 분배제도의 폐지, 주민주택의 현금 지원 실현'을 핵심으로 하는 주택제도개혁을 하여 현재에 이르고 있으며, '무료 주택 제공'이라는 개념은 점차적으로 사람들의 시야에서 사라졌다. 그러나 최근 정부와 대형 국유기업 및 사업단위에서 '무료 주택 분배' 현상이 다시 나타나고 있다.

경제적용방건설은 주요하게 건설과 분배에 있어서 세 가지 방식으로 되어 있다. 첫째, 정부의 집중적으로 건설, 분배, 관리를 담당하는 방식, 둘째, 단위가 정부의 감독과 관리를 받으면서 건설하고 분배하는 방식, 셋째, 단위가 자체적으로 건설하고 분배하는 방식이다. 주택제도의 개혁 이래 경제적용방은 전체 상품주택건설에 있어서 차지하는 비율이 매우 적다. 이 중 대부분의 도시경제적용방 건설은 3가지 유형으로 이루어지는데, 적지 않은 기관의 기업 및 사업단위에서는 '집자주택(集資房)', '경제적용방' 명의로 '반액 무상 주택분배'를 실행하여 낮은 가격으로 단위 직공에게 판매한다. 이러한 반액 무상경제적용방의 용지는 일반적으로 지방정부 소유 토지를 입찰구매를 통하여 얻은 것이 아니라, 단위가 소유하던 토지이거나 아니면 정부가 단위에게 다른 항목으로 사용하게 한 토지이다. 이런 종류의 경제적용방은 분배과정에서 비공개로 이루어지면서 투명성이 없으며, 경제적용방건설의 수혜자는 일반 중하층소득가정이 아니다. 일반 중하층 소득가정은 주택구매를 할 자격조차 갖지 못하고 있다.

2009년 국가가 4조 위안의 자금을 경제발전을 촉진하기 위해 내놓는 것을 배경으로 하여, 전국의 경제적용방건설에서 극심한 양극단 현상이 발생하였는데, 즉 베이징, 광저우 등 일부 도시에서는 경제적용방건설이 오히려 감소하였고, 상하이 등 지역에서는 경제적용방 건설을 오히려 크게 확대하였다.

2009년 베이징시가 건설을 계획한 경제적용방은 2008년도의 절반에 불과했다. 광저우에서는 2008년 2,145채에 이르는 경제적용방 중 1,170채가 판매되지 않았는데, 광저우시 국토주택관리국의 관료 황신징(黃信

敬)은 임대주택과 경제적용방의 비율을 1:9에서 2:1로 조정할 것이라고 밝혔다. 이와 동시에 허베이, 랴오닝, 산동 등지에서도 경제적용방을 감소하거나 중단하겠다고 밝혔다.

그러나 다른 도시에서 경제적용방건설은 오히려 대규모로 이루어졌다. 상하이시는 2008년 5년 동안 중단되었던 경제적용방 건설을 다시 시작하였고, 400만㎡의 건설목표를 세워서, 2009년까지 경제적용방을 지속적으로 건설할 것이라고 하였다. 장수성은 3년 이내에 15만채의 경제적용방을 건설하고, 총칭시는 3년이내에 1,000만㎡의 경제적용방 건설을, 윈난과 푸젠에서도 새로운 경제적용방건설계획을 발표하였다.

이들 도시는 대규모 경제적용방건설 과정에서 '복지주택(福利房)' 부활현상이 뒤따랐다. 예를 들면 상하이에는 여러 곳의 토지를 국유단위가 공동구입하여, 인재 아파트나 복지형 주택 건설에 사용하고자 했다. 2008년 11월 22일에 상하이 루자쮀이(집단)유한공사는 상하이 중심(집단)유한공사에게 새로운 부동산유한공사가 개발한 '싱톈원(星恬園)' 내부의 180채 주택을 구매하여 루자쮀이 금융인아파트로 사용하고자 했다. 이와 동시에 상하이시 푸동신구도 3년 이내에 20억 위안을 투입하여 인재아파트를 건설하여, 주택난을 해결하고자 하였다. 또한 인재 아파트에 입주하는 사람에게는 임대비용을 지원하기로 했다. 이러한 인재 아파트는 고급 인재를 끌어들이기 위하여 세워지는 것으로, 보상성격을 지닌 경제적용방이다. 그러나 일반 중하층 소득가정은 고급 경제적용방에 대한 혜택을 누릴 수 없다.

상하이 시가 공개적으로 고급 인재를 끌어들이기 위하여 경제적용방 건설을 활용하는 정책과 달리 베이징은 경제적용방 건설을 대폭적으로 감소시켰다. 그러나 이는 기관의 기업 및 사업 단위의 직공이 낮

216

은 가격에 좋은 품질의 경제적용방을 사용하는 것에는 영향을 미치지
않았다. 단지 베이징의 이들 경제적용방은 도시건설계획에 포함되지
않고, 일반인들에게 공개되지 않았을 뿐이다. 예를 들어 베이징 지역의
번화구에 있는 시산환(西三環) 리우리차오(六裏橋) 부근의 고급주택지구인
위펑웬(益豐園) 주택단지가 곧 2004년 베이징시 발전개혁위원회와 베이
징건설위원회와 함께 '주택합작사'라는 명의로 집자(集資)형태로 건설한
경제적용방 프로젝트이다. BT(건설-인도)건설모델을 채택하여, 건설책임
자가 건축자금 모집과 건설을 책임맡고, 프로젝트를 완공하면 건설단
위에게 넘겨주고, 건설단위는 건설책임자에게 공정건설비용과 금융비
용을 제공한다. 실제로 위펑웬과 유사한 형태의 '공무원주택'은 베이징
에서 드물지 않게 많이 건설되어 있다. 광안먼, 광취먼, 산리허, 신제코
우 등 번화한 지역에는 대부분 중앙의 국가기관 공무원 경제적용방이
건설되었다. 이러한 주택은 경제적용방건설계획에 포함되지만, 판매는
정해진 공무원들에게만 가능하다.247

여기서 언급한 '주택합작사(住宅合作社)'는 실제 1998년 중국 주택개혁
이전에 많이 채택된 주택모델이다. '주택합작사'는 정부와 단위의 보조
를 받고, 국가, 단위 그리고 개인 3자가 부담을 나눈다는 원칙이다. 직
공이 자신의 역량에 의거하여 상호 협조하는 방법을 통해 도시의 중하
층 소득자의 주택문제를 해결하는 합작형태이다. 1992년 국무원 주택
제도개혁 영도소조는 「도시주택합작사관리 임시방법」을 발표였다.
1998년 이후 중국의 경제적용방은 점진적으로 과거의 복리성 주택분배
제도를 대체하였고, '주택합작사'는 경제적용방의 범위 내부로 포함되
어 관리가 이루어지고 경제적용방의 중요한 구성요소가 되었다. '주택
합작사'는 집자주택건설 프로젝트이며, 건설 이후 주택은 집자에 참여

한 '사원'들에게 분배되었다.

국가행정기관과 국유기업 및 사업단위가 자금을 모집하여 주택을 건설하는 방식으로 직공 주택문제를 해결하는 것 외에 단위직공이 시장가격보다 훨씬 싸게 상품주택을 '공동구매(團購)'하는 방식도 일부 부서와 기업이 소속 직공들을 위해 제공하는 특별한 복지 대우의 방식이다. 예를 들면 중앙TV의 보도에 따르면 중국석유가스집단 산하 베이징 화요우서비스총공사(北京華油服務總公司)는 20.6억 위안으로 베이징시 차오양구 '타이양씽청(太陽星城)' 3기의 8개동과 2개동의 상업건물, 2개의 지하주차장을 공동구매하였다. 직공 구매가격은 평방미터당 9,000위안이었는데, 당시 이 지역의 시장가격은 23,000위안이었다.[248] 이들 주택의 분배과정에도 역시 심각한 불공정현상이 발생하였다. 실제로 간부들만 공동구매 혜택을 누렸다.[249]

동시에 이러한 기업의 대규모 공동구매 방식은 실제로는 주택이 희귀해지는 현상을 조성한다. 동일한 주택단지 내에 다른 상품주택가격은 올라가는 상황을 초래했다. 예를 들어 중국석유(中國石油)가 공동구매한 '타이양씽청'주택단지는 직공들에게는 평방미터당 불과 9,000위안의 가격으로 당시 시장가격 2만 위안 이상의 주택을 구매할 수 있었으며, 1년 6개월 이후에는 이 곳 주택가격은 이미 45,000위안까지 상승했는데, 상승폭이 베이징 시의 상품주택의 평균 상승폭의 훨씬 높았다.

(5) 중하층 소득 가정

① 높은 가격, 적은 기회

일반적으로 말해서 경제적용방 가격은 두 가지 계산법에 의해 확정

218

된다. 하나는 원가를 합한 계산법으로서 세금감면을 토대로 개발기업의 이윤 3%를 보장하고 형성된 가격이다. 다른 하나는 시장요소에 사회복지요소를 감안하여 주변 지역의 비슷한 조건의 상품주택을 반영하여 이루어진 가격이다. 일반적으로 시장가격에 따른 하향세 비율은 적어도 20% 이상이 되어야 하며, 그렇지 않으면, 중하층 소득계층은 경제적용방을 구입하기가 힘들며, 구매포기 현상이 나타날 수 있다.250

1998년에 주택제도를 개혁할 당시 제도 설계자는 주택의 소비집단을 세 계층으로 분류하였다. 먼저 고소득자로서, 이들은 상품주택을 구매하거나 부동산투자능력을 지니고 있다. 다음으로 최저소득자로서 주로 도시 최저생활보자의 대상자이며, 주택을 구매할 능력이 없으며, 정부로부터 임대주택을 제공받아 주택문제를 해결한다. 마지막으로 중산층과 중하위 저소득자인데 정부정책은 이들이 경제적용방을 신청할 수 있도록 규정하고 있다.

현재의 경제적용방 건설 정책 환경 하에서 경제적용방의 '존속과 폐지' 문제가 고소득자와 최저소득자에 미치는 영향은 크지 않다. 전자는 상품주택을 구매하거나 부동산을 투자로 간주할 수 있는 능력을 갖추고 있기 때문에 당연히 이들은 경제적용방을 신청할 자격이 주어지지 않는다. 후자는 일정한 시기가 되기 전까지는 소득수준이 경제적용방을 구매할 능력을 갖추지 못할 것이며, 임대주택이 여전히 가장 나은 선택이 될 것이다.

그러나 이 제도의 직접적인 보장 대상자인 중하위 계층의 저소득자는 경제적용방이 주택문제를 해결해 줄 수 없다. 한편으로 중하위 계층 저소득자 중에 상대적으로 어려운 집단이 있는데, 반드시 평점이 높거나, 뽑기를 잘하거나, 줄서기를 통과해야만 경제적용방을 구매할 자격이 주어진다. 동시에 저소득자중에는 가정형편이 어려 울수록 구매자격은 갖추고 있지만, 주택구매능력은 떨어지는 경우이다. 평점이 비교적 높은 중하위 계층의 저소득자 중에서도 빈곤가정은 계약금을 교부하지만, 은행에서 대출을 쉽게 내 주지 않기 때문에 결국에 이들은 구매 권리를 포기하게 된다. 다른 한편으로 전체적인 정책수행에 있어서 경제적용방건설이 차지하는 비율이 매우 적기 때문에 모든 중산층과 중저소득자들 중 상대적으로 부유한 집단에게도 다 제공하기가 어렵다. 경제적용방정책의 혜택을 누리기 어렵고 구매하지도 못하는 집단들 소위 '중간층(夾心層)'이라 하였다. 중저소득자 중의 상대적으로 부유한 중간층은 평점이 비교적 낮고, 순위도 비교적 후순위로, 추첨순서가 몇 차례씩 와도 여전히 경제적용방 구매자격을 갖지 못한다.

새로이 도시로 진입한 외지인구의 주택문제도 관심을 가져야 한다. 예를 들어 대학 졸업생과 제대 군인이 대체로 도시 인구의 20% 정도를 차지하고 있으며, 특히 베이징과 상하이와 같이 대학이 밀집한 도시에서는 매년 많은 수의 대학졸업생이 도시에 남아 계속 거주한다. 이외에 외지 인구 중 80% 가량은 농촌에서 이주해 온 농민이다. 이들이 도시에서 어떻게 안정적으로 거주하고 직업을 찾는가가 문제이며, 국가차원에서 이들 계층에 대한 주택정책이 나와있지 않은 것이 문제이다.

이상 위에서의 분석을 통해서 보면, 경제적용방정책은 모든 중하층 저소득자에게 혜택을 주지 못하고 있다. 이 정책은 극소수 중하위 저소득자만 저가의 주택을 제공할 뿐이다. 대다수 중하위 저소득자들은 경제적용방 구매자격을 획득하지 못하든지, 자격을 얻더라도 구매할 경제능력이 없어 권리를 포기할 수밖에 없다.

② 주택가격외의 주택구매 '비용(代价)'의 상승

설사 경제적용방을 구매할 지라도 구매자는 계속하여 높은 비용을 지급해야 한다. 첫째, 경제적용방이 누리는 것은 '제한적인 재산권'이다. 즉 자신의 경제적용방을 시장에 임대나 판매할 경우에는 특별한 규정과 절차를 거쳐야 한다. 2007년 건설부 등 일곱 개 부서가 내놓은 「경제적용방관리방법」에는 개인이 구매한 경제적용방은 완전한 재산권을 취득하기 이전에는 판매할 수 없다고 되어 있다. 판매할 경우에는 같은 지역의 일반 상품주택과 경제적용방의 차액 중의 일부를 정부에 납부해야 한다. 유한재산권의 구체적인 연도와 비율의 제한은 시, 현 인민정부가 결정한다.

베이징, 상하이 등은 경제적용방의 유한재산권 연한이 모두 5년이다. 스자좡에서는 2009년도의 정부규정에 따라 경제적용방을 전매할 경우에 '체내 순환'을 시행했다. 2채의 경제적용방을 구매한 사람은 언제라도 시장에 내놓을 수 있으나, 반드시 현지 물가관리부서의 가격결정을 거쳐야 하고, 구매자는 후순위 대기자에게만 팔 수 있도록 했다.[251] 비록 국무원 문건에서는 '내순환정책'이 경제적용방에 대해 규범화를 보장할 것이라고 했지만 빠져나가는 구멍은 여전히 존재하며, 분배의 불공정 현상도 여전히 심각하다.[252] 유한재산권의조건 제한은 구매자들이 시장가격보다 낮게 경제적용방을 구매하도록 하는 것이다. 그러나 구매자는 단지 유한재산권만 가질 뿐이다. 따라서 대다수 구매자 입장에서 경제적용방은 비록 구매가격을 절약할 수 있지만, 실질적인 혜택은 크지 않다.

둘째, 경제적용방의 지리적인 위치, 건축의 품질과 주택단지의 환경은 상품주택과 비교하여 일정 정도의 격차가 있다. 이러한 문제는 앞에서 이미 소개한 적이 있다. 일부 경제적용방단지는 위치가 도심에서 멀리 떨어져 있고, 일부는 쓰레기처리장과 멀지 않다. 경제적용방의 개별 주택의 구조, 건축 품질, 단지 용적율, 편의시설과 주변환경 등 모두 상품주택단지와는 격차가 존재한다. 따라서 경제적용방 구매자는 사실상 낮은 가격으로 낮은 품질의 주택 상품을 구매하는 것이다.

특히 일부 경제적용방과 주위의 상품주택의 가격은 실제 차이가 크지 않다. 재산권의 제한, 주택 품질 등을 종합적으로 비교해 보면, 본래 중간 순위의 구매자가 구매자격을 포기하는 것은 경제적용방이 구매자의 경제적인 이익에 있어서 상품주택보다 더 나은 우위를 갖지 못하고 있기 때문이다.

경제적용방을 선택하면 부대비용이 발생하는데, 경제적용방이 정부가 보장하는 행정독점을 통한 희소 상품이기 때문에 구매자는 오랫동안 순서를 기다리거나 또는 관계 비용이 지출된다. 경제적용방 가격이 상품주택보다 훨씬 낮을 경우에는 그 격차가 커질수록 경제적용방과 상품주택 사이에는 상당한 임대료 공간이 형성된다. 경제적용방을 구매하는 사람들은 추가 비용을 부담해야만 임대료를 누릴 수 있는데, 이를 '임대료 소실(租金耗散)'이라 한다. 만일 일반인들이 순서에 따라 번호를 얻어야 한다면 오랜 기간을 기다려야 기회를 얻을 것이고, 권력층이거나 부자인 경우에는 관계를 통해 몇 년도 안 기다려, 실제로는 '임대료 소실' 방식을 통해 희소성 있는 상품을 획득할 때 얻을 수 있는 예외 수익(임대료)을 주택재산권을 가진 사람과 분담하는데, 이것이 바로 현실에서 일반인들에 의해 비판 받는 부패현상이다.

전문가 참여와
배제

경제적용방정책을 확립했던 초기의 목적은 '국민에게 저렴한 주택제공이라는 혜택을 주기 위한 것이었지만 점차 많은 문제점이 드러나면서, 전문가들 사이에서 제도의 존폐 여부를 둘러싸고 논쟁이 시작되었다. 경제적용방과 관련한 쟁점은 세 가지로 축약할 수 있다. 첫째, 경제적용방제도의 설계 문제점을 지적한 것인데, 제도 설계가 경제적용방 분배과정에서 나타나는 불공정을 해소하지 못하고 오히려 부정부패를 초래하는 자양분으로 기능한다는 것이다. 즉 권력과 금력을 이용하여 부정한 방법으로 주택을 구입하는 권력비리(權力尋租) 현상이 보편적으로 나타나고 있다. 둘째, 경제적용방 자체의 재산권 문제 논쟁이다. 셋째는 복지 제도의 일환으로 경제적용방건설은 중앙정부가 재정지원을 부담하는 것과 관련한 논쟁이다. 이런 연유로 최근에는 경제적용방정책을 폐지해야 된다는 주장이 계속되고 있다.

(1) 제도의 설계에 대한 논쟁

① 경제적용방의 태생적인 결함

1998년 중국정부가 주택체제의 개혁을 단행한 이래, 부동산 자원의 배치에 있어서 시장의 작용이 점차 더 확대되어갔다. 부동산은 경제발전을 추동하는 주요한 산업으로 신속하게 성장하기 시작했다. 그러나 중국에서 주택보장체계는 아직 완벽히 구축되지 않고 있다. 이러한 상황에서 부동산시장의 활황과 주택가격의 고속 상승이 이루어지면서, 중하층 소득 가구는 주택을 구입하거나 임대하기가 더욱 힘들어지는 문제가 발생했다. 국가가 경제적용방정책을 처음 내놓았던 이유는 바로 중하층 소득가정의 주택구매의 어려움을 해소하기 위한 것이었다. 그러나 경제적용방의 '복지성(保障性)'과 '시장화(市場化)' 사이의 태생적인 모순은 이행기에 처해있는 중국에서 필연적으로 나타나는 현상이다. 복지성과 시장화 사이의 모순 또한 중국에서만 발생하는 것도 아니다. 이지(易居)부동산연구원 종합연구부 부장 양홍쉬(楊紅旭)는 "국제적으로 보면 주택복지제도를 어떻게 설계하고, 어떻게 복지성 주택과 시장화 주택간의 균형을 유지하느냐는 여전히 풀기 어려운 난제로써 구미 선진국을 포함하여 많은 국가들도 수 십년의 탐색과정이 있었다."고 지적하였다.253

전문가들이 경제적용방제도의 설계와 관련하여 가장 주요한 비판은 주택구매 기회의 배분과정에서의 불공정 현상과 불공정 현상에 따라 파생되는 각종 부패와 사기행위이다. 때문에 많은 학자들은 현재 상태의 경제적용방제도의 폐지를 건의하고 있다. 마오위스(茅於軾)는 일찍이 경제적용방은 "효과도 없고, 공평하지도 않다"고 노골적으로 평가하였다. 베이징 톈저(天則)경제연구소 학술위원회 주석 장슈광(張曙光) 역시 경제적용방은 현실적 가치를 실현하지 못하고, 쉽게 부패를 생성시키고 제도의 불공정성을 초래할 뿐이기 때문에, 처음부터 존재할 이유가 없다고까지 하였다. 저명한 경제학자 쉬덴칭(徐滇慶)은 "경제적용방의 비시장화 운영은 정부에게 더욱 거대한 범위에서 운용할 수 있는 공간을 제공하는 것이고, 결국 공무원과 정부 부서가 이익을 추구할 수 있는 주요 자원으로 전락할 것이며, 더구나 감독하기도 쉽지 않다." "경

224

제적용방제도는 혼란스러운 가격체계, 사회적 신용체계 훼손, 빈부차이의 심화, 부패의 확산 등 여덟 가지의 주요 폐단이 나타났기에 당장 폐지해야 한다."고 말하기도 했다.254ㅣ 중국과기대학 지리과학 및 자원연구소 연구원 겸 전국정협위원이기도 한 량지양(梁季陽) 역시 경제적용방은 "국가 공무원은 공정하고 청렴해야 된다는 기본 준칙을 위배했다. 또한 각기 다른 사람들이 가지고 있는 동일한 등량의 화폐에는 마땅히 동등한 사용가치를 부여해야 한다는 원칙에도 위배되었다"고 하였다.255ㅣ 광저우시 정협위원 정바이판(鄭伯範)은 보다 명확한 관점을 제기하고 있는데, "경제적용방제도는 폐지되어야 한다"면서 그 이유는 "경제적용방제도가 국유자산의 유실을 초래하고, 감독 관리의 어려움이 커서 사회불공정 등 현상을 가져올 뿐이기 때문이다."256ㅣ 중국 부동산연구회 상무이사, 샤먼시 계획국 국장 자오옌징(趙燕菁) 박사는 "경제적용방의 제도는 설계할 당시부터 선천적인 결함이 존재하였다. 제도 자체적으로 운영에서의 문제가 존재했다. 먼저 가장 분명하게 드러난 문제는 현재의 시장시스템을 파괴한다는 것이다. 중국의 부동산제도의 개선은 시장개혁의 방향으로 이루어져 왔기 때문에 만일 시장 가격보다 낮은 가격의 상품이 존재하면 이는 곧 사실상의 불공정이다. 두 번째 문제는 가격 격차이다. 동일한 상품에 각기 다른 가격이 존재하면, 반드시 부패를 유발하고 사기가 나타난다. 세 번째 문제는 경제적용방이 기술적으로 한 사람의 진정한 재무상황을 보여주는 방법이 없다는 것이다. 현재 개인 수입상황이 지속적으로 변화하고 있는데 정부가 이 사람이 시작가격보다 낮은 주택의 재산권을 누릴 자격을 보유하느냐 보유하지 못하느냐를 알 수가 없다. 따라서 정부의 유일한 방법은 그것(경제적용방)의 양도를 제한할 뿐이다."257ㅣ 라고 밝혔다.

경제적용방제도에 대한 각종 불법적인 현상에 대해 전문가들은 다른 복지형 주택제도를 통해 경제적용방제도를 대체할 것을 건의하고 있다. 예를 들면 중앙 당교 교무부 주임과 전 경제학부 주임을 맡고 있으며 동시에 『중국경제관찰』 주편(主編)이기도 한 왕동징(王東京)은 "개발기업의 건설자금을 보조하여, '주택구매권'을 저소득자에게 주고, 이들이 상품주택을 구매할 수 있도록 해야 한다."는 의견을 내놓았다.[258] 전국인대 상무위, 중국런민대학의 정청공(鄭成功) 교수는 "경제적용방이 부동산시장을 왜곡시켰을 뿐만 아니라 공공주택의 공급에도 직접적으로 영향을 미치면서 이미 임무는 완성했다. 따라서 경제적용방과 임대주택을 폐지하고, 통일적인 공공주택정책으로 대체해야 한다."는 입장을 밝혔다.[259] 홍콩정협위원 션창안(沈常安)은 2009년 초 광저우시 고위 관료와의 회의에서 "시민들에게 저렴한 임대주택을 제공하는 것보다 그들에게 임대주택 보조금을 지급하고, 자유로이 거주 장소를 선택하도록 하는 것이 더 낫다."고 건의했다.[260]

그러나 일부 전문가들은 경제적용방정책을 지지하면서, 경제적용방이 부동산 가격을 안정시키는 작용을 할 수 있다고 보았다. 비록 경제적용방정책 자체에 결함이 존재하지만, 제도를 수정·보완하는 것이 완전히 폐지하는 것보다 더 낫다는 입장이다. 저명한 경제학자 랑셴핑(郞鹹平) 등 일부 학자들은 "정부가 부동산시장에 직접 개입하여 구제하는 것보다, 대규모로 임대주택과 경제적용방을 건설할 필요성이 있으며, 만일 저소득층에게 모두 거주할 수 있는 주택을 제공할 수 있다면, 정부가 시장에 개입하느냐 마느냐는 그다지 중요하지 않다."는 견해를 표시하고 있다.[261] 상하이 이지(易居)부동산연구원 연구원 회이젠창(回建强)은 "임대주택만으로 주택보장문제를 해결하는 것은 국정에 부합하

지 않으며, 주민의 주거문제와 요구를 해결할 수 없기 때문에 경제적
용방은 단기간에 사라질 수 없다."고 보고 있다.262 | 베이징대학 부동
산연구소 소장 천궈창(陳國强)은 "현재의 경제적용방제도에는 많은 허점
이 존재하며, 건설기업, 소비자, 감독자 각자의 책임을 보다 명확히 하
는 조치가 필요하다." "주택은 상대적으로 공급이 부족한 상품이기 때
문에 경제적용방은 계획, 건설, 판매, 양도 등 전 과정에서 투명성을 유
지해야 하고 배후에서 조작하는 것을 단속해야 한다."고 하면서, 문제
는 있지만 제도는 유지해야 한다는 입장을 보였다.263 | 신화네트워크
(新華網)는 「중국증권보」의 평론을 그대로 게재하였다. "객관적으로 말
해서 경제적용방제도는 완벽하지 않고, 사기 구매와 암거래가 여러 차
례 발생하였다. 그러나 부패현상이 나타난다는 이유로 존재가치를 평
가절하하거나 심지어 폐지까지 주장하는 것은 이성적인 태도가 아니
다". "현재 경제적용방제도와 관련하여 부패가 나타나는 원인은 여러
가지로 볼 수 있다. 크게는 세 가지인데, 첫째 공급이 부족하기때문에
수요를 감당하지 못하면서 주택이 부족하다는 것이 부패를 유발하고
있다. 둘째 심사제도가 엄격하게 시행되지 않기때문에 불법행위자들이
이러한 허점을 이용하고 있다. 셋째 지방 관료들이 개인 이익을 추구
하여, 이익을 내기 힘든 경제적용방 건설에는 그다지 적극적이지 않거
나, 경제적용방 부지를 다른 용도로 임의로 바꾼다. 따라서 경제적용방
제도의 부패문제를 해결하기 위해서는 먼저 제도를 개선하여 불법행위
를 양산하는 허점을 개선하고, 다음으로 국가 정책을 반영하여 주택공
급을 확대함으로써 부패발생요인을 감소시켜야 한다."는 내용을 담고
있다.264 |

경제적용방 신청자격을 해당 도시 호구(戶口)를 가진 사람으로만 제

한하는 문제에 대해서도 전문가들은 마땅히 고쳐야 한다는 입장을 취하고 있다. 천궈창(陳國强)은 "호적제도의 제한으로 인하여 경제적용방, 임대주택 등의 주택정책이 가져다주는 혜택을 모든 계층이 누리기 힘들다."고 비판하고 있다. 하지만 제한 조치를 완화하는 것은 순차적으로 실시되어야 한다고 주장하고 있다. 그는 "현재의 주택복지정책이 공평하다는 전제를 하면서, 정부의 집정능력에 대해 검증하는 상황에 처해 있다."고 평가하였다. 중국의 부동산 직업 대리인 연맹 비서장 천윈펑(陳雲峰) 역시 경제적용방, 임대주택 등을 포함하여 중국의 복지형 주택은 모든 사회계층에게 제공할 수 있도록 개방되어야 하며, 해당 도시 호구를 지닌 주민들에게만 제공하는 것은 잘못된 정책이라고 주장하였다.265 |

중앙정부의 관련 부서에서는 경제적용방제도의 심사, 분배, 사용과정에서 발생하는 여러가지 문제들을 대응하면서 처리하고 있다. 주택건설부 주택보장사의 책임자인 호우시민은 기자와의 접촉에서 "경제적용방제도가 현재 직면하고 있는 핵심 문제는 관리와 감독을 어떤 식으로 강화할 것인가"라고 하였다. 그러면서 그는 "전국 각지에서 공급대상자에 대한 심사업무시스템을 보완하고, 공개, 공평, 공정의 심사기준 절차를 확립하여 엄격하게 기준을 설정하고, 시장 거래 관리규정을 보완하여 위반자에 대한 처벌제도를 강화하겠다"고 하였다. 이와 함께 "경제적용방을 몰래 빼돌려 판매하는 행위를 적발하고, 관리자 즉 공무원이 내부에서 공모하거나 개인적 이익을 추구하는 행위를 엄단할 것"이라고 하였다. 그 다음에는 "관련 부서가 전국 각지의 보장대상자의 가입조건을 합리적으로 확정한 기초 위에서, 저소득 계층의 생활과 주택 문제의 곤란상황을 정확히 파악하고, 관련 정부 부서가 연대 협력

하여 공정한 심사시스템을 정비하는 조치를 통해 가입과 탈퇴에 관련한 제도를 보완할 것"이라고 하였다. 마지막으로 그는 "경제적용방이 우선적으로 저소득계층의 무주택가구에게 배분되도록 보장하기 위해서는 공정, 공평, 공개적인 분배를 실현해야 한다."고 하고 있다.266| 이러한 대응조치들은 사실상 관방의 전문가들도 경제적용방이 분배과정 중에 많은 문제들이 나타나고 있음을 인정하는 것이고, 분명히 개선되어야 된다는 입장을 보이고 있다. 그러나 정부는 제도의 폐지에는 동의를 표시하지 않았다.

『인민일보』는 사회에 보편적으로 존재하는 경제적용방 폐지 관점에 대한 정부의 입장을 보도하였다. 『인민일보』는 왕웨이쫜(王煒撰) 기자가 작성한 '경제적용방 관리감독을 오로지 심사제도에만 의존하면 문제'라는 평론을 발표하였다. 전국 각지의 제도 시행 과정에서 정부 관리자는 일반적으로 신청자의 구체적 조건에 대한 이해가 부족하다는 것이다. 현재 복지형 주택에 대한 가입자격을 심사하는 것은 아직까지 '자료'에만 의존하여 이루어지고 있다. 문제를 발견하는 주요 통로는 공시(公示) 기간에 제공되는 대중들의 고발에 의한 것이다. 최근 일부 지방에서 일정 규모의 주택조사를 시행하였는데, 이 조사 결과는 복지형 주택의 가입자격을 심사하는 과정에서 별로 효과를 발휘하지 못하였다. 현재 칭다오, 상하이 등 일부 지역에서만 관련 부서의 협력을 통하여 비교적 정리된 주택보장정보시스템을 구축하고, 전체 도시의 가구별 주택 소유 여부와 소득의 변화 등 동태적인 정보를 간편하게 조회할 수 있도록 하였다. 정부 관리부서는 복지기준을 충족시키는 대상자의 정보를 확인할 수 있게 되면서, 수요 가구의 규모에 대한 파악이 가능하고, 경제적용방제도의 문제점을 해결하는데 도움이 되고 있다.267 『인민일보』는 같은 날짜에 편집인 왕밍펑(王明峰)과 기자 왕웨이(王煒)의 대담을 보도했다. 왕밍펑은 경제적용방의 역사적 임무는 완성되지 않았다. 전국은 여전히 임대주택을 기다리는 사람들과 상품주택 또는 제한가격주택을 구매할 능력을 가지고 있지 못한 저소득 가구가 매우 많이 존재하고 있다. 특별히 주택가격이 비교적 높은 대도시와 중간 규모의 도시는 경제적용방의 가격 우위가 여전히 명확히 존재한다. 일부 도시의 경제적용방은 구매포기현상이 나타나고 있지만, 경제적용방 구매를 원하는 수요계층의 주택문제는 아직 해결되지 않고 있는 상태이다. 지방 각지에서는 경제적용방 구매를 위해 신청하는 열기가 여전하고, 빠른 순번을 원하는 경제적용방 구매집단이 여전히 존재하고 있다. 한번 경제적용방제도를 폐지하면, 많은 저소득 가구의 주택문제는 더욱 해결하기 힘들 것이라는 입장을 표시하고 있다.268 이러한 시각과 주택건설부 관료의 인식은 일치하고 있다.

지방정부는 경제적용방의 불법 임대문제에 대해서 몇 가지 대책을 내놓았다. 예를 들어, 베이징시 주택건설위원회는 경제적용방 임대문제를 해소하기 위한 관련 정책을 검토하였는데, 경제적용방을 새 집과 낡은 집으로 구별하여 다시 시장에 내놓는 방식을 통해 해결하고자 했다. 동시에 불법사례에 대한 시민들의 고발과 투서를 독려하였다.269 상하이시는 「상하이시 경제적용방관리 시행방법」을 발표하고, 제28조 규정에 의거하여 경제적용방의 재산권소유자와 동거인은 경제적용방을 임의로 다른 사람에게 양도, 판매, 임대, 증여 혹은 주택사용에 대한 성격을 바꾸지 못하도록 명시하고, 경제적용방을 구매를 위한 대출금 담보물 이외로는 일체 담보로 제공할 수 없도록 하였다. 즉 경제적용방의 거주자는 반드시 퇴거할 때까지 신청자와 동일해야 된다는 것을

의미하고 있다.270 ㅣ

② 경제적용방 가격결정 시스템의 법규정 미비

중국의 「경제적용방 가격관리방법」 규정에 의하면 '경제적용방가격은 가격결정권한을 갖는 정부가격 주관부문과 건설(부동산)주관부문이 회의를 거쳐 상기 규정에 따라 사업 완공 이전에 확정하고 대외적으로 공포한다.'고 되어 있다. 그러나 실제적으로는 일반적으로 건설 사업이 완공된 이후에 시장가격을 참조하여 경제적용방가격을 확정하고 있다. 특히 이러한 가격결정시스템은 직접적인 이해당사자 즉 신청자격이 있는 도시 중하층 소득집단을 배제시킨 상태에서 가격 결정 과정도 공개하지 않은 채, 대외적으로 최종적으로 결정된 가격만 발표한다는 문제를 보이고 있다.

정부, 개발기업, 구매조건을 갖춘 중하층 소득집단 사이에서 중하층 소득구매자는 가장 취약한 집단이며, 구매자는 오로지 '구매하느냐' 아니면 '구매하지 않느냐'만 결정할 수 있을 뿐이다. 경제적용방은 준(準)공공상품에 속해 있으며, 구매권을 원하는 사람은 실제 판매되는 주택보다 훨씬 많다. 따라서 구매신청단계에서 종종 실제 주택판매량의 수십 배가 넘는 사람들이 신청한다. 관리부서는 결국 제비뽑기나 혹은 선착순 등의 방식을 통해 구매권을 분배한다. 따라서 경제적용방을 구매하려는 기회를 획득하기란 여간 어려운 것이 아니다. 이밖에 건축이 완료된 경제적용방의 가격은 여전히 매우 높게 형성되고 있다. 동시에 대규모 경제적용방을 건설하기 이전에 필요했던 소비자 수요조사도 이루어지지 않아, 결과적으로 주택상품에 대한 구매소비자들의 만족도가 크게 떨어지면서 결국 사람들이 경제적용방을 구매하는 것을 포기하는 현상이 발생하였다.

2009년 8월에 윈난성(雲南省) 쿤밍시(昆明市)의 즈밍촌(子明村)에서 있었던 경제적용방 판매과정에서 구매기회를 획득한 중하층 소득가구들 가운데 많은 수가 구매를 포기하였다. 즈밍촌 1기 사업에는 모두 5,300가구 중의 절반정도인 2,510가구만이 판매되었을 뿐이다.271 | 쿤밍시의 가오우디찬(高屋地産) 자문기구 이사장 후셴쥔(胡先鈞)은 과거 2년 동안 이루어졌던 쿤밍시의 공익형(公益性) 부동산 개발에 대한 연구를 진행했는데, 2008년 12월에 쿤밍의 경제적용방제도는 곧 폐지될 것이라고 판단하면서, 자신의 온라인 블로그에 「쿤밍시 백만평의 경제적용방제도는 필히 철폐될 것이다」이라는 글을 발표하였다. 6개월 후에 그들의 판단은 확실히 현실로 나타났는데, 쿤밍시의 경제적용방제도가 분명하게 철폐상황에 처해 있었던 것이다. 그는 경제적용방 폐지의 본질적 원인은 주요하게는 역시 체제문제때문이라고 말하고 있다. 경제적용방은 보통의 상품주택이 아니고, 위치는 중심구역에서 멀리 떨어져 있고, 부대시설은 구비되지 않은 상태에서 가격은 오히려 높게 형성되어 있고, 재산권 행사에서 제한을 받아 양도를 할 수 없으며, 토지 수익 금액까지 지급해야 한다는 등의 한계를 갖고 있는 것이다. 또한 이러한 실제적인 요인 외에 정부의 관련 부서에서 시장에 대한 연구도 부족하며, 철폐된 이후의 경제적용방의 판매 방안에 대한 연구도 부족하다는 점을 제기하고 있다.272 |

경제적용방은 또한 판매과정에서 가격결정시스템의 문제점을 나타냈다. 쿤밍시의 사례를 보면, 판매 초기에는 주택구입을 희망하는 신청자 수가 매우 많은 것으로 나타나, 개발기업은 주택 수요보다 공급이

부족할 것이라는 예상을 하고 주택가격을 비싸게 책정하였다. 하지만 나중에 많은 가구가 구매를 포기하는 현상이 나타남에 따라 쿤밍의 경제적용방의 가격은 계속 하락해가면서 조정이 되었다. 이러한 현상은 주택구매자들로 하여금 더더욱 관망하는 자세를 취하도록 했다. 가격변동이 반복되는 과정을 지켜보면서 가격결정 시스템이 불합리하다는 것을 인식하게 되었다. 국가의 관련규정에는 경제적용방의 이윤을 3% 이내로 제한하였으나, 쿤밍 사례에서 나타난 현상은 건설부가 제시한 규정에 따르지 않은 사례이다. 또 일부 개발기업들은 허위 보고서를 작성하여 개발 원가를 높이는 방식으로 실제보다 훨씬 높은 이윤을 취하였다. 이런 요인 때문에 후셴쥔 이사장은 경제적용방도 '션샤인가격산정(陽光定價)'이 필요하다고 제안하였다. '션샤인 가격산정'이란 경제적용방 가격을 개발기업 또는 정부가 결정하는 것이 아니라, 먼저 조건과 능력을 구비한 가격 추산 컨설팅 기업이 1차로 가격을 산정 한 후에 평균가격을 결정하는 것이다. 전문성을 갖춘 제3자 기업이 산정한 가격을 통해 정해진 경제적용방 가격은 객관성, 공정성을 갖추고 더욱 국가정책의 요구방향에 부합한 비교적 낮은 가격이기 때문에 일반 소비자들이 쉽게 받아들일 수 있다.273 | 그러나 후셴쥔이 제안한 경제적용방의 가격결정시스템을 독립적인 컨설팅 기업에 의한 가격 결정 시스템으로 바꾸자는 제안은 대중의 호응을 이끌어내지 못했다.

사회적으로 가격결정 설계가 정상적이지 않다는 문제제기가 나오는 상황에 대응하여 중앙 정부의 담당자가 응답을 하였다. 주택 건설부의 주택보장사 사장 호우시민은 신화사 기자와의 인터뷰에서 경제적용방의 가격결정시스템을 보완할 것이라고 강조하였다. 일부 도시에서 나타나는 구매거부 현상의 원인은 다양하다. 하나는 자격구비 가구가 구입능력을 갖추고 있지 못한 상태를 지적할 수 있다. 일부 지역은 간단하게 해당 지방정부 통계부문이 공포한 저소득 기준선을 경제적용방 대상기준선으로 하지만, 자격을 갖춘 가구는 구매 능력이 부족하여 구매하기가 불가능하다. 또한 대출리스크를 고려해야 하는 상업은행은 이렇게 지불능력이 부족한 가구에게는 대출 지원을 하지 않을 것이다. 다른 하나는 현행 방식대로 원가를 기준으로 하는 가격결정시스템에 결함이 있다. 예를 들어 접경 지역은 철거이주 비용이 다르기 때문에 가격 편차도 비교적 크다. 그리고 지역 선택에 있어서 복지 대상자가 원하는 생활 지역과 직장 출퇴근 영역과 일치하지 않는 것도 원인 중의 하나이다. 마지막으로 중소 도시의 경제적용방 가격과 상품주택은 가격 차이가 크지 않다. 호우시민은 "이런 원인들에 대하여 전국적인 범위에서 공급 대상자에 대한 과학적인 결정과 건설 부지의 위치 및 규모에 대해서도 합리적인 결정이 필요하며 동시에 경제적용방의 가격결정 시스템을 좀더 완벽하게 보완할 필요성이 있다."라고 하였다.274

주택건설부 관료의 반응이 나타난 것 외에 지방정부 차원에서도 경제적용방의 가격결정시스템의 규범화에 대해서 정책 변화가 나타났다. 예를 들면 상하이시 발전 및 개혁위원회와 상하이시 주택보장 및 주택관리국은 2년간의 여론 수렴과 수정을 거치고 나서, 2011년 3월 공동으로 「상하이시 경제적용방 가격관리 시행방법」을 공포하였는데, 이 방법은 상하이시 정부가 2009년에 공포한 「상하이시 경제적용방 시행관리방법」과 연결된 문건이다. 이 「시행방법」의 규정은 부동산개발기업은 경제적용방 건설사업을 결산할 때에는 반드시 낮은 이윤을 원칙으로 한다고 되어 있다. 가격 결산은 건설 원가와 이윤 그리고 세금 세부분으로 구성되고, 이 가운데 이윤은 반드시 3% 이내로 한다. 또 「시행 방법」은 구매자의 재산권 금액 범위를 판매기준가격과 주변 주택가격의 비율관계에 따라 확정하도록 했다. 계산 공식은 구매자 재산권 금액＝판매기준가격/(주변주택가격×90%)로 되어 있다. 상하이시의 일괄구매(統籌)항목의 판매가격 결정방안(판매기준가격, 구매자 재산권 해당 금액 등을 포함한 것)은 상하이시 주택보장기관이 하급 지역인 현(縣)의 주택보장부서와 함께 초안을 작성하고, 상하이시 물가담당 부서는 상하이시 주택관리부서와 공동으로 심사하여 결정하도록 하였다. 그리고 구(區)와 현(縣)이 자체적으로 시행하는 건설프로젝트에 대한 판매가격을 결정하는 것은 구와 현의 주택보장부서가 초안을 작성하고, 구와 현의 물가담당부서와 주택가격관리부서가 심사 보고하면 구와 현의 정부가 허가한 이후에, 상하이시 물가담당 부서와 상하이시 주택관리부서에 기록물을 보내 보관하도록 하였다.275」

③ 부동산개발예정지 가격의 공개 건의

국토자원부는 2009년에 부동산 프로젝트 용도 토지의 지가 조사에서 '전국 105개 도시 620개 부동산 프로젝트 토지 지가 중 주택가격의 비율이 평균 23.2%를 점하고 있는 것으로'276」로 나타났다. 과거 10년동안 국토자원부는 '전국 도시지가지수 검측 시스템'을 구축하였다. 그러나 이 시스템은 내부의 정책결정 참고용으로만 사용되고, 한번도 구체적인 수치가 공개된 적은 없다. 따라서 이 결과는 정부에서 처음으로 공개한 부동산 프로젝트 용지 가격에 대한 조사 결과이다.

이를 위해 중국토지측량규획원(中國土地勘測規劃院)에서는 국토자원부 토지이용사(土地利用司)에 건의문을 전달하고, 앞으로는 모든 부동산 개발용도의 지가정보를 빠짐없이 공포하고, 개발기업이 토지를 구입할 때는 반드시 공표해야 된다고 건의하였다. 이렇게 하면 시장에서 나타나는 정보의 편중으로 인한 비대칭 문제를 극복할 수 있다고 하였다. 중국토지측량규획원 부총공정사 저우샤윈(鄒曉雲)은 기술적인 측면에서 부동산 개발 사업마다 지가를 공개하는 것은 어렵지 않다. 현재 구축한 "전국도시지가지수검측시스템"은 완전히 이 부분을 담당할 수 있다. 이 시스템은 중국토지측량규획원이 이끌고 있고, 각 도시에 검측협력 부서가 설치되어 있다. 협력단위는 통상적으로 과거의 국토 및 건설시스템에서 독립한 중개평가기관들로 구성되었다. 이들은 방대한 애널리스트들로 구성되어 있으며, 지가 변동에 대해 아주 잘 파악하고 있다. 토지자원에 대한 정보를 공개하는 것에 대해, 외국에서는 일찍부터 시행되고 있다. "중국에서 부동산업은 제한을 둔 공공자원으로 정의할 수 있다. 따라서 지가정보에 있어서 구체적인 수치정보는 비밀로 할 필요가 없다. 저샤오원은 "토지는 공개적으로 양도하기 때문에 공공자원이다. 따라서 공공자원의 경영과 관리 역시 필수적으로 공개해야 한다. 상업비밀로 간주하지 말아야 한다"라고 말하고 있다.[277]

   이밖에 전문가들은 토지가격정보는 반드시 구체적이고 정확해야 한다고 건의하고 있다. 예를 들어 국토자원부가 공포한 토지가격은 주택가격의 원가를 포함한 다음에 나타난 수치인데 이에 대해 논쟁이 발생하는 이유는 바로 당시 공포한 수치가 토지매매가격일 뿐이고, 세금과 비용은 포함하지 않았기 때문이다. 이렇게 하면 쉽게 정보 공개 내용이 모호해 지는 상황으로 흐른다. 중국 도시경제학회 부회장이며 중국 사회과학원 도시발전 및 환경연구중심 연구원 양종광(楊重光)은 부동산 개발 용지의 지가 정보 공개의 적극적인 의의는 부인할 수 없으나, "공

236

포하려면 수치를 구체적으로 공개해야 한다"고 하고 그렇지 않을 경우에 더욱 큰 사회적 문제를 야기할 것이라고 하였다.

그러나 이러한 건의는 시종일관 국토자원부 토지이용사의 대답을 듣지 못하고 있다. 전문가들의 예측에 의하면 정부 부서에서 이러한 건의를 받아들이는데 가장 큰 장애 요인은 의식문제에서의 변화 요인 외에 더욱 많은 것은 현재의 관리능력이 따라가지 못한다는데 있다. 즉 일상적인 업무가 많기 때문에 일일이 대답할 수 없다는 것이다.278 |

④ '제2차 부동산개혁'을 통한 제도적 폐단의 해결을 건의

현행 주택제도에서 나타난 여러 문제점에 대해 전문가들은 반드시 '제2차 부동산 개혁'을 해야 한다고 제안하고 있다. 칭화대학의 중국 및 세계경제연구중심 주임 리다오쿠이(李稻葵)는 "현재의 부동산 시장은 지방정부가 토지를 판매하여 재정 수입을 늘리는 구조이다. 만약 지가를 높은 가격으로 판매하면 주민들의 불만이 높아지고, 낮은 가격으로 판매하면 재정 수입이 줄어든다. 따라서 이러한 구조는 반드시 제2차 부동산 개혁을 해야 할 필요성이 있다."고 하였다.279 | 2009년 8월 14명의 부동산 전문가와 학자들이 국토자원부와 주택건설부에 연대서명한 제안서를 전달하여 '제2차 부동산 개혁'을 실시하여 '3.3제' 주택제도를 통해 중등소득 가구의 주택문제를 해결해 주도록 요구하는 청원을 제기하였다. 14명의 전문가들이 제안한 '3.3제' 주택제도는 소득계층을 3등분 하여, '세 종류의 주택제도, 세 가지의 공급방식, 세 계층 집단의 참여'를 의미하고 있다. 구체적으로 말하면 중등소득가구를 대상으로 비영리 공익성 주택 건설기관과 개발기업이 지가, 주택건축기준, 세금

및 비용, 5%이윤율은 고정해 놓고, 주택가격과 건설 방안은 경쟁을 통해 종합적으로 높은 점수를 획득한 가구가 주택구입 자격을 획득하는 방식으로 토지 입찰을 통한 준시장화 일반주택이며, 이를 간단히 '4 고정형, 2 경쟁형 공공주택'이라고 하며, 공급대상은 주요하게 성진인구의 60%정도를 점하는 중등소득 가구이다.[280]

여기서 볼 수 있는 것은 전문가들이 연대서명한 제안서의 '제2차 부동산 개혁' 건의가 주로 과거의 복지주택정책에서 소외되었던 '중산층'을 대상으로 설계되었다는 것이다. 연대서명제안서의 발기인이자 주택법 전문가인 리밍(李明)은 "현재의 복지성 주택제도는 기본적으로 저소득가구의 주택 욕구를 만족시키고, 상품주택제도는 고소득 가구의 주택 구매 욕구를 만족시키고 있으나, 중등소득가구의 주택공급과 관련한 제도는 오히려 진공상태다."라고 언급하고 있다. 리다오쿠이는 제2차 부동산 개혁의 기본 방향은 마땅히 정부가 주도하여 주택서비스를 제공해야 한다. 임대주택과 경제적용방 이외에 정부는 일반 임대주택(平租房)을 더욱 많이 건설하여, 현재의 주택정책의 실시과정에 참여하지 않은 중등소득 집단을 끌어들여, 높은 주택가격때문에 '중산층'이 느끼는 압력을 감소시켜야 한다는 것이다.[281]

중국투자학회 부회장 리우헤이용(劉慧勇)은 좀더 자세하게 '제2차 부동산 개혁'의 기본 방향을 설명하고 있다. 그는 현재 성진 주민 주거체제에 세 가지 결함이 존재한다고 하였다. 첫째, 주택 구입 보조금 지원정책, 시장주택 임대, 주택가격의 부조화 상태, 둘째, 복지형 주택건설과 공급에 있어서 제도적 복지 정책이 부재한 것. 셋째, 기업 및 사업단위가 주택실물을 보장하는 것을 금지하는 것 등 세 가지로 문제점을 요약하였다. '제2차 부동산개혁'이 해야 할 목표에 대해 리우헤이용은

238

직공 거주지의 직장 근처 배치 촉진, 100% 주택제공, 절제 있는 주택승급, 주택회전 촉진의 규범화 등 4가지의 목표를 주장했다.282｜

　전문가들의 '제2차 부동산 개혁' 요구 연대서명 건의는 부동산업계로부터 다양한 질문과 비판을 초래하였다. 스자좡시 부동산업협회 부회장 리수이웬(李水源)은 '제2차 부동산 개혁' 방안 가운데 '3.3제'와 '4 고정 2 경쟁'의 화법은 중국의 실제 현황과 커다란 차이가 있다고 지적하였다. 첫째, 세 종류의 토지 공급 방식은 내용적으로 새로운 의미가 없으며, 정부의 택지분할은 이미 경제적용방과 저가임대주택 건설을 하면서 시행하고 있고, '부르고 치고 거는(招拍掛)' 방식 역시 토지 양도를 하면서 시행하고 있다. '4 고정 2 경쟁'의 실제적인 실행가능성은 매우 낮은 편이다. '4 고정'의 내용은 근본적으로 주택 건설의 주기와 이 기간 동안의 물가요인의 변화가 주택 건설의 원가에 미치는 영향에 대한 것을 고려하지 않으면서 '4 고정 2 경쟁'은 또한 본래의 의미를 상실하였다. 두 번째로 국유 독자 주택투자회사와 비영리 공익성 주택건설기구와 개발기업 3자가 공동으로 주택 건설에 참여하자는 제안은 토론할 만한 가치가 있다. 국유 독자 주택투자회사가 부동산시장에 개입하는 것이 탄탄한 경제실력을 배경으로 시장을 독점할 수 있는가 혹은 가능성이 없는가에 대해서도 고려가 필요하다고 하였다. 비영리공익성 주택건설 기구의 개입은 또한 '4고정 2경쟁' 논법과 직접적으로 충돌이 발생한다. 따라서 정리해서 말하자면 앞에서 언급한 제안은 경솔하며 세밀한 조사연구가 부족하다.283｜ 또한 상하이 제1재경 TV 채널의 앵커이자 평론원이기도 한 경제학 박사 우홍만(吳紅漫)은 '제2차 부동산 개혁'은 '제1차 부동산 개혁'을 포기하는 것이라고 하였다. 그러나 그는 '2차 부동산 개혁' 요구에서 행정 부서가 더욱 책임을 인지해야 한다는 지적에 대해서는 높이 평가했다. 복지성 주택에 대한 행정간섭의 요소가 강화된 것은 권력과 금력에 의한 불법적 거래가 늘어날 위험성이 높아졌다고 지적하였다.284│ 결론적으로 부동산업계는 '2차 부동산 개혁'요구에 대해서 부정적으로 평가하고 있으며, 『상하이 상보(上海商報)』는 '제2차 부동산 개혁'요구는 '불필요한 행동'이라고 비판하기까지 하였다.285│

그러나 현재까지 '두 번째 부동산 개혁'을 요구하는 일부 전문가들의 입장에 대해서 국토자원부와 주택건설부는 답변을 내놓지 않고 있다.

(2) 임대주택으로 경제적용방의 재산권을 대체하는 제도와 관련한 논쟁

경제적용방의 재산권 문제는 여전히 논쟁의 초점이 되어오고 있다. 경제적용방제도의 재산권의 성격은 '제한적인 재산권(有限産權)'이다. 주택구매자가 구입하는 것은 경제적용방의 재산권이며, 재산권은 시장에서 매매가 가능하다. 그러나 주택구입자가 만일 경제적용방을 시장에 내놓기 위해서는 다른 조건에 부합해야 된다. 예를 들면 일부 지방정부는 주택을 구입한 날로부터 5년이 지난 후에야 판매를 할 수 있도록 하고, 판매할 경우에는 시기와 위치에 따라 보통의 상품주택과 경제적용방사이의 가격 차이의 일정 부분을 수익으로 간주하여 지방정부에게 납부하도록 하고 있다. 따라서 경제적용방은 우선적으로 중하위 소득 계층 가구의 주택문제를 해결할 수 있고, 동시에 일정 정도는 장기적인 투자가치가 있는 것으로 간주하고 있다. 이러한 까닭에 경제적용방은 바로 권력과 재력을 갖고 있는 사람들의 이익추구 대상으로 변질되었다. 즉 권력도 갖고 있고, 사회적 관계망도 튼실한 고소득자들이 수단방법을 가리지 않고 경제적용방 구매자격을 획득하려 하고 있다.

이에 대해 전문가들은 경제적용방정책의 집행과정에서 나타난 문제를 해결하기 위하여 재산권 제도의 개혁을 요구하고 있다. 중국토지측량규획원 부총공정사 저우샤오윈은 "현재의 부동산시장은 과열되어 있으며, 경제적용방은 정책적으로 편향되어 있기에 쉽게 권력비리의 대상이 되는 것이다"라고 지적하고, 이런 이유로 그는 경제적용방을 개발하고 판매하는 과정에서 단지 주택 거주권만을 판매하고, 토지소유권은 판매하지 말아야, 경제적용방을 '투자가치'가 있는 상품으로 보는 시각을 바꿀 수 있다고 하였다.286│ 주택 건설부 정책연구중심 연구원이자 부동산 연구처의 처장인 원린펑(文林峰)은 "향후 복지성 주택은 판매 위주에서 점진적으로 임대 위주로 바꿔야 한다.", "정부가 임대료를 지원해 주기 때문에 하위 소득 계층에서의 신청 가구 중 80% 정도의 가구는 주택구매보다는 비교적 임대주택을 선호한다"고 하였다.287│

또 전문가 그룹 중 일부는 '저가 임대주택' 제도를 시행하는 과정에서 저소득계층에게 제대로 공급되지 못하는 상황을 고려하여, '공공 임대주택'제도를 제안하고 있다. 주택건설부 주택정책 전문가위원회 부주임이면서 중국 부동산 및 주택 연구회 부회장인 구윈창(顧雲昌)은 CCTV의 한 프로그램에 출연하여, "현 단계의 복지형 주택은 저가임대주택과 경제적용방으로 이루어진 구조인데, 하나를 더 추가하여, 공공 임대주택을 복지형 주택 범위에 포함시킨다면, 도시 중하층 소득집단 내부의 중간계층(夾心層)에게 일정한 복지 혜택을 제공할 수 있다."라고 의견을 표명했다.288│ 이 건의가 의미하는 바는 원래 경제적용방이라는 복지 혜택을 향유해야 하는 계층 중 여전히 경제적용방을 구매할 능력도 없고, 저가임대주택 자격도 구비하지 못한 최하층 저소득 가구에게 공공임대주택이라는 복지형 주택 정책의 혜택을 누리게 하는 것이다. 이런 구상은 주택 건설부 정책연구중심 주임 천화이(陳淮)가 미래의 주택목표 '전국민 주택 소유(住有所居)'목표를 제시하면서 언급한 '주택복지 체계의 중점(重點)을 보다 높은 수준으로 적절하게 바꿔야 한다'는 관점과 연결되고 있다. 즉 앞으로는 점진적으로 구조형(救助型) 복지 체계에서 일정한 생활 능력을 갖추고 있지만 소득과 구매능력 사이의 격차가 비교적 큰 집단의 주택 보급율을 향상시키는 방향으로 바뀌어져야 된다는 시각이다.[289] 이에 대해 쯔션(資深)경제연구원의 숑멘치우(熊錦秋) 연구원도 신문 칼럼에서 "임대형 경제적용방도 경제적용방의 발전방향 중의 하나로 볼 수 있다."고 평가하였다. 현행의 경제적용방 판매방식과 비교해서 상대적으로 임대방식은 공급대상가구의 수입과 변동 상황에 따라 유연하게 복지자원의 분배 대상과 임대료 수준을 조정할 수 있다. 또한 임대형 경제적용방은 전체 복지제도의 재원 재분배 기능을 감소시킬 수 있으며, 효과적으로 투기 심리와 비리(尋租)행위를 억제하여, 결과적으로 주택복지재원을 더욱 공평하게 배치할 수 있다고 본다.[290]

하지만, 일부 학자들은 공공임대주택정책을 주장하는 입장에 맞서 저가 임대주택으로 경제적용방을 대체하자는 주장을 제기하고 있다. 2009년도 양회(兩會, 전국인민대표회의와 전국정치협상회의를 지칭, 역주) 회의에서 왕차오빈(王超斌), 진정신(金正新), 차이지밍(蔡繼明) 등 세 명의 전국정협 위원들은 공동으로 "경제적용방 건설을 중단하고, 저가 임대주택제도를 추진할 것"을 건의했다. 세 위원들은 경제적용방이 판매 위주로 되어 있고, 가격을 결정할 수 있는 권한과 분배를 하는 권한을 모두 정부 관

242

료가 쥐고 있기 때문에 거대한 비리공간이 형성되고 있다. 따라서 앞으로는 "경제적용방을 구매하는 행위를 임대행위로 바꾸고, 재산권을 부여하지 않고, 임대방식을 통해 수요자들이 저가임대주택을 빌리는 행위를 장려해야 한다"고 주장하였다.291 경제적용방건설을 중단하고 저가임대주택으로 대체해야 한다는 건의는 또 다른 정협위원들과 부동산업계 인사들의 긍정적인 반응을 이끌어 냈다. 전국정협 위원이면서 중국도시건설지주집단 총재인 위롄밍(於煉明)도 경제적용방 건설을 중단하고, 저가 임대주택이나 무료 임대주택을 늘려야 한다고 밝혔다. 전국정협 위원이면서 중국 바오리(保利)그룹의 이사장 허핑(賀平)은 "국가재정으로 경제적용방을 보급하는데, 재산권은 개인이 가져가는 것이 어찌 합리적이라 할 수 있는가?"라고 하였다.292 전국정협 위원이고 푸리지산(富力地産)의 공동이사장이기도 한 장리(張力)는 『신징바오(新京報)』의 취재에 응하여 경제적용방 건설은 줄이고, 임대주택 건설을 늘려야 한다고 주장하면서, 동시에 공무원 집단을 대상으로 주택구입권(티켓)을 지급하는 것을 시범 실시할 것을 주문하기도 했다.293

　'경제건설주택 중단과 임대주택제도 시행' 주장은 사실상 지방정부의 이익에도 부합한다. 지방정부의 입장에서 보자면, 복지형 주택건설논리는 '경제적용방을 건설하느냐, 아니면 임대주택을 건설하느냐'처럼 두 가지 정책 중 하나를 선택하는 문제가 아니다. 복지형 주택을 제공하는 것은 중앙정부가 지시한 지방정부의 필수 임무이다. 때문에 지방정부는 임무를 완수하기 위해 모든 노력을 해야 하는 동시에 건설에 따른 재정적 부담을 줄여야 했다. 2007년 이전에는 중앙정부의 요구에 따라 경제적용방과 임대주택을 모두 건설했다. 그 결과 지방정부에게는 경제적용방의 투자건설 비율이 감소하고, 임대주택 건설도 같이 지체되는 '공동 부족(雙不足)'현상이 나타났다. 경제적용방건설은 지방정부 입장에서는 적지 않은 재정적 부담을 안겨주고 있는 정책이다. 토지를 무상으로 제공해야 하는 구조적 문제로 인해 거액의 토지 판매 수입의 손실을 포함하여, 경제적용방을 건설하고 운영하는 과정동안 발생하는 각종의 행정사업성 수수료도 50%정도 징수하면서 그만큼 수입이 감소하였다. 경제적용방 단지 외부의 도로 등의 기반시설 건설비용도 정부가 부담해야 한다. 또한 경제적용방의 '출구 시스템'은 완벽하지 않다. 지방정부는 계속하여 더 많은 토지를 내놓아 새로운 경제적용방을 건설하기를 요구받고 있는데, 이는 곧 토지 수입의 지속적인 손실을 의미한다. 이른바 '부마토우(補磚頭)'로서 지속적으로 주택건설에 지원하는 것(반대로 '부런토우(補人頭)'는 즉 사람에게 지원하는 행위를 의미한다. 역주)'이다. 국가 통계국의 통계수치에 따르면, 1999년, 2001년, 2003년, 2006년에 전국의 전체 주택 총판매면적에서 경제적용방 판매면적이 차지하는 비중이 21%, 20%, 13%, 6%로 하강추세가 명확하게 드러나고 있다. 이와 반대로 임대주택은 비록 지방정부의 대량의 자금투입이 필요하지만, 저가 임대주택은 현금보조(貨幣補貼)를 중심으로 하고, 현물를 보조(配租)로 하는 방식으로 하는 즉 장기간 소액 자금 지원을 통해 '사람을 지원하는 방식'(補人頭)이다. 이는 실제로 보면 단기성으로 거액의 자금을 지원하여 주택을 계속 건설하는 방식에 비해서 지방정부의 재정압력이 두드러지게 절감되는 효과를 발휘하고 있다. 그밖에 저가임대주택은 구입자에게 재산권을 부여할 필요성이 없기 때문에 저가임대주택 건설규모도 그다지 크지 않다. 지방정부는 더욱 적은 자금으로 기존 주택을 매입하여 저가 임대주택으로 현물을 제공할 수 있고, 경제적용방과 같이 대규모 건설 프로젝트를 진행할 필요가 없기 때문에 재정 자금의 낭비

244

를 막고, 토지도 비축할 수 있다. 더 중요한 것은 저가 임대주택에 대한 투자는 중앙과 지방 두 정부의 재정과 공적자금 수익, 토지 매각 수익을 통해 공동으로 완성되기 때문에 자금보증 문제에 있어서도 우위를 갖는다. 중앙정부는 지방정부가 토지 수익금의 일부분을 저가임대주택에 사용하도록 규정하고 있다. 중서부지역의 성진지역의 경우에 임대주택건설자금이 부족한 상황에 처하면 중앙 정부로부터 재정지원을 받을 수 있다. 정리하면 경제적용방 건설을 중지하고 임대주택제도를 추진하는 식으로의 변화는 지방정부의 이익에도 부합한다는 것이다.

그러나 체제 내부와 체제 외부 전문가들이 경제적용방에 대해서 개혁을 요구하는 여론을 듣고 있는 주택 건설부는 전혀 다른 결정을 하였다. 주택 건설부는 일찍이 부동산 상황 보고서를 작성하여 국무원 등 관련 부서에 전달하였다. 보고서의 내용은 경제적용방이 여전히 주택가격이 비교적 높은 도시에서 주민들이 주택을 소유할 수 있는 효과적인 통로이기 때문에 경제적용방 건설이 계속 필요하다는 것이다.294│ 2009년 5월 7일 주택 건설부 부부장 치지(齊驥)는 중국의 전자정부 웹사이트에서 진행된 온라인 토론회에서 "임대주택과 경제적용방은 모두 복지성 주택이며, 지방정부는 현지 사정에 맞추어 경제적용방과 임대주택 비율을 조정할 수 있다"고 강조하였다.295│ 이는 일부 지방정부에 대해서는 경제적용방 건설은 강제적으로 요구하지 않는다는 의미이다. 주택 건설부 주택보장사 사장 호우시민은 2009년 8월 직접 인터뷰에서 "우리들은 경제적용방제도의 폐지 요구 여론에 주의를 기울이고 있으며, 여러 가지를 깊이 있게 고려하고 있다."면서 "주택정책은 사회정책의 범주에 속하기 때문에 경제적 문제로서의 부동산정책과는 다르며, 국민들의 주택소유를 지원하고, 저소득가구가 기본적인 재산축적과 개혁발전의 성과를 함께 누리는데 이로워야하고, 사회구조의 발전과 화합 그리고 안정을 촉진시키는데 도움이 되어야 한다"고 하였다.[296]

2007년 8월 7일 국무원은 「국무원 도시저소득가구 주택문제의 해결에 관한 의견」(국발 「2007」 24호)를 발표하여, 도시저가임대주택제도 실시가 상대적으로 정체되어 있고, 도시저가임대주택제도는 저소득가구의 주택곤란을 해결하기 위한 주요한 경로이다. 「의견」의 가장 큰 변화는 도시 저가임대주택 건설을 문제해결의 주요 통로로 인정했다는데 있다. 그러나 저가임대주택을 건설하기 위한 자금은 여전히 지방정부가 부담해야 하며, 중앙의 재정은 중서부 빈곤지역의 저가임대주택 건설의 지원 자금으로 사용되고 있다. 「의견」에는 경제적용방제도의 폐지 여부와 관련해서는 한 개의 조항도 들어가지 않았다.

(3) 중앙정부의 재정지원의 증가 건의

지방정부가 경제적용방건설에 대해 부정적 태도를 보이는 것과 관련하여 일부 전문가들은 경제적용방건설을 위해서 중앙정부가 재정 지원을 증가해야 한다고 제안하였다. 2007년 '양회' 기간 동안에 중국 국민당 혁명위원회(민혁(民革)) 중앙위원회가 제출한 「경제적용방과 저가임대주택사업에 대한 정부의 참여와 투자와 관련한 의견」은 전국정협회의 의제 설정소조에 의해서 첫 번째 안건으로 정협회의에 제출되었다. 주요 내용은 복지형 주택 건설 자금을 국가예산 범위 안으로 포함시킬 것을 담고 있다.

그러나 상기의 2007년 정협 1호 제안에 대해서 2007년 8월 7일 국무원

246

에서는 「국무원 도시 저소득가구 주택문제 해결에 관한 약간의 의견」(국발 「2007」 24호)이라는 문건을 발표하여 대답하였다. 전문가들의 건의와 비교해 보면, 이 정책은 경제적용방 폐지 건의를 받아들이지 않을 뿐만 아니라, 경제적용방 건설에 중앙정부의 대규모자금의 투입을 요청하는 건의도 무시되었다. 주택 건설부 주택보장사 사장 호우시민은 기자의 취재에서 이 두 가지의 사회의 목소리에 답변하였다. 중앙정부는 먼저 '조건을 구비한 국민들의 주택소유를 지원하기를 희망하고 있다. 그러나 재정적 여력이 정부가 재정지원 요구를 수용할 만큼 충분치 못하다'는 것이다. 따라서 두 의견은 받아들이기 힘들고, 결국 '경제적용방이 현 단계에서 도시 저소득가구의 무주택 문제를 해결하기 위한 효과적인 방법이다.'라고 강조하였다.297

(4) 소결 : 전문가는 왜 영향력을 발휘하지 못했나?

경제적용방정책이 경험했던 여러 형태로의 위상 변화와 개혁은 다양한 이익 상관자들과 긴밀하게 연관되어 있다. 본 장의 이익상관자 분석에서 알 수 있듯이, 일반 민중(특별히 도시 중하층 소득계층)이 자신이 주택구입을 할 수 있는지 여부에 대해 더욱 관심을 집중하고 있는 현실에서, 정부 관료가 관련 정책을 제정하고 집행하는 과정에서 투명하고 공정하게 처리하는가 여부가 경제적용방정책의 성공여부를 결정짓는 핵심적 요소이다. 그러나 경제적용방정책 자체의 제도적 결함은 정부 관료와 체제내 관련 인사들에게 광범위한 비리공간을 제공해 주었다. 근본적으로 이들은 자신들에게 실제적인 이익을 갖다 주는 경제적용방의 폐지를 원하지 않는다. 지방정부가 대규모로 경제적용방을 건설하려는 적극성은 토지 판매 이익에서 적지 않은 손실을 각오해야 하고, 거대한 재정적 부담을 갖게 되면서 해마다 점차 낮아지고 있다. 토지가 갖고 있는 속성으로 인해 부동산 개발기업과 지방정부 사이에도 미묘한 이익관계가 형성되고 있다. 비록 정부는 경제적용방의 개발 이윤을 3% 범위 이내로 제한하지만, 가격관리와 품질감독 시스템에서 부실하게 행정집행이 이루어지기 때문에 개발기업은 경제적용방을 개발하던 시기의 원가를 일반 중하층 소득계층인 구매자들에게 떠넘기고 있다. 이는 일반 중하층 시민들에게 제공되는 경제적용방의 수량을 감소하도록 작용하고 보급률도 매우 낮아지게끔 하고 있다. 또한 경제적용방의 분양가격과 대출 조건을 제한하여, 일반 시민들은 경제적용방을 구입하는 능력을 갖추지 못하도록 하여, 결국에는 구매권한을 포기하도록 유도하고 있다. 이러한 일단의 요인들은 지금의 경제적용방정책이 제대로 시행되지 못하도록 작용하여, 한편으로는 경제적용방 보급율을 낮추도록 하면서, 최종적으로 집단적인 구매포기현상을 야기하고, 다른 한편으로는 체제내 정부기관과 국유기업 및 사업단위 직공들에게는 복지주택형 경제적용방을 대규모로 조성하여 주택을 구매할 수 있는 기회를 제공하는 것으로 결국에는 사회적 불공정 현상을 조성하고 있다.

오랜 시일에 걸쳐 관방 혹은 비관방 즉 민간 배경의 전문가는 경제적용방정책에 관심을 갖고, 적극적으로 자신들의 통로를 통해 정부에 의견을 전달하고, 언론을 통해서도 의견을 표시하였다. 여기에 참가한 전문가들 중 일부는 주택건설부 전문가 위원회에 소속된 전문가이고, 전문가 중 일부는 심지어 전국인대 상무위원회 위원도 포함되어 상당한 영향력을 갖고 있다고 할 수 있다. 그러나 경제적용방정책의 개혁에 있어서 가장 중요한 정책적 조치는 재정 투입, 토지 공급 그리고 주택구입기회의 배분 등 세 가지로 요약할 수 있다. 이것들과 관련한 정책도구는 복잡한 지식을 필요로 하지 않는다는 특징이 있다. 경제적용방정책의 '존폐' 문제는 기술적으로 큰 어려움이 존재하는 어려운 문제가 아니라, 정부가 단지 '건설하느냐' 아니면 '하지 않느냐'를 선택하여 결정하기와 건설한다고 결정할 시에는 얼마만큼의 재정 자금을 건설자금으로 투입하느냐이다. 앞 장에서 제기한 공공위생영역의 두 가지 정책 사례에서 드러난 여러 가지 복잡한 정책도구와 기술적 문제와 비교해 보면 경제적용방정책개혁의 정책도구는 상대적으로 명확하고, 기술적으로 복잡한 부분도 많지 않다. 또한 더욱 중요한 것은 정부가 다른 부문에 비해 재정 분배, 토지 공급, 구매 기회 등 핵심적인 요소에 대해 결정을 내리는 권한을 지니고 있다는 것이다. 따라서 경제적용방과 관련한 정책 영역에서 정책 결정자는 정책도구를 선택하려 할 때, 많은 전문가들의 전문적인 기술분석을 필요로 하지는 않는다. 따라서 정책결정과 조정을 할 시기에 전문가의 의견은 정책결정에 직접 영향을 미치기 어렵고, 이익자들간의 상호 이익분배 부분이 더욱 영향을 미치고 변화를 이끌어 내고 있다. 반면에 정책결정자가 가장 필요로 하는 것은 경제적용방정책의 개혁과정에서 서로 다른 이익상관자 사이의 이익의 균형을 어떻게 맞추는가이다. 전문가가 제기하는 건의들은 필요한 정보가 부족한 상황에서 종종 현실적으로 의미를 부여받지 못하고, 결국 정책 결정자들로부터 배제되기도 한다.

한편으로 정부가 전문가들의 건의를 무조건 배척하는 것은 아니다. 중앙정부와 지방정부의 여러 행태와 관료의 관련 발언을 통해 알 수 있는 것은 그들은 자신들의 이미지를 좋게 만들기 위해 열심히 노력하고 있다. 전문가들이 제기하고 있는 경제적용방정책의 설계 결함으로 인해 초래되는 권력비리 문제에 대해서는 정부는 상당히 적극적으로 입장을 표명하고 있다. 부동산 가격의 급등으로 인하여 경제적용방을 구입할 수 있는 권리를 포기하는 현상이 자주 나타나고, 지방정부의 일부 공무원 혹은 개인이 투기를 통해 경제적용방을 구매하는 비리 사건이 경제적용방과 관련한 대중들의 핵심적인 불만사항이다. 이에 대해 정부 관료는 적극 개입하여 감독 관리를 강화할 것이며 비리 관련자들은 엄중히 처벌하고, 동시에 가격제도도 엄격히 관리하겠다고 밝히고 있다. 그러나 전문가들의 건의는 더욱 깊이 파고들고 있다. 예를 들면, 부동산 개발 원가를 공개할 것을 요구하고, 더 나아가서는 연대서명을 통해 '두 번째 부동산 개혁'을 요구하였지만, 이때에도 중앙정부의 관련 부서는 여전히 반응을 보이지 않았다.

　전문가들이 제기한 경제적용방의 재산권제도 개혁, 특히 저가임대주택으로 경제적용방을 대체하자는 것과 관련한 논쟁은 중앙정부와 지방정부사이에 서로 의견이 나뉘어졌다. 지방정부의 입장에서 보면 경제적용방은 최선의 선택이 아니다. 먼저 경제적용방은 중앙의 재정 지원을 받지 못하며, 다음으로 지방정부는 무상으로 건설용지를 제공해야 한다. 따라서 토지매각대금이 사라지는 손실을 피할 수 없고, 동시에 중앙정부의 지침에 따라 경제적용방제도와 관련한 각종 세금과 비용을 감면해야 되기 때문에 심지어 여러 지방정부에서는 재정긴장(財政緊張) 상황이 나타났다. 이런 상황에 반하여 저가임대주택은 지방정부 입장에서 자금투입규모도 크지 않고, 중앙정부의 재정지원도 받을 수 있다. 따라서 지방정부는 더욱 저가임대주택을 통해 저소득가구의 무주택문제를 해결하려고 하고 있다. 전문가들은 다양한 측면에서 경제적용방

250

제도의 불합리성을 지적하고 있다. 지방정부는 마치 전문가들이 비슷한 내용을 발표하는 것을 미소를 지으며 지켜보는 듯 하고 있다. 여러 지방정부에서는 '양회'가 개최되는 기회를 이용하여 전문학자들의 좌담회와 토론회를 개최하고, 전문가들이 경제적용방제도의 불합리성을 지적하는 것을 돕기도 하였다.

하지만 중앙정부는 난처한 상황에 처해 있다. 한편으로 저가임대주택의 건설을 증가하는 것은 중앙정부의 재정 부담을 늘려야 한다는 것을 의미하는 것이고, 다른 한편으로 경제적용방정책은 여러 지방에서 다양한 탈불법 현상 등의 혼란상황이 빈번하게 나타나면서 경제적용방 건설 추세가 감소되고 있는 것을 막을 수 없기 때문이다. 이러한 상황 하에서 중앙정부가 지키고자 하는 마지노선은 '경제적용방은 폐지할 수 없다'는 기본 입장과, 동시에 지방 각지에서 복지형 주택개혁부분에 있어서 다양한 실험을 '유익한 것'으로 본다는 입장을 피력하였다. 이러한 입장이 바로 과거 10년 동안 경제적용방이 왜 주택 주체에서 복지형 주택주체로 변하였고, 또 점차 주변화로 변해가고 있는가에 대한 대답이라 할 수 있다.

전문가와 이익상관자들의 대표적인 입장의 구체적인 내용은 아래 표에 정리하였다.

표 4-2 ┃ 전문가와 이익상관자의 주요 관점 일람표

4-2-1 정부연구기관의 부동산문제 전문가

성명	소속/직위	주요 관점
	중국사회과대학	중국사회과대학은 2009년도 도시 연도보고서에서 토지비축제도가 국가이익보다 더 많음을 비판함.
천화이	주택 및 성진건설부 정책연구중심주임, 중국성진건설경제연구소소장	개인신분으로 '제12차 5개년계획'기간(2011~2015년)의 주택목표는 여전히 '완전보급'이다. 기본적으로 저소득계층의 주거문제를 해결한 후에 주택보장시스템의 중심을 상향시켜, 구제형보장을 점진적으로 올려 능력은 있지만 소득과 주택구매사이의 간격이 비교적 큰 집단을 대상으로 해야 함.
구원창	주택 및 성진건설부 주택정책전문가위원회 부주임, 중국부동산 및 주택연구회 부회장	공공임대주택을 보장형 주택 범위에 포함시켜야 함.
자오루싱	주택 및 성진건설부 정책연구중심 주택 및 부동산연구처 처장 겸 연구원	경제적용방폐지 주장에 반대함. 첫째, 폐지 이후 주택시장은 경제적용방이 주변 상품주택의 가격을 안정화시키는데 일정하게 작용할 것임. 둘째, 경제적용방은 매년 상당한 규모의 중하층소득가구의 주택문제를 해결할 것임.
저우샤오원	중국토지측량규획원 부총공정사	정부는 새로운 기구를 설립하여, 경제적용방의 개발, 건설, 분양을 통일적으로 관리하도록 하여, 문제발생시 규획, 토지, 건설 부문이 상호 책임전가하는 것을 방지해야 함. 경제적용방의 개발과 판매에서 주택거주권한만 판매하고, 토지소유권은 판매하지 말아야, 경제적용방의 투자가치를 떨어뜨려야 함.

252

4-2-2 경제학자

성명	소속/직위	주요 관점
청스웨이	전(前) 전국인대상무위원회 부서와 위원회원장, 유명경제학자	부동산 개발에서 개발기업의 이윤을 30% 이내로 하고 있지만, 그러나 '30%내에는 불투명한, 뇌물로 쓰이는 부분이 포함되어 있음.
정청공	전국인대 상무위, 중국런민대학 경제학교수	경제적용방은 부동산시장을 직접 왜곡시킬 뿐만 아니라, 공공주택의 공급에도 직접 영향을 끼침으로서 역사적 사명을 완성했다. 경제적용방과 저가임대주택정책을 폐지하고, 통일적인 공공주택정책으로 대신함.
이쉔룽	중국사회과대학금융연구소 금융발전실 주임	경제적용방의 개발기업이윤은 절대로 3%에 그치지 않는다. 개발기업은 여전히 경제적용방을 통하여 폭리를 취한다. 폐지할 수 없고, 여러 곳에 건설해야 함.
랑쉔핑	홍콩중문대학 강좌교수	정부는 저가임대주택과 경제적용방을 대규모 공급해야 함.
리다오쿠이	중국인민은행 화폐정책위원회위원, 전국정협위원, 칭화대 중국과 세계경제연구중심 주임	높은 주택가격은 개발기업에게 불리, 현재의 게임규칙은 지속할 수 없고, 필히 '제2차 부동산 개혁'을 해야 함. 정부 주도로 주택서비스를 제공해야 함. 저가임대주택과 경제적용방 외에 저렴한 임대주택을 건설하여, 주택공급자격에 미달하는 중등소득계층에게 제공하여, 중산층의 주택가격상승 압력을 감소시켜야 함.
차이지밍	전국정협위원, 칭화대 경제학 교수	경제적용방의 문제는 한 두 가지가 아니다. 건설을 중지해야 함.
왕동징	중공중앙당교 교무부 주임, 전 경제학부 주임	개발기업에 건설자금을 지원하여, 주택구매티켓을 저소득자에게 지원하여, 그들이 상품주택을 구매하도록 할 것을 건의함.
마오위스	베이징 텐저경제연구소 이사장	경제적용방은 커다란 부패의 온상이기에, 정책의 실질은 사회자원을 중등수입집단에게 지원하는 것이고, 저소득집단이 아닌 계층에게는 공평성을 상실한 것임.
장수광	베이징 텐저경제연구소 학술위원회 위원장	경제적용방은 현실적 가치도 없고, 부패가 자생하기 용이하고, 분배의 불공정성을 가져오기 때문에 존재할 필요가 없음.

성명	소속/직위	주요 관점
쉬덴칭	캐나다 서안대략대학 슈룬대학 종신교수	경제적용방의 비시장화 운영은 정부가 조작할 공간이 크며, 공무원과 정부권력부서가 이권을 챙길 중요한 자원이고, 감독도 불가능하다. 경제적용방은 가격체계의 혼란, 사회신용도 손상, 빈부차이 확대, 부동산 부패 등 8가지 결점이 있기에, 반드시 폐지해야 함.
마훙만	상하이 제1재경 채널 앵커, 평론원, 경제학 박사	'제2차 부동산 개혁은 제1차 개혁의 포기', 그러나 그는 '2차 개혁'이 복지형 주택행정 간섭요인이 강화되기 때문에 권력에 의한 부동산 부패 위험성이 크게 증가할 것이라고 함.

4-2-3 민간연구기관의 부동산문제 전문가

성명	소속/직위	주요 관점
천궈창	베이징대 부동산연구소 소장	현재의 경제적용방제도는 여러 가지 결점이 존재. 건설자, 소비자, 감독자의 책임을 명확히 하고, 경제적용방의 계획, 건설, 판매, 양도과정에서의 투명성을 확보하여, 암중 조작을 방지해야 함.
후쉔쥔	쿤밍 가오우지산 자문기구 이사장	경제적용방 판매 부진의 내재적 원인은 주요하게 체제문제이다. 상품과 고객의 요구에 편차가 생기면서 구매를 포기하기 때문에 '투명한 가격' 시스템이 필요함.
헤이쉔창	상하이 이지 부동산 연구소 연구원	저가임대주택이 단독으로 주택보장 임무를 떠맡는 것은 중국의 현실에 맞지 않음. 주민들의 안정적인 거주요구를 보장하지 못하기 때문에 경제적용방은 단기간에 소멸되지 않을 것임.
류헤이용	중국투자학회 부회장	'제2차 부동산개혁'을 건의함. 단위 직공들의 거주지를 직장근처에 하고, 주택보급을 보장하여, 체계적인 주택보급수준 향상과 주택회전의 규범화 등 4가지 목표를 건의.

성명	소속/직위	주요 관점
리밍	전 랴오닝성 대외경제청 기업관리처 부처장, 주택법 전문가	3계층에 기초하여 '3가지 주택제도, 3종류의 토지공급방식', '3대오 참여'를 내용으로 하는 '33제' 제안. 토지가격, 건축표준, 세율, 5% 이윤율 등 네 가지를 고정하고, 주택가격과 건설방식은 경쟁체제로 하는 '4고정, 2경쟁 공공주택'방안을 건의함.
왕홍신	베이징사범대학 부동산연구중심 부주임	저가임대주택 건설은 점진적으로 지방정부의 업적 대상이 되고 있음. 현재 저가임대주택건설은 재정지원에 의존하기 때문에 이러한 방식은 지방의 '재정의 지속성'에 높은 요구를 하게 됨. 지방 재정이 어려우면, 보장기준을 무조건 높이는 것이 부적합함.

4-2-4 중앙 및 지방정부와 산업계의 관점

성명	소속/직위	주요 관점
지지	주택과 성진건설부 부부장	저가임대주택과 경제적용방은 모두 복지형 주택에 속함. 지방정부는 현지사정에 맞추어 경제적용방과 저가임대주택 비율을 정해야 함.
호우시민	주택 및 성진건설부 주택보장사 사장	경제적용방은 현단계에서 도시 저소득가구의 주택문제를 해결하기 위한 효과적인 방식이며, 현실가능성도 구비하고 있음.
보쥐더	전 시안시 정협 주석, 전국정협위원	경제적용방정책의 폐지 주장.
얼홍	안회이성 건설청 청장	국가는 법률로 보장형주택의 보급면적을 규정해야 함.
자오옌칭	샤먼시 규획국 국장	경제적용방제도는 설계에서부터 선천적인 결함이 있으며, 마땅히 폐지해야 함.
왕차오빈	허난 중루지산 이사장	정부는 사회적 약자계층을 위해서 더욱 많은 저가임대주택을 공급해야 하며, 빈곤가구가 경제적용방을 구입하지 못할 경우에 부패가 자생하기 쉬움.

성명	소속/직위	주요 관점
천원핑	중국 부동산직업경리인연맹 비서장	경제적용방, 저가임대주택 등의 보장형 주택을 포괄하여 전 사회에 개방해야 하며, 당해 지역 호적을 지닌 주민에게만 공급해서는 안됨.
위렌밍	전국정협위원, 중국도시건설지주그룹 총재	경제적용방 건설은 중지해야만 하고, 저가임대주택, 더나아가서는 무상임대주택의 보급을 늘려야 함.
장리	전국정협위원, 푸리지산 공동 이사장	경제적용방 건설은 감소, 저가임대주택건설은 증가를 건의하고, 공무원 집단에게 시범적으로 주택구매티켓을 제공할 것을 건의함.
허핑	전국정협위원, 중국바오리그룹 이사장	국가재정으로 경제적용방으로 건설하는데, 재산권을 개인이 갖는 것은 합리적이지 않음.

2008년
도시경제적용방 신정책

경제적용방정책은 비록 전문가에 대해서 말하자면 '폐쇄형 시스템'이지만, 이 시스템이 외부에 대해 완전히 반응을 하지 않았던 것은 아니다. 2008년 하반기에 발생한 국제금융위기는 경제적용방의 정책 전환을 위하여 또다른 '정책의 창문'을 열도록 작용하였다. 2008년 11월 5일 국무원은 상무회의를 개최하여, 내수 확대를 통해 경제성장의 연착륙을 유도하기 위한 10개항의 조치를 발표하고, 2010년까지 모두 4조 위안을 투자하겠다는 계획을 발표하였다. 이 중 복지성 안거(安居) 프로젝트를 최우선 사업으로 정하고, 3년 동안 약 9,000억 위안을 복지형 주택건설에 사용하기로 하였다. 9,000억 위안 규모의 재정투입의 구체

256

적인 용도는 저가임대주택 건설 사업에 2,150억 위안, 노후주택지구를 개량하는 사업에 1,000억 위안, 경제적용방 건설 사업에 6,000억 위안을 투자하기로 하였다.298│ 2008년 12월 17일 국무원 상무회의는 부동산 시장의 건강한 발전을 촉진하는 정책 조치를 발표하고, 며칠 후 2008년 12월 20일에는 「국무원 판공청 부동산시장 건강발전에 관한 약간의 의견」(국판발「2008」131호)을 발표하여, 향후 3년 동안 저가임대주택 건설에 집중하고, 노후주택지구 개량개조사업을 신속히 전개하고, 경제적용방 건설을 늘릴 것이라고 발표하였다.

1998년에서 2008년까지 중국에서 도시의 경제적용방정책의 변화 과정에서 대부분은 중앙정부와 지방정부 사이의 건설자금의 분배문제에 매달렸다. 그러나 전문가들은 이 과정에서 영향력을 행사하기에는 상당히 제한적이었다. 2008년 이전에 중앙정부는 시종일관 전문가들의 의견을 받아들이지 않았다. 경제적용방정책을 폐지하지도 않았고, 경제적용방 건설을 위해 지방정부에게로 중앙정부가 해야 하는 재정지원도 이루어지지 않았다. 하지만, 도시의 경제적용방정책은 비록 전문가들의 건의에 대해 말하자면 폐쇄적인 시스템이었으나, 하위 정책까지 폐쇄적인 것은 아니었다. 정책결정자들은 여전히 외부의 변화에 대해서 신속하게 대응하였다. 2008년 국제금융위기가 발생하였을 때, 경제적용방 건설이 새로이 내수를 확대하는 수단으로 새롭게 의미가 변한 이후에 중앙정부의 재정부문은 대량의 자금을 도시의 경제적용방건설에 투입하였다. 이에 근거하여 우리는 중앙정부의 경제적용방정책의 변화에 전문가들의 건의 이외의 요인이 영향을 미쳤음을 충분히 볼 수 있었다.

중앙정부는 경제적용방 등 복지형 주택 건설에 중점을 두는 동시에 「주택보장법」의 수정에 착수하기 시작했다. 2009년 5월 주택건설부와 민정부, 국가발전 및 개혁위원회, 재정부 등 40여개에 이르는 중앙과 지방정부의 대표들은 베이징에서 「주택보장법」의 수정의식을 시작했다. 주택건설부 정책연구중심 주택과 부동산연구처의 자오루씽(趙路興) 처장은 "비록 「복지형 주택 사업 3년 규획」과 「주택보장법」은 똑같이 복지형 주택의 건설과 관리영역에 속해 있지만, 차원이 틀리다"고 하였다.299 |

「주택보장법」의 수정 업무는 기술적인 측면에서 2008년에 중앙정부가 결정한 경제적용방 건설에 재정자금을 어느 정도 투여하느냐보다 훨씬 더 복잡한 과정이 필요하며, 「주택보장법」의 입법과정도 오랜 시간이 필요하다. 따라서 중앙정부가 「주택보장법」의 수정업무를 시작하기로 결정한 이후에 많은 전문가들이 정부로부터 법률수정과정에 참여를 요청받는 것도 자연스러운 일이 되었다. 2009년 7월 31일부터 8월 1일까지 주택건설부는 선전에서 제2차 전문가 회의를 개최하였다.300 | 「주택보장법」 수정과정에서 전문가들은 경제적용방정책을 법률화 하는 것에도 '보류와 배제' 두 입장이 서로 대립하였다.301 | 이 시기에서 전문가들이 「주택보장법」의 수정과정에 참여하는 행동모델은 더 이상 폐쇄모델이 아닌 우회계몽모델이다.

05

전문가
사회운동 모델

제5장   전문가 사회운동 모델

1981년 국무원이 본격적으로 수립한 도시 유랑구걸인원에 대한 「수용송환제도」는 이후 20여년의 시행기간 동안 많은 문제를 드러냈다. 이 기간동안 전문가들은 정부가 수용송환제도를 폐지하도록 설득하기 위해 장기간의 노력을 기울였으나, 결국 성공하지 못했다. 2003년 쑨즈강(孫志剛) 사건 발생 이후 법률전문가들은 전국인민대표대회 상무위원회에 위헌심사건의서를 제출했고, 국무원은 이후 수용송환제도를 신속히 폐지했고, 구조관리제도로 이를 대체했다. 이것은 중국에서 발생한 유명한 사건이 많은 학자들에 의해 여러 가지 시각에서 해석된 일이다. 그러나 정규적인 비교사례연구설계가 결여되어, 쑨즈강 사건과 수용송환제도 폐지의 논리에 대한 과거의 학술적 탐구는 제도변화를 잘 해석할 수 있는 핵심적인 동력을 갖출 수 없었다.

이 장이 주목하는 중점은 전문가의 참여전략이다. 필자는 전문가의 '사회운동' 전략을 제기했다. 더욱 중요한 것은 이 장은 수용송환제도의 변화과정에서 전문가행동전략 및 성공기제를 상세히 논의하는 기초 위에 많은 사례에 대한 비교분석을 진행한다. 이러한 비교사례 분석으로부터 우리는 전문가의 사회운동전략이 유사한 공공정책결정사건 중에서 발휘하는 역할을 명확히 묘사할 수 있다.

262

수용송환제도

(1) 수용송환제도 수립의 배경

중국의 수용송환제도는 1952년 시작되는데, 당시 신중국성립 전의 국민당 잔류군인, 기녀, 실업부랑민 등의 사람들을 주로 대상으로 한 것이었다. 정부는 '시수용관리조(市收容管理組)'를 세워서, 노동개조를 진행하고 이들에게 일자리를 마련해주었다. 1953년부터 당시의 정무원(政務院)은 지시를 내려, 농민의 도시유입 현상에 대해 관리를 강화하도록 했다. 1953~1957년 사이 국무원(1954년 9월, 제1차 전국인민대표대회를 개최하여 「헌법」 규정에 따라 정무원을 국무원으로 개칭) 및 기타 부문은 잇달아 6개의 문건을 내려보내 농촌인구의 도시유입을 통제하였다. 1953년 4월, 정무원은 「농민의 맹목적 도시유입을 만류하는 것에 관한 지시」를 공포하여, 처음으로 '맹목적 유동인구(流動人口)'의 개념을 사용하고, 도시의 관련단위가 함부로 농촌에 가서 노동자를 모집하는 것을 허락하지 않았다. 1954년 3월, 내무부와 노동부는 다시 「「농민의 맹목적 도시유입 만류에 관한 지시」를 계속적으로 관철하는 것에 관한 지시」를 공포하였다. 이때까지는 행정지령(行政指令)이 거주이전의 자유를 제한하지 않았고, 설득과 만류에 무게가 실려 있었다. 1956년 가을 점점 더 심각해지는 농촌인구의 도시유입의 문제를 통제하기 위해서, 국무원은 1년 동안 「농촌인구의 맹목적 유출 방지에 관한 지시(1956년 12월 30일)」, 「농촌인구의 맹목적 도시유입 방지에 관한 보충지시(1957년 3월 2일)」, 「농민의 맹목적 도시유입 방지에 관한 지시(1957년 9월 14일)」 등 3개의 문건을 잇달아 공포하였다. 1957년 12월 18일, 중공중앙과 국무원은 연합하여「농촌인구의 맹목적 유출 제지에 관한 지시」를 공포하였다. 여기서 우리는 이 몇 가지 문건이 채택한 말투가 더욱 엄격해져서 최초에는 '만류'로 시작해서 나중에 '방지' 다시 마지막에는 '제지'가 되는 것을 볼 수 있다. 이것은 당시의 유동인구 제한정책의 실시상황이 아주 이상적이지는 않았다는 것을 보여주고, 정부가 농촌인구의 도시유입문제를 대하는 태도가 더욱 강경해졌다는 것을 설명해준다.

대규모 인구유동을 제한하기 위해, 1958년 1월 9일 전국인민대표대회 상무위원회 제91차 회의는「중화인민공화국호구등기조례(中華人民共和國戶口登記條例)」를 통과시켜서, 호적관리 수단을 법률의 형식으로 확정했다. 이 조례의 제1조는 다음과 같이 규정하고 있다. "사회질서를 유지하고, 공민의 권리와 이익을 보호하고, 사회주의 건설에 복무하기 위해, 본 조례를 제정한다." 이 조례 제10조 제2항은 다음과 같이 규정한다. "공민이 농촌에서 도시로 이전할 때는 반드시 도시 노동부문의 채용증명, 학교의 합격증명, 혹은 도시호구등기기관의 이전허가 증명을 가지고 있어야 한다." 그러나, 중국의 '3년 자연재해' 기간에 대량의 이재민이 도시로 몰려들어서, 1961년 11월 11일 중공중앙은 공안부의「인구의 자유유동 제지에 관한 보고」를 전달하면서, '제지'라는 매우 엄격한 말투를 사용했다. 전달한 문건은 처음으로 중대형 도시에 수용송환소(收容遣送站)를 설치하기로 결정하였다. 이때 수용송환기구는 민정부문이 관리했고, 그 작업은 주로 사회구제였으며, 동시에 공안기관이 수용대상에 대해서 심사와 검열을 진행했다. 1963년 3월 22일 내무부는 장기 유랑인원에 대해서 '현장에서 바로 수용하고, 적절한 장소에서 개조한다'는 정책을 결정한다.302 │ 내무부, 공안부, 양식부, 노동부, 상업부는 공동으로「민정부문이 지도하는 수용장소의 수용인원의 호구와 물자공급 등의 문제를 해결하는 것에 관한 연합통지」를 공포하여, 장기유랑 인원에 대해 농장과 기타 장소에서 계속 수용할 것으로 계획하고, 이것으로 비로소 이들은 안정을 찾고 더 이상 유랑하지 않게 되었다.

1960년대 초에서 1980년 초까지, 중국의 수용송환제도는 정규적인 구체적 규정이 없었고, 단지 몇 개의 부처와 위원회가 하달한 정책문건에서 조금씩 앞으로 나아가고 있을 따름이었다. 내무부, 공안부, 양식부, 노동부, 상업부, 최고인민법원, 국가노동총국, 국가계획위원회, 재정부 등의 부문이 수용송환과 관련된 정책문건을 잇달아 하달하기도 했다. 예를 들어 다음과 같은 것들이 있다.「민정부문에 속한 수용농장의 예산관리 임시규정에 관한 내무부 재정부의 통지(1964년 3월 3일)」,「민정부문 작업의 중점을 옮기는 것에 관한 민정부의 의견(1979년 3월 10일)」,「최고인민법원 신방처(信訪處) 방문대응 작업세칙(1980년 6월 20일)」,「신방(信訪) 작업질서 유지에 관한 국무원의 몇 가지 규정(1980년 8월 22일)」,「도시 사회복지 사업단위 직무 보조금 지급에 관한 민정부 국가노동총국의 시행방법(1980년 10월 6일)」,「민정부의「도시유랑구걸인원의 상황조사와 해결의견에 관한 보고」를 국무원이 전달(1980년 7월 24일)」,「도시유랑구걸인원의 상황조사와 해결의견에 관한 민정부 보고를 국무원이 전달한 것을 힘껏 관철하는 것에 관한 민정부의 통지(1980년 8월 15일)」,「도시 사회복지 사업단위의 위험가옥 수리문제를 성실히 해결하는 것에 관한 민정부 국가계획위원회 재정부의 통지(1981년 10월 10일)」. 처음에 수용송환의 주요작업목표는 '맹목적 유동인구' 중의 각종 형사범죄자들을 타격하는 것이었다. 개혁개방 이후, 유동인구의 숫자는 급증하고, 그 구조에도 변화가 발생했다. 빈곤으로 인한 유랑이나 구걸하는 인원의 비율은 감소하고, 계획생육(計劃生育)을 피하거나 구걸로 돈을 벌거나, 억지 결혼을 피하거나, 무단결석 하거나 빚쟁이를 피하는 사람들의 숫자가 증가하기 시작했다. 또한 수용송환제도는 신방인(信訪人)의 흐름을 방지하고 통제하는데 강력한 제도적 장치를 제공했다.303│ 그 외 수용송환 작업 중에 재정경비가 부족하거나 수용송환 작업인원의 횡령 등과 관련된 현상이 드러나기 시작했다. 상술한 문건은 주로 수용송환 작업 중에서 새로이 나타난 현상들을 목표로 상응하는 조정을 시행한 것이다.

1982년 국무원이 「「도시 유랑구걸인원 수용송환 방법」의 공포에 관한 통지」를 하달한 것은, 수용송환제도가 정식으로 확립된 것을 의미한다. 이 방법의 주요 목적은 '도시 유랑구걸인원의 구제 및 교육과 수용을 위해, 도시 사회질서와 안정단결을 유지한다'이고, 수용송환의 대상은 '집은 농촌인데 도시로 유입되어 구걸하는 것, 집은 도시지만 거리에서 유랑하며 구걸하는 것 및 기타 거리에서 노숙생활하는 것'이다. 동년 10월 15일 민정부와 공안부는 「「도시 유랑구걸인원 수용송환 방법 실시세칙(시행)」을 인쇄 배포하는 것에 관한 민정부 공안부의 통지」를 하달하여, 수용송환 경비는 '민정사업비에 계상'하고, '수용송환소 조직이 피수용인원을 조직하여 생산노동한 수입은 피수용인원의 식대보조와 송환여비에 주로 사용한다'고 규정했다. 이 후 수용송환 작업은 주로 정부의 공안부문과 민정부문이 관리하게 되었다.

「도시 유랑구걸인원 수용송환 방법」이 공포된 후 30년 동안, 거의 매년 각 유관부문은 모두 수용송환제도를 보완하고 개선할 수 있었다. 비교적 중요한 것은 1991년 5월 국무원이 인쇄배포한 「수용송환 작업 개혁문제에 관한 의견」은 '규제성 관리' 방식을 제기하여, '삼무(三無)인

원(즉, 합법적 증서가 없거나, 고정적 주소가 없거나, 안정적 수입이 없는 인원)'을 수용
송환 리스트에 포함시킨 것이다. 불완전한 통계에 따르면, 1982~2002년
사이, 중앙부문이 하달한 정책문건은 모두 25개이고, 지방성(地方性) 법
규에서 2002년까지 모두 30여 개의 정책이 수용송환제도에 전문적으로
관련된 지방성 법규이고, 기타 지방성 법규 중 수용송환제도에 관련된
지방성 법규는 2002년 말까지 모두 199개이다. 그 중 어떤 지방성 법규
들은 비록 수용송환제도의 입법을 직접적인 목적으로 하고 있지는 않
지만, 또한 유동인구를 제한하고 타격하는 등의 목적을 가진 법규이기
도 하고, 수용송환을 그 중요수단으로 한다. 이러한 상태는 2003년이
되어서야 종료된다.

2003년 3월 '쑨즈강 사건'이 발생한 후 얼마 안 되어, 국무원은 6월
18일 상무회의를 개최하여, 「도시생활이 불가능한 유랑구걸 인원 구조
관리방법(초안)」을 심의하여 원칙적으로 통과시키고, 동시에 1982년 5월
국무원이 공포한 「도시 유랑구걸 인원 수용관리 방법」을 폐지한다. 이
틀 후 국무원은 「도시생활이 불가능한 유랑구걸 인원 구조관리방법」
을 반포하고, 이 정책은 2003년 8월 1일부터 시행된다.

신정책은 구조와 구조정책의 관리에 주목했다. 그것은 수용의 방법
을 사용하는 것을 허용하지 않는다. 구체적으로 보면, 이 신규정의 주
요 내용은 다음과 같은 몇 가지를 포함한다. 첫째, 수용소는 구조소(救
助站)로 개명한다. 둘째, 구조가 필요한 경비는 지방재정예산에 포함시
킬 것을 요구한다. 셋째, 구조는 구조가 필요한 인원에게 관련규정을
고지해야 하고, 이들을 구조소에 호송하고, 이전 정책과 같은 강제수용
을 행하지 않는다고 규정한다. 넷째, 구조소의 구조거절을 금지한다.
다섯째, 구조소가 어떤 형식으로든 피구조인원 및 그 친속에게 비용을

수취하는 것을 금지하고, 피구조인원이 생산노동에 종사하도록 하는 것을 금지한다. 수용송환제도의 관련 중요문건의 상세내용은 표 5-1 에서 보이는 것과 같다.

표 5-1 | 수용송환제도 중요문건

시간	공포단위	문건명
1953년 4월 17일	정무원	「농민의 맹목적 도시유입을 만류하는 것에 관한 지시」
1954년 3월	내무부, 노동부	「「농민의 맹목적 도시유입 만류에 관한 지시」를 계속적으로 관철하는 것에 관한 지시」
1956년 12월 30일	국무원	「농촌인구의 맹목적 유출 방지에 관한 지시」
1957년 3월 2일	국무원	「농촌인구의 맹목적인 도시유입 방지에 관한 보충지시」
1957년 9월 14일	국무원	「농민의 맹목적 도시유입 방지에 관한 지시」
1957년 12월 18일	중공중앙, 국무원	「농촌인구의 맹목적 유출 제지에 관한 지시」
1958년 1월 9일	전국인민대표대회 상무위원회	「중화인민공화국호구등기조례」
1961년 11월 11일	중공중앙이 공안부 보고를 전달	「인구의 자유유동 제지에 관한 보고」
1963년 3월 22일	내무부, 공안부, 양식부, 노동부, 상업무	「민정부문이 지도하는 수용장소의 수용인원의 호구와 물자공급 등의 문제를 해결하는 것에 관한 연합통지」
1964년 3월 3일	내무부, 재정부	민정부문 소속 수용장소의 예산관리 임시 규정에 관한 통지」
1979년 3월 10일	민정부	「부문 작업의 중점을 옮기는 것에 관한 통지」
1980년 6월 20일	최고인민법원	「최고인민법원 신방처(信訪處) 방문대응 작업 세칙」
1980년	국무원	「신방(信訪) 작업질서 유지에 관한 몇 가지 규정」

시간	공포단위	문건명
8월 22일		
1980년 10월 6일	민정부, 국가노동총국	「도시 사회복지 사업단위 직무 보조금 지급에 관한 시행방법」
1980년 7월 24일	국무원이 민정부 보고를 전달	「도시유랑구걸인원의 상황조사와 해결의견에 관한 보고」
1980년 8월 15일	민정부	「도시유랑구걸인원의 상황조사와 해결의견에 관한 민정부 보고를 국무원이 전달한 것을 힘껏 관철하는 것에 관한 통지(1980년 8월 15일)」
1981년 10월 10일	민정부, 국가계획위원회, 재정부	「도시 사회복지 사업단위의 위험가옥 수리문제를 성실히 해결하는 것에 관한 통지」
1982년 5월 12일	국무원	「「도시 유랑구걸인원 수용송환 방법」의 공포에 관한 통지」
1982년 10월 15일	민정부, 공안부	「「도시 유랑구걸인원 수용송환 방법 실시세칙(시행)」을 인쇄 배포하는 것에 관한 민정부 공안부의 통지」
1983년 9월 14일	민정부 판공청	「중요하고 위험한 사회치안범죄활동을 협동하여 타격하고 수용송환 작업을 강화하는 것에 관한 통지」
1984년 5월 10일	민정부, 공안부	「수용송환 작업의 강화에 관한 통지」
1985년 7월 2일	민정부, 철도부, 교통부	「수용소환 작업을 더욱 잘하는 것에 관한 통지」
1985년 7월 16일	민정부	「수용송환 작업증과 수용송환 배지를 반포하는 것에 관한 통지」
1987년 6월 30일	민정부 판공청	「수용송환 중 치매 및 정신이상자를 버리는 행위를 엄금하는 것에 관한 통지」
1989년 7월 4일	민정부 판공청	「피수용인원 상황을 정기보고 하는 것에 관한 통지」
1989년 7월 14일	민정부	「수용송환 작업을 더욱 잘하는 것에 관한 통지」
1990년 3월 14일	민정부	「구걸인원의 구제와 송환 작업을 잘하는 것에 관한 통지」
1991년	국무원	「수용송환 작업의 개혁문제에 관한 의견」

시간	공포단위	문건명
5월		
1991년 10월 24일	민정부	「이재민에 대한 외부유출 만류와 귀향지도 작업을 더욱 잘하는 것에 관한 통지」
1992년 8월 14일	공안부	「매음 및 표창(娼娼) 인원의 수용교육 불복 상소절차를 수정하는 것에 관한 통지」
1992년 12월 24일	재정부, 민정부, 공안부	「「수용송환 작업 중 성(省) 간 수용송환에 필요한 경비 지급문제에 관한 통지」를 인쇄 배포하는 것에 관한 통지」
1994년 1월 13일	민정부	「수용송환 작업의 약간의 문제의 강화에 관한 통지」
1994년 11월 30일	민정부	「1995년 설날운송 기간 수용송환 작업의 강화에 관한 통지」
1995년 2월 11일	민정부	「치치하얼 등 11개 수용송환소를 증설하여 전국 범위에 대응하는 수용송환소로 하는 것에 관한 회답」
1995년 8월 10일	공안부	「맹목적 유동인구 관리작업 강화에 관한 통지」
1995년 9월 19일	중공중앙 판공청, 국무원 판공청	「유동인구 관리작업의 강화에 관한 중앙사회치안 종합치리위원회(綜合治理委員會)의 의견」
1996년 9월 27일	노동부 판공청	「직공이 공안기관에 의해 "수용교육"을 받은 기업이 그 노동계약을 해지할 수 있는지에 대한 노동부 판공청의 회신」
1997년 5월 30일	노동부 판공청	「매음 및 표창인원의 피수용교육 기간 임금과 복지 대우 등 유관문제에 관한 회신」
1999년 7월 17일	국무원 판공청이 국가계획위원회 통지를 전달	「후베이, 후난, 장시, 안휘성 등의 홍수방지 제방(平垸行洪) 건설과 농지를 호수로 회복(退田還湖)시키는 작업으로 발생한 이민자 촌락건설 진전상황 보고에 관한 통지」
2001년 6월 12일	공안부	「수용송환된 시간은 노동교양 기한에서 제외되는가에 대한 회신」
2003년 6월 20일	국무원	「도시 생활불가능한 유랑구걸인원의 구조관리 방법」

(2) 수용송환제도 집행 중 드러난 문제

① 도시로 들어와서 노동하는 많은 사람들이 이유 없이 수용되고, 수용 대상의 범위도 심각한 문제가 발생

1982년의 수용송환과 관련된 방법은 그 입법의도가 구제를 위주로 하고, 그 대상은 유랑구걸 인원과 생활불가능 인원이었다. 하지만 사실상 이 제도는 변질되어 일종의 수용과 송환제도(도움을 제공하지 않을 뿐 아니라, 노동에 참가할 것을 강제로 요구하는)가 되어버렸다. 그리고 1991년 「수용송환 작업의 개혁문제에 관한 의견」이 공포된 후, 수용대상으로서의 유랑구걸 인원과 생활불가능 인원에 대한 판단기준도 역시 점차 변화되어 '합법적 증서가 없거나, 고정적 주소가 없거나, 안정적 수입이 없는 인원'이라는 '삼무'인원이 되었다. 그리고 집행과정에서 '삼무'인원의 확정기준도 역시 변화되어, 신분증, 임시거주증, 작업증 '세 가지 증서'의 유무로 되었다. 마지막으로, '세 가지 증서' 유무의 기준도 역시 변화되어 '세 가지 증서'를 모두 갖추고 있지 않는 것으로 변화되어, 어떤 사람이 동시에 이 세 가지 증서를 발급받지 않으면, 법률집행자는 그에 대해 수용할 수 있는 이유가 있게 된 것이다. 이렇게 수용범위가 크게 확대되었다. 민정 부 한 관료의 설명에 따르면, 2000년 전국적으로 모두 수용송환은 연인원 293만 명에 달하고, 광둥성만 해도 연인원 58만 명에 달했으며, 그 중 85%이상은 농민공이나 임시거주증이 없는 인원이었고, 수용송환 범위에 정말로 속하는 유랑구걸 인원의 비율은 감소중이어서, 대략 총 숫자의 15%를 점하고, 어떤 지역은 5%에 그쳤다.304ㅣ 적지 않은 지방은 유랑구걸 여부를 막론하고 임시거주증의 유무만으로 수용송환의 근거로 삼는다. 지시를 완성하기 위해서, 심지어 어떤 지방들은 증서를 훼손하고 수용을 강행하는 상황까지 나타냈다. 어떤 농민공들은 기차에서 내리자 말자, 증서를 발급받거나 숙소를 찾기도 전에 수용되기도 했다.[305]

② 수용송환소 관리방식은 단순하고 조악하며, 좋지 않은 사건들이 계속 발생함

2000~2003년 3월 사이(쑨즈강 사건 발생이전), 언론은 수용송환소에서 피수용자가 공격과 구타로 다치거나 사망한 것에 관한 대량의 보도를 했다. 예를 들어, 1999년 후난에서 온 쑤(蘇)씨 성을 가진 부녀자가 광저우 기차역에서 증서를 잃어 버려서 경찰에 의해 구류되었다. 언론에 따르면, 그녀는 이틀 동안 구류된 후, 수용송환소에서 구류된 다른 자들에 의해서 윤간을 당했다.[306] 같은 해, 광저우에서 오랫동안 일을 한 25세의 장(張)씨 성을 각진 남자가 신분증을 휴대하는 것을 잊고 외출했다가 구류되었고, 이후 수용송환소에서 구타로 사망했다.[307] 2004년 저장 출신의 린(林)씨 성을 가진 남자가 그 몸값 납부를 거부했다가 후난성 롄위안(連源)현의 수용송환소에서 구타로 사망했다.[308] 또 유사한 사건은, 퍄오(朴)씨 성을 가진 행상인이 임시거주증을 제출할 수 없어서 랴오닝(遼寧)성 푸순(撫順)시에 구류되었고, 수용송환소에서 구류된 다른 자들의 구타로 사망했다.[309] 쑨즈강이 사망한 그 수용송환소에서 2002년 10월부터 2003년 1월 20일까지 상당한 숫자의 환자가 사망하였다.[310]

③ 불법요금 및 수용송환을 통한 불법이윤 도모

재정적자가 장기간 이 제도를 어렵게 만들었다. 1982년 반포한 관련 법률에서 수용과 송환의 비용은 민정사업비 예산지출에 들어가야 한다고 규정하고 있다. 이 부분의 자금계획은 중앙정부가 각지 실제수요에 근거해서 통일적으로 분배하여 사용하는 것이다. 지방의 수용송환소는 오랫동안 중앙정부의 자금예산에 의지하여 어렵게 운영되어왔다. 그러나 나중에 수용송환의 경비가 점차 지방예산에서 감당하게 되자, 많은 지방의 수용송환소는 이 때문에 충분한 자금의 결여된 상황이 점차 심각해졌다. 소수의 대도시를 제외하고, 대다수의 지방정부는 수용송환에 필요한 자원을 제공하기 어렵게 되었다. 특히 성 사이의 수용송환 비용지출문제에 있어서, 성과 성 사이의 협상은 더욱 힘들어졌다. 1990년대 중반, 재정부 및 민정부와 공안부가 이 문제를 겨냥한 하나의 정책을 반포하여, 성 사이의 수용송환의 비용은 유출(流出) 성(피수용인원의 원적지 성)이 부담한다고 규정하였다. 그런데 유출 성은 통상적으로 경제상황이 낙후된 지역이므로, 재정은 원래부터 어려웠고, 따라서 이 정책은 제대로 실현되지 못했다. 따라서 많은 피수용대상은 송환시키지도 못하고, 장기적인 대기상태에 머물렀는데, 더욱 큰 문제는 그들은 성사이 송환과정에서 도중에 버려진다는 사실이다. 뿐만 아니라, 수용송환소 예산의 부족으로 많은 기초시설이 완비되어있지 못했다. 예를 들어, 수용송환소 수용구역의 시설이 낡고 오래되어, 어둡고 습기로 가득차 있었다. 이 때문에, 피수용인원은 수용송환소에서 수용된 시간이 일정한 기한을 넘어서면 적대적 감정이 돌출되어, 단식이나 탈출하는 사건이 종종 발생했다.[311]

재정압력을 완화하기 위해, 1991년 국무원이 반포한「수용송환 작업의 개혁문제에 관한 의견」은 피수용인원 가운데 비(非)사회구제 대상에 대해서는 '세 가지 비용(식사, 숙박, 교통)'을 받는 것으로 규정했는데, 이것은 단지 그들이 과도하게 높고 불합리한 비용수취를 요구하는 행위를 조장하고 말았다. 지방정부가 「수용송환소 자체 경제를 발전시키고, 실업(實業)으로써 사업을 보완하는 길을 걷는다」[312] 는 정책을 실행했지만, 이 규정은 개별 수용송환 부문이 불법적으로 축재하고 약자에게 압력을 행사하는데 편리함을 제공했을 뿐이다. 예를 들어, 많은 지방은 지방성 법규를 제정함으로써, 피수용인원과 그들의 친속이 교통과 기타 서비스 비용을 제출해야 하고, 비용수취 평균액은 점차 증가하고 비용수취 범위도 확대되었다. 피수용인원의 가정이 빈곤해도, 관리인원은 비용을 수취하지 못했기 때문에 사람을 풀어주지 않을 수 있다. 어떤 지방의 작업인원은 종종 피수용인원의 가족에게 전화나 전보를 통해 그들에게 뇌물을 줄 것을 암시한다. 어떤 지방은 피수용인원을 값싼 노동력으로 사용하고, 심지어는 임의로 수용시간을 연장하며, 수용인원의 노동력을 조직하는 것을 수익창출 수단으로 여기기도 한다.[313]

(3) 전문가의 건의는 누차 성공하지 못함

학자들은 예전부터 수용송환제도의 결함을 발견하고 있었다. 그들은 계속 자신의 채널을 운용하여 정부에게 이 제도 자체의 개정에 관한 의견을 나타내왔다. 1999년 베이징대학 사회학원 왕쓰빈 교수는 민정부 고문위원회의 구성원으로서 정부관료에게 이러한 우려를 나타내면서, 그는 관료에게 수용송환제도는 문제가 있다는 점을 지적했다. 그러나 당시 민정부문의 관료는 거들떠 보지 않았다.[314] 또한 쑨즈강 사건 이후에야 학자들이 비로소 수용송환제도의 위헌과 「입법법(立法法)」 위배라는 현실에 주목한 것이 아니다. 중국사회과학원 법학연구소 법

률전문가 류런원(劉仁文)과 베이징대학 법학원 교수 저우왕성(周旺生) 등
은 일찍이 2000년 「입법법」이 공포된 후 얼마 되지 않아서 이 제도가
「입법법」에 위배된다고 각각 지적하였다.[315] 거의 매년 '전국인민대
표대회와 중국인민정치협상회의' 기간에 모두 인민대표와 정치협상회
의위원이 의안을 제출하고, 정부가 수용송환 작업을 더욱 잘 관리할
것을 강력히 요구하였다. 또한 많은 연구는 그 타깃을 중국의 신분식
별제도로 직접 삼았는데, 예를 들어 임시거주증과 호구등기조례제도를
폐지하는 것을 건의한 것이다.[316] 그리고 학계에서 가장 보편적인
정책건의는 수용송환제도의 폐지를 요구하는 것이다.[317] 이것 외에,
마화이더(馬懷德)과 샤오한(蕭瀚) 등의 인물이 원 제도를 폐지하고 동시
에 「보안처분법(保安處分法)」을 제정하고, 사법화 절차를 채택하여, 경미
한 위법인원에 대해서는 인신의 자유를 제한하는 법률수단을 채택하
여, 치안관리 역할을 발휘할 수 있도록 하자고 건의하였다.[318] 학술
적인 각도에서 규탄하고 건의한 것은 효과가 없는 것 같지만, 민정부
의 어떤 관료는 이미 학자들의 건의가 맞다는 것을 인식했다는 것을
알 수 있다. 불행한 사고에 직면해서, 당시 민정부의 한 지도자는 어느
학자에게 말하기를 자신도 괴롭지만, "확실히 어려운 측면이 있
다"[319]고 밝혔다. 그래서 우리는, 이것이 학자들은 반드시 적합한 시
기가 오기를 기다려서 그들이 관심 있는 정책을 변화하도록 추진해해
야 한다는 것을 의미하다는 것을 안다.

쑨즈강 사건과
전문가의 사회운동 모델

(1) 쑨즈강 사건

수용송환제도의 중대한 전환점은 2003년 쑨즈강 사건 후에 발생했다. 2003년 우한(武漢) 과학기술학원 예술과 예술설계 전공을 졸업한 쑨즈강은 광저우로 와서 일을 했다. 광저우에 막 도착했기 때문에, 그는 임시거주증을 발급할 시간이 없었다. 3월 17일 저녁 그는 신분증을 가지지 않고 외출했다. 저녁 11시 경, 그는 길에서 경찰에 의해 '삼무'인원으로 붙잡혀서 황춘가(黃村街) 파출소로 보내졌고, 이후 다시 수용소로 보내졌다. 사흘 후 쑨즈강은 수용인원을 구호치료하는 구호치료소에서 사망했다.

병원 측은 최초에 그가 "돌연사 및 뇌혈관 사고, 심장병 돌발"이라고 주장했다. 쑨즈강은 수용소에서 돌연 사망했다는 소식이 내막을 아는 사람에 의해서 '시츠후통(西祠胡同)'이란 BBS 상에서 최초로 알려졌다. 그후,『남방도시보(南方都市報)』기자 천펑(陳峰)이 이 소식에 주목하고, 적극적으로 그 제보자와 연락을 하였고, 그로부터 쑨즈강 가족과의 연락방법을 알게 되었다.320 4월 25일 천펑과 왕레이(王雷)가 함께『남방도시보』에서 그들의 다음과 같은 조사결과를 발표하였다. "검시결과는 피해자는 사망 72시간 전에 지독한 폭행을 당했다는 점을 보여준다".321 이 보도는 사회의 광범위한 주의를 얻었고, 모든 대형 언론들은 다음날 앞다투어 이 글을 게재하기 시작했다. 얼마 안되,『신화왕(新華網)』『베이

276

징청년보(北京靑年報)』 및 기타 국가 중요 언론들이 이 사건을 추적보도하기 시작했다. 관방은 다시 조사를 할 수 밖에 없었고, 결국 쑨즈강은 구호치료소의 간병인(즉, 병원이 채용한 경비)인 차오옌친(喬燕琴)과 같은 방의 리하이잉(李海嬰) 등에 의해 구타로 사망했다고 확인했다. 6월 9일 쑨즈강 사건의 1심 판결로 주범 차오옌친은 사형 및 종신 정치권리 박탈에 처해지고, 리하이잉은 사형집행유예, 종랴오궈(鍾遼國)는 무기징역에 각각 처해졌다. 기타 9명이 피고는 3~15년의 징역형에 처해졌다. 이 사건과 관련된 경찰, 구호치료소 책임자 및 의사와 간호사는 모두 6명으로, 직무유기죄로 각각 2~3년의 징역형에 처해졌다.

(2) 전문가의 '사회운동' 전략

쑨즈강 사건은 전문가들에게 정책창을 여는 기회를 제공했다. 정책 폐지라는 목적에 도달하기 위해서, 그들은 이번에 상대적으로 새로운 전략을 채택했다. 예를 들어 아젠다를 제출하거나 단지 정부 관료에게만 건의를 제출하는 이전과의 방법과는 달리, 몇 명의 법률학자들은 진보적이고 모험적일 수 있는 행동을 채택했다. 2003년 5월 14일 세 명의 청년 법률학자들인 베이징우전(郵電)대학 문법원(文法院)의 쉬즈용(許志勇), 화중과학기술대학 법학원의 위장(兪江), 베이징정법대학 법학원의 텅뱌오(滕彪)는 중국공민의 명으로 전국인민대표대회 상무위원회에 건의서를 제출했다. 이 건의서는 수용송환 방법에서 인신자유를 제한하는 규정은 중국헌법 및 유관법률과 상호 저촉된다고 인식하고, 전국인민대표대회 상무위원회가 수용송환제도에 대해서 위헌심사를 진행할 것을 요구하였다. 5월 22일 5명의 저명 법학자인, 베이징대학 법학원 허웨이팡(賀衛方)와 선쿠이(潘歸), 베이징텐저경제연구소의 성홍(盛洪)과 샤오한(蕭瀚), 국가행정학원의 허하이보(何海波)로 구성된 전문가 조 또한 중국공민의 명의로 전국인민대표대회 상무위원회 건의서를 전달하여, 쑨즈강 사건 및 수용송환제도의 실시상황에 대해 위헌조사 특별절차를 개시할 것을 요청하였다. 이 두 건의서는 모두『중국청년보(中國青年報)』및 『인민망(人民網)』과『광명일보(光明日報)』와 같은 중국 관방언론의 광범위한 지지를 얻었다.322│ 이러한, 관련 정책에 대한 위헌심사 진행 요구는 전례 없던 것이었다. 전국인민대표대회 상무위원회가 어떻게 답변할 것인가가 대중의 관심을 끄는 초점이 되었다.

사실상, 법학자들의 요구는 당시의 정치환경과 법률틀에 부합되었다. 2002년 12월 4일 후진타오 총서기는 공개 연설을 발표하여 1982년 헌법의 탄생 20주년을 경축하였다. 그는 중국이 헌법 및 그 권위를 존중하는 측면에서의 진전을 강조했다.323│ 이에 따라, 위에서 말한 두 번째 건의서의 작성자들은 후진타오의 연설을 인용하였고, 전국인민대표대회 상무위원회 위원장 우방궈(吳邦國)의 연설을 인용하여 그들의 건의가 중국최고지도자의 입장을 따르고 있다고 강조했다.

법학자들은 또한 현재의 법률틀을 이용하여 수용송환제도에 존재하는 문제를 강조하였다. 그들은 수용송환제도는 어떻게 그리고 무엇 때문에「헌법」에 위배되는지를 조심스럽게 설명하였다.「헌법」제37조는, 중화인민공화국 공민의 개인자유는 불가침이라는 점을 지적하고 있다. 2000년판「중화인민공화국입법법」은 어떤 법률도 헌법과 상호 위배되어서는 안된다는 점을 지적하고 있다.「입법법」제2장 제88조는, 전국인민대표대회 상무위원회는 헌법과 상호 위배되는 행정법규를 취소할 수 있다는 점을 지적했다. 학자들은 전국인민대표대회가 통과시킨 법률만이 비로소 개인의 자유를 제한할 수 있다는 점을 지적했다. 그러나 개인자유를 제한하는 수용송환제도는 국무원이 제정한 행정법규로, 법률이 아니다. 「도시 유랑구걸인원 수용송환 방법」 제6조는 도시 유랑구걸인원은 수용 및 송환에 따라야 하고, 수용송환소의 유관규정을 준수해야 한다고 규정한다.

마지막으로, 가장 중요한 점은, 법학자들의 행위는 「입법법」의 보호를 받는다는 점이다. 「입법법」 제90조는, 공민은 행정법규, 지방성 법규, 자치조례와 특별조례가 헌법 혹은 법률과 상호 저촉된다고 인식하면, 전국인민대표대회 상무위원회에게 심사진행의 건의를 서면으로 제출할 수 있다고 규정한다. 중화인민공화국 공민으로 법학자는 전국인민대표대회 상무위원회에 서신을 보내서 그들이 헌법 혹은 법률과 상호 저촉된다고 인식하는 행정법규에 대해 심사를 진행할 것을 요구할 수 있다. 간단히 말하면, 법학자들은 자신들의 요구가 이렇게 현행 정치와 법률 틀 안에 깊은 근거를 가지고 있다는 점을 조심스럽게 표현함으로써 자신들의 요구를 실현시켰다. 따라서 전문가의 이러한 행동은 당국에 의해서 정치적으로 받아들일 수 없는 것으로 간주될 이유가 없는 것이었다.

하지만 이것과 동시에, 이러한 요구는 또한 상당한 기술적 어려움이 존재한다. 구체적으로 말하면, 헌법과 법률이 입법부문에 위헌심사의 제도적 안배를 제공하지만, 이 심사가 목적으로 하는 것은 아직 반포되지 않은 법률 혹은 법규이다. 수용송환 방법은 2000년 「입법법」 반포 전에 탄생했고, 이 때문에 이 제도는 이 법률의 심사범위에 속하지 않는다. 2000년의 「입법법」은 수용송환제와 같은 「입법법」 탄생 전에 이미 효력을 발생한 법률 및 법규 혹은 정책을 심사할 유효한 기제를 제공하지 않았다.

더욱 중요한 것은, 「입법법」은, 이러한 위헌심사과정 중의 법원(최고 인민법원), 입법기관(전국인민대표대회)과 중앙정부(국무원)의 관계에 대해서 명확하게 설명하고 있지 않다. 바로 법원과 입법기관 사이의 문제와 같이, 헌법은 전국인민대표대회에게 최고권력을 부여하였다. 비록 「행정소송법」이 인민법원에게 행정기관의 결정을 심사하는 권력을 부여하였지만, 인민법원은 공민 및 법인 혹은 기타 조직이 '행정법규 및 규장(規章) 혹은 행정기관이 제정 공표한 보편적인 구속력이 있는 결정과 명령'에 대해 제기하는 요구를 받아들이지 않는다. 이와 유사하게, 법원은 법규의 합리성에 대해 판정을 진행하는 권력에 있어서 명확히 제한되어 있다. 그 외, 전국인민대표대회는 헌법이 규정한 중국최고입법 기구이지만, 국무원도 매우 중요한 지위를 가지고 있다. 실제 운용에 있어서, 전국인민대표대회가 아니라 국무원이 중국인민의 일상생활과 밀접히 관련된 규정을 제정하는 주요기구이다. 이러한 상황에서는 이러한 규정들은 전국인민대표대회가 통과시키는 법률과 상호 충돌할 수 있다. 「입법법」은 어떤 의미에서는 전국인민대표대회와 국무원 사이에 권력의 평형을 시도하는 것이다. 행정법규에 대한 심사와 그 반포 전 공청회의 조직을 통해 국무원이 제정하는 법규의 권력을 감소시키는 것이다.[324] 2000년 「입법법」 반포 전에, 전국인민대표대회는 이미 존재하는 국무원 법규를 폐지한 적이 없다.

법학 전문가의 위헌심사에 대한 요구는 전국인민대표대회와 국무원 사이의 잠재적인 기구충돌이 전면에 드러나게 했다. 여기에 중국정부 체계가 작동하여 생산한 기본적인 우려가 존재한다. 첫째, 이번 심사는 아마 대중의 마음속에서 국무원의 권위를 감소시키고, 대중이 다른 행

정조항의 위헌심사를 겨냥한 요구를 하도록 조장할 것이다.325 ᅵ 둘째,
전국인민대표대회와 국무원 관료 사이에 매우 밀접한 관계가 존재한
다. 많은 전국인민대표대회의 중요 정책결정자와 작업인원은 예전에
정부 및 부처와 위원회와 국무원 직속 사업단위에서 일을 한 적이 있
다.326 ᅵ 이 때문에, 전국인민대표대회의 심사자는 사실상 피심사 정책
규정의 제정자들을 이해서 일을 하거나 혹은 그들과 함께 일을 하고,
심지어는 이러한 규정과 정책의 제정에 직접 참여한 적이 있을 것이
다.327 ᅵ

　법학 전문가가 창조적으로 전국인민대표대회 상무위원회에게 위헌
심사 건의서를 제출하는 것은 심사숙고를 거쳐서 이뤄진 것이다. 건의
서 제출에 참여한 법학자 쉬즈용은 2011년 쓴 「위헌심사공민건의(違憲審
查公民建議)」에서 나오는 기억 중에서 당시 그들의 기획과정에 대해서 다
음과 같이 말한다. 2003년 쑨즈강 사건이 언론에 의해 폭로된 후, 5월
초, 화중과학기술대학 법학원의 위장은 쉬즈용에게 전화를 해서, 「입
법법」 제90조는 공민이 전국인민대표대회 상무위원회에 위헌심사의
건의를 할 권리가 있다는 점을 규정하고 있다고 상기시켰다. 그 후 위
장, 쉬즈용, 텅뱌오 등 3명은 「위헌심사건의서」 작성을 준비한다. 3명
의 법학자는 건의서를 작성하고 보내는 과정에서, 신중한 고려와 계획
을 거쳤다. 첫째, 그들은 건의서 문장에서 실행 중에서 조성된 대량의
사회문제를 언급하지 않고 건의서 전체문장을 1천자로 통제하고 법률
절차문제만을 말하기로 결정하였다. 둘째, 건의서는 반드시 여론의 주
목을 얻어야 한다. 셋째, 3명의 법학자만이 서명을 하고, 더 많은 사람,
특히 법학자들의 서명을 모으지 않는다. 왜냐하면, 이것은 소송과 비슷
한 것이고, 호소가 아니기 때문이다. 넷째, 중화인민공화국 공민의 신

분으로 문제를 제기하는 것은 방관자로서의 호소나 건의가 아닌 정식 법률문서의 주체로서 하는 것이다. 이 건의와 전문가라는 직업 및 지식배경은 관계가 없고, 건의서 맨 마지막에 자신들의 신분증 번호를 열거하였는데, 이것은 가장 힘 있는 공민의 지표이다. 다섯째, 어떤 부문에 대해서 어떻게 건의서를 전달하는가를 고려한다. 최후의 결정은 텅뱌오가 전국인민대표대회 상무위원회 법제작업위원회(法制工作委員會)에게 팩스로 보내고, 전화로 상대방이 이미 받았다는 것을 확인하고 나서, 우체국에 가서 한 부를 부쳤다. 동시에, 쉬즈용은『법제일보(法制日報)』및『중국청년보』에 연락해서, 그들이 이 문제에 대해서 관심을 기울이기를 희망했다.[328]

  법률 전문가로서, 건의자들은 당시에 수용송환제도에 대해 위헌심사를 진행하는데 필요한 기술적 기제가 존재하지 않는다는 점을 명확히 알고 있었다. 두 번째 건의서의 협력자인, 법학자 허웨이팡은 인민망이 인터뷰 했을 때, 그들도 역시 이번 행동이 전국인민대표대회 상무위원회로 하여금 국가의 위헌심사기제를 시작하도록 할 만큼 충분하다고 헛되이 바라지는 않는다는 것을 인정하지만, 예상할 수 있는 것은 이것으로 전국에 이러한 관심을 끄는 이 사건이 수용송환의 수정을 가져올 수 있다는 점이었다.[329] 첫째, 건의서의 협력자 중 하나인 텅뱌오는 이번의 위헌심사 건의서 제출은 처음부터 함축된 두 가지 목표가 있었다는 점을 지적했다. 하나는 수용송환제도에 대해 심사를 진행하는 것이고, 나머지 하나는 이번 심사를 통해 하나의 선례를 만들어 위헌심사를 위한 일상적 기제를 세우는 것이었다. 그러나 '인민대표대회 상무위원회의 심사절차도 역시 흐지부지 해지는 것 같았다.'[330] 쑨즈강 사건의 또 하나의 연명(聯名) 건의자 쉬즈용은『뉴욕타임즈』의 인터뷰

282

에서 다음과 같이 말했다. "우리는 이번의 비교적 작은 구체적인 문제를 통해서 일반적인 헌법권리의 진전과정을 추진하기를 희망한다."331ㅣ 요약하면, 쑨즈강 사건의 사례에서, 법학 전문가들은 정치와 법률틀을 준거로 삼았는데, 그것은 기술적으로 실행불가능한 전략이었지만, 사회전체와 정부의 관심을 이끌었고, 결국 성공적으로 정책변화를 추진하였다.

여기서 우리는 하나의 디테일에 더욱 주목해야 한다. 몇 명의 법학자와 변호사가 전국인민대표대회 상무위원회에 두 차례 건의할 때, 법학자들은 '전문가'의 신분으로 정책결정자에게 연구보고 혹은 정책관점을 건넨 것은 아니고, '중화인민공화국공민'의 신분으로 전국인민대표대회 상무위원회에 공민의 요구를 제출한 것이다. 이러한 측면은 「입법법」이 '중화인민공화국공민'은 전국인민대표대회 상무위원회에 법률법규에 대해 위헌심사 진행을 제기할 권리를 보유하고 있기 때문이다. 더욱 중요한 것은 이것이 또한, 전문가 신분이 전문가가 이 정책변화를 추진하는 과정에서 반드시 필요한 것은 아니라는 점을 설명하다. 사실상, 이번 행동이 만약 법률전문 배경지식이 없는 보통 공민에 의해 시작되었더라도 여전히 법률에 의해 허가된다는 점이다. 하지만, 만약 충분한 전문지식이 없으면, 사회적 행동자는 합리적으로 정치적 경계를 파악하고, 동시에 국가헌법과 법률제도의 결함을 발견하여, 이로써 이 기회를 잡아서 창조적인 사회운동을 시작할 능력이 없는 것이다. 텅뱌오는 다음과 같이 해석한다. "건의를 올리는 것(上書)이 아니라 「헌법」과 「입법법」이 부여한 공민건의권을 행사하는 것이며, 항의하는 것이 아니라 공민이 제도의 결점 속에서 법률적 실천을 진행하는 것이고, 감정을 부추기는 것이 아니라 제도변화를 깊이 논의하여 추진하는 것을 시작하는데 목적이 있고, 계책을 내놓는 것이 아니라 전문 지식을 운용하고 사회환경을 고려하여 진행된 심사숙고한 법률적 행동 이었다."332 전문가들의 이번의 창조적 사회운동은 매우 큰 언론의 반응을 얻었다. 사회 전체는 모두 전국인민대표대회가 위헌심사신청을 접수한 후의 태도를 기다리고 있으며, 또한 정부(국무원)의 반응을 기다 리고 있는데, 이것은 정책결정자에게 매우 큰 압력이다.

(3) 정책창이 열리다: 관방의 반응

전문가들의 위헌심사 제기는 충분히 견고한 법률적 기초가 있지만, 실천적으로 위헌심사를 추진하는 것은 확실히 기술적으로 실행불가능 한 문제가 있다. 사실상, 전국인민대표대회의 어느 대변인은 공개발표 한 글에서 전국인민대표대회가 국무원에게 「도시 유랑구걸 인원 수용 송환 방법」을 폐지하도록 직접 요구하는 것은 거의 불가능하다고 언급 했다. 그는 또한 만약 전국인민대표대회 상무위원회가 "유관 전문위원 회와 법률위원회 심사 후, 만약 「도시 유랑구걸 인원 수용송환 방법」 이 헌법 혹은 법률과 저촉된다고 인식한다면, 바로 국무원에게 서면으 로 심사의견을 제기할 수 있고, 국무원은 스스로 폐지나 수정을 결정 한다"333 고 예언한 적이 있다. 그러나, 우리 앞에서 언급했던 것과 같이, 이것은 국무원을 난처한 상황에 처하게 하는 것이다. 따라서 이 것은 수용송환 문제를 해결한 결과가 국무원과 전국인민대표대회의 권 력관계의 균형을 깨트리게 해서는 안 될 필요가 있다.

이 정책 자체의 지식복잡성은 별로 많이 높지는 않기 때문에, 관방 은 두 번째 건의서 제출 후, 즉 쑨즈강 사건이 터진 두 달 후, 바로 반

284

응을 내놓았다. 국무원은 수용송환제도를 스스로 수정하고 구래의 규정을 헌법과 충돌하는 문제로 만들지 않음으로써 이 문제를 해결한다. 2003년 6월 18일, 국무원은 상무회의를 열어서,「도시 생활불가능한 유랑구걸인원의 구조관리방법」을 비준하였다. 이 규정은 그 해 8월 1일부터 시작되고, 원래 규정은 폐지되었다. 국무원 상무회의 공보(公報)는, "20여년 동안 우리나라 경제사회발전과 인구유동상황에 큰 변화가 발생했고, 1982년 5월 국무원이 공포 시행한「도시 유랑구걸인원 수용송환 방법」은 이미 새로운 상황의 요구에 적절하지 않다"고 말했다. 다시 말하자면, 또한 국무원이「도시 유랑구걸인원 수용송환 방법」을 폐지할 때, 이 법규의 위헌을 인정하지 않는다는 것이다.

이러한 결정을 내리는 과정에서 국무원과 전국인민대표대회 상무위원회의 구체적인 교류는 외부에 알려지지 않았다. 어떤 평론가는, "전국인민대표대회 상무위원회는 공민이「입법법」제90조에 의거하여 제기한「도시 유랑구걸인원 수용송환 방법」이 위헌위법인지에 대한 심사의 건의에 대해서 답변을 하지 않았고, 전국인민대표대회 상무위원회와 국무원은「헌법」,「입법법」이 규정한 절차에 따라 상호작용하지 않았고, 심지어는 국무원은「도시 유랑구걸인원 수용송환 방법」이 위헌위법인지에 대해서도 의견이 없어", "매우 애석하다"[334] 고 지적했다. 정책결정과정에 관한 글에서, 텅뱌오는 "위헌심사를 회피하는 것은, 내가 보기에, 전국인민대표대회 상무위원회와 국무원의 일종의 묵계이다"[335] 라고 인식했다.

그러나, 수용송환제도의 폐지는 정식호구를 가진 도시주민과 정상유동인원의 이익에 일정정도의 손해를 끼쳤다. 수용송환제도 폐지 후, 2006년 5월 의학전문가 종난산(鍾南山) 원사(院士)는 출장갔을 때 광저우

길거리에서 강도를 만나게 되었고, 그 후 인터뷰를 할 때 그는 부랑자를 수용하고 범죄를 엄격히 벌할 것을 제의했다. 일순간에 그의 의견은 광범위한 논쟁을 불러일으켰다.[336]

앞서 논의한 것을 종합하면, 위헌심사를 책임지는 정책결정자인 전국인민대표대회 상무위원회 입장에서 보면, 전문가 행동은 손실자내포성이 강한 건의이고, 잠재적인 손실을 받을 이익상관자는 국무원이다. 그러나 수용송환제도를 폐지하는 국무원 입장에서 보면, 전문가 행동은 또한 손실자내포성이 약한 건의인데, 왜냐하면 잠재적인 손실을 받을 사람은 보통의 도시주민과 정상 유동인구이기 때문이다. 따라서 국무원이 수용송환제도를 신속히 취소하는 반응도 역시 정책변화의 매우 자연스런 결과이다.

기타 해석가능성에 대한 토론

쑨즈강 사건이라는 이 사례는 당대 중국정치와 정책의 하나의 이정표이다. 문제가 존재한지 몇 년이 지난 후에야 쑨즈강 사건을 계기로 중국의 수용송환제도가 짧은 시간 내에 폐지된 이유가 무엇인지를 해석할 수 있는 몇 가지 다른 요소들이 아마도 있을 것이다. 쑨즈강 사건에서 정부의 행위가 이렇게 신속한 반응을 보인 이유는 무엇이고, 동시에 오랫동안 존재해 온 중국의 다른 문제들에서 정부가 대중의 요구에 대해 신속한 반응을 보이지 않은 원인은 무엇인가에 대해서는, 전문가가 채택한 방법이 기술적 실행가능성이 낮은, 진보적인 '건의를 올리는' 행위라는 사실 이외에, 다른 잠재적인 요인은 다음과 같은 것들을 포함한다. 첫째, 수용송환제도의 구체적인 정책문제로서, 수용송환제도의 특수성으로 인해 다른 정책문제에서는 통하지 않는다. 둘째, 정치변화로, 중국은 2002~2003년 시기 새로운 정부가 들어선 이후, 신정부는 법률의 투명성 제고와 실현에 애썼다. 셋째, 전문가의 '문제정의' 전략337 으로, 법학자들은 수용송환제도 문제를 '위헌문제'로 정의하고, 위헌심사를 제기했는데, 이것은 전문가의 '위헌심사' 전략이고, 비(非)전문가의 '사회운동' 전략이며, 이로써 최종적으로 성공할 수 있었다. 넷째, 언론(인터넷 포함)의 높은 관심이다.338 다른 잠재적인 요소인지 아니면 전문가들의 사회운동 전략인지, 도대체 무엇이 쑨즈강 사건에서 결정적인 역할을 했는지 생각하기 위해서, 우리는 다른 관련 사례를 이용해서 비교분석을 진행한다.

(1) 공무원채용 신체검사 통용기준의 사례

첫 번째 비교사례는 파급효과(spillover effect)에 대한 검증에서 나온다. 쑨즈강 사건이라는 사례의 성공은 중국에서 정책을 추진하려는 실천가들에게 하나의 본보기가 되었다. 이론적으로 보면, '파급효과'는 이러한 상황에서 존재하는 것으로, 곧 어떤 상황의 교훈이 유사하다고 인식되는 다른 상황으로 이전되는 것을 가리킨다. 이러한 파급은 서로 다른 국가의 동일한 부문 내에서 발생할 수 있고339, 동일한 국가의 서로 다른 부문 사이에서도 발생할 수 있다.340

쑨즈강 사건이 발생한지 얼마 안 되어, 정책변화의 추진자는 이러한 경험을 이용하여 B형 간염 바이러스 보균자 차별을 금지하는 정책을 성공적으로 공포되게 만들었다. 이러한 노력 전에는, 중앙정부의 법률에서는 공무원에 대해 신체검사를 요구하지 않았지만, 어떤 지역들의 지방법규는 B형 간염 바이러스 보균자가 국가공무원고시에 참가하는 것을 금지하고, 채용하지 않는다.

2003년에 발생한 두 가지 법률사례가 대중의 관심을 끌었다. 2003년 4월 저장대학 학생 저우이차오(周一超)는 체내의 B형 간염 바이러스가 양성으로 나타나서 저장성 공무원 채용자격을 취소당했다. 그는 이후 공무원 한 명을 살해하고, 다른 한명을 중상에 이르게 했다. 저우이차오는 2003년 9월 사형판결을 받았다. 2003년 11월 10일 이른바「중국 B형간염 바이러스보균자 첫번째 소송사건」이 서류접수된다. 다른 하나의 사례는 우후(蕪湖) 청년 장센주(張先著)가 성 공무원고시에서 최고성적을 얻었지만, B형 간염 바이러스가 양성으로 나타나서 채용을 거절당한 것이다. 그는 소송을 제기하여 우후시정부가 내린 결정을 질의했다. 이 두 가지 사례는 대중으로 하여금 현행 공무원 채용기준에 대해서 의문을 제기하게 했다.341

이 두 가지 사건이 발생한지 얼마 안 되어, 정책추진자도 전국인민대표대회 상무위원회에게 청원서를 제출했다. 장센주가 상소한지 10일 후인 11월 20일, 금과철마(金戈鐵馬)라는 아이디가 관리자로 있는 인터넷 BBS인 '간담상조(肝膽相照)'는 전국인민대표대회 상무위원회에 1,611명의 중국공민이 서명한 위헌심사 건의서를 제출했다. 이 건의서는 B형 간염 바이러스 보균자의 채용금지는 헌법에 위배된다고 보고, 전국인민대표대회 상무위원회에 B형 간염을 차별하는 지방법규에 대해 위헌심

사를 진행할 것을 요구했다.342| 이 건의서가 제출된 후 얼마 안 되어서, 인민대표대회 상무위원회 법제작업위원회는 이미 「위헌심사건의서」를 중국간염예방치료위원회기금회에 전달했고, 가까운 시일 내에 전문가연구토론회를 열어 구체적인 답변의견을 논의할 것이라고 했고, 위생부 일부 관료는 2억에 가까운 사람들의 일이니 반드시 중시해야 한다고 했다.343|

2004년 7월 18일, '간담상조' BBS는 5개 인터넷 조직의 힘을 모아서, '원자바오 총리(溫家寶總理)에게 보내는' 서신을 작성했다. 8월, "간담상조" BBS 등의 인터넷 조직은 4852명이 서명한 청원서를 총리와 다른 지도자들에게 전달했다. 주목해야 할 점은, 이 일이 있기 두 달 전에 전국인민대표대회 상무위원회는 새로운 법규심사준비실을 막 만든 상황이었고, 그 주요 직능은 법률작업위원회가 헌법 및 국가법률과 상충될 수 있는 법규에 대해 심사 진행을 돕는 것이었다(관련 내용은 다음 절에서 상세하게 분석한다).344| 하지만 재미있는 것은, 이번 청원서 제출이 요구하는 것은 B형 간염 바이러스 보균자를 보호하는 관련 입법이었지, 위헌심사가 아니었다는 점이다. 그러나 이번 청원건의는 일부 새로운 법률에 대한 입법 진행의 건의이고, 여전히 기술적 실행불가능의 문제에 직면해있다. 원총리는 국무원 책임자이고, 입법권은 전국인민대표대회가 장악하고 있으며 국무원이 장악하고 있는 것은 아니다. '원자바오 총리(溫家寶總理)에게 보내는' 서신이 제출된 지 겨우 4일 후, 인사부와 위생부는 연합하여 「B형 간염 바이러스 보균자 및 관심을 가진 사람들에게」 라는 제목의 공고를 공포하였다.345| 이 공고는 광대한 대중에게 B형 간염 바이러스 보균자 문제에 관한 의견을 수집했다. 2004년 12월 1일, 새로이 수정된 「전염병예방치료법」이 실시되었다. 이 법은 새로

이 다음과 같은 규정이 증가되었다. "어떤 단위와 개인도 전염병 환자 및 바이러스 보균자를 차별하거나 의사전염병환자를 차별해서는 안 된다". 2005년 1월 17일, 인사부와 위생부는 「「공무원채용신체검사 통용 기준(시행)」을 인쇄 배포하는 것에 관한 인사부 위생부의 통지」라는 새로운 정책을 공포했는데, 이 규정은 어떤 정부도 B형 간염 바이러스 보균자라는 이유로 응시자 채용을 거절해서는 안 된다고 규정한다(색맹과 키도 역시 거절금지의 원인에 포함된다).346 |

(2) 위헌심사의 제도화

쑨즈강 사건과 B형 간염 바이러스 보균자, 이 두 가지 사건 및 심사를 요구하는 다른 몇 가지 사건의 영향으로, 전국인민대표대회 상무위원회는 새로운 위헌심사제도의 수립을 고려하기 시작했다. 2004년 5월 만들어진 법규심사준비실의 토대 위에, 2005년 12월 전국인민대표대회 상무위원회는 「행정법규, 지방성 법규, 자치조례와 특별조례, 경제특구 법규 준비 심사작업 절차」를 수정하고, 새로운 「사법해석준비 심사작업 절차」를 통과시켰다. 이 두 가지 문건은 법률, 행정조항, 사법해석에 대한 전국인민대표대회 상무위원회의 위헌심사 절차를 규정했다. 예를 들어, 국무원, 중앙군사위원회, 최고인민법원, 최고인민검찰원 혹은 성급 인민대표대회가 위헌심사를 요구하고, 전국인민대표대회의 법률작업위원회는 심사 절차를 개시한다. 만약 기타 국가기관, 사회단체, 기업사업단위 혹은 개인이 위헌심사를 요구할 경우, 전국인민대표대회 상무위원회 법률작업위원회는 이 위헌심사의 요구 혹은 결정의 필요성을 인정한 후, 전국인민대표대회 상무위원회가 심사절차를 개시한다.

2006년 8월 27일, 전국인민대표대회 상무위원회는 「각급 인민대표대회 상무위원회 감독법」을 통과시켰는데, 이 법률은 각급 인민대표대회가 동급 정부가 만든 위헌 규정을 폐지할 권리가 있다고 규정한다. 비록 이 때 우리는 완전한 위헌심사제도가 수립되었다고 말할 수는 없지만, 전국인민대표대회 입장에서 보면 위헌심사제도는 더 이상 의지할 수 없는 기술적 문제가 아니게 되었다.

중국에서 위헌심사제도의 기술적 실행가능성은 이미 점점 더 높아졌는데, 전국인민대표대회 법규심사준비실이 세워진 이후, 공민의 명의로 유관 법률법규에 대해 위헌심사를 요구하는 신청을 하는 학자들이 여전히 끊이지 않는다. 예를 들어, 2004년 11월, 베이징이공(理工)대학 교수 후싱더우(胡星斗)는 전국인민대표대회에, 1958년 통과시킨 「중화인민공화국호구등기조례」에 대해 위헌심사를 진행할 것을 요구하는 건의서를 제출했다.347ㅣ 2007년 11월, 69명의 학자들이 연명하여, 「노동교양제도(勞動敎養制度)」에 대해 위헌심사를 진행할 것을 건의했다. 이 69명의 학자들 중에는 쑨즈강 사건 건의에 참여한 법학자 허웨이팡 뿐만 아니라 경제학자 마오위스(茅于軾), 후싱더우, 샤예량(夏業良), 역사학 교수 궈스여우(郭世佑) 및 많은 언론인과 법률종사자들이 있다.348ㅣ 그런데 지금까지 전국인민대표대회 상무위원회는 줄곧, 공민이 현행 법률과 법규에 대해 정식으로 위헌심사를 진행할 것을 건의한 것에 대한 절차를 한 번도 시작해본 적이 없다.

여기서 알 수 있는 것은, 원래 기술적 실행불가능성이 높은 공민의 요구가 성공한 사건은, 공민의 요구가 기술적으로 점점 더 실행가능해질 때, 그 성공을 되풀이할 수가 없다는 점이다. 이러한 결과의 심층적 원인은 무엇인가? 여기에는 당연히 많은 가능성들이 있다. 하나의 가능성은 예컨대 쑨즈강 사건과 B형 간염 바이러스 보균자 사건과 같은 것으로, 대중이 주목한 이러한 사건들은 우발적인 성격이 강하다. 또 하나의 가능성은 공민요구의 처리를 목적으로 하는 기술적으로 실행가능한 일상적 제도의 설립은 사회운동전략을 희석시키는 충격효과를 가질 수 있는데, 왜냐하면 그것이 예컨대 대중 및 언론과 정부 고위층 등의 중요 참여자의 관심집중을 제한하기 때문이다. 다시 말해서, 중국의 정책체계에서 적어도 지금 단계에서는, 사회 외부로부터 추진하는 정책변화는 대중과 정부의 높은 관심과 중시 속에서 비로소 추진될 수 있는 것이다. 이러한 환경에서, 적어도 지금 중국에서는, 일상적인 문제처리 절차는 이러한 정책문제의 해결을 지연시킬 수 있다. 위헌심사는 이전에 비해 확실히 실행가능해졌고, 공민의 새로운 위헌심사 청원은 반드시 '정식절차'에 들어가야 하기 때문에, 위헌심사 제창의 노력은 외부에서 압력을 행사할 기회를 상실하게 되었고, 이에 따른 결과는 바로 정책추진자들이 다시는 위헌심사 전략에 희망을 걸지 않게 된다는 점이다. 결국 우리는 다음과 같은 사실들을 발견할 수 있다. 즉, 위헌심사제도가 기술적 실행가능성이 날로 증가함에 따라, 정책변화를 추진하는데 있어서 위헌심사전략의 효과도 역시 날로 감소한다는 점이다.

상술한 분석은 사실상, 전문가의 "문제정의" 전략이 쑨즈강 사건 후 정책변화가 성공한 결정적 요인이라는, 앞서의 해석가능성 가설 중 하나를 뒤집는다. 즉 과거의 이론은 문제정의를 공공정책의 아젠다 설정에서 기술적 전략의 관건으로 인정했다. 그러나 본 절의 분석에서, 우리는 중국의 관련 사례에서 현행 정책을 "헌법위반"으로 정의하고 위헌심사 개시를 건의하는 것은 정책변화를 추진하는 만병통치약이 아니었다는 것을 볼 수 있다. 사실상, 전문가가, 상황을 잘 판단하고 정책변화 방향에서 생겨날 이익구조를 분석한 후, 상대적으로 진보적이고 사회여론의 관심을 흡수할 수 있는 공민행동을 채택하는 것이, 비로소 국가최고정책결정자가 관련 문제에 주목하게 할 수 있는 관건이다.

(3) 사례비교

우리는 이제 관련된 몇 가지 사례에 대한 비교를 통해서, 전문가가 정책변화를 추진하는데 있어서 사회운동 전략이 가지는 실질적 영향을 종합해보자.

첫째, 우리는 역사적 측면에서 수용송환제도의 정책변화를 설명했다. 2003년 쑨즈강 사건 전에는, 수용송환제도가 남용되는 상황이 많이 존재했다. 학자들은 잇달아 드러나는 문제들에 직면해서, 정부에 대해 여러 차례 건의를 했다. 이 학자들 가운데 어떤 사람은 정부에 대해 비교적 좋은 관계와 영향력을 가지고 있었으나, 그들의 건의는 아무런 효과도 없었다. 그러나 쑨즈강 사건이 커다란 사회적인 파문을 불러일으킴에 따라, 학자들은 전국인민대표대회 상무위원회에 이 제도에 대해 위헌심사를 진행해야 한다는 공민의견서를 제출했다. 깊이 연구해보면, 우리는 상대적으로 진보적인 이러한 제의는 실질적으로 중국의 헌법과 정치를 내에서 받아들여질 수 있는 것처럼 보이지만, 기술적으로 실행불가능하다는 것을 발견하게 되었다. 이러한 노력들은 곧바로 반응을 얻어, 비록 위헌심사의 제의는 결국 실현되지 못했지만 정부가 구래의 수용송환제도를 폐지하고 새로운 구조관리방법을 공포하였다. 정책을 바꾸려는 전문가의 노력이 실현된 것이다.

둘째, 우리는 「공무원 채용 신체검사 통용기준(시행)」에 관한 간단한 사례를 사용하여 쑨즈강 사건의 파급효과를 검증하였다. 이 사례연구는 우리에게 하나의 증거를 제공해주었는데, 그것은 정책추진자들이 수용송환제도에서만 이러한 전략을 사용함으로써 비로소 효과를 거둔다는 것 뿐 아니라, 이러한 전략을 다른 정책문제에서도 모방할 수 있다는 것이다.

이러한 사례들을 연결해서 보면, 우리는 다음과 같은 사실을 발견할수 있다. 전문가가 현행 제도의 결함을 발견함으로써 상대적으로 진보적인 공민운동을 시작하거나 그것에 참가하는 것이 정책변화를 추진하는데 있어서 종종 매우 효과적이며, 성공의 결정적 요인이라는 사실이다. 더욱 중요한 것은, 단지 위헌심사라는 요구에 대해서만이 그런 것이 아니라는 점이다. 우선, 이 전략의 성공은 위헌심사의 진행을 요구하는 사례에서만으로 국한되지 않는다. 「공무원 채용 신체검사 통용기준(시행)」 사건의 두 번째 단계(2004년 7월 이후)에서, 정책추진자들은 위헌심사와는 다른 입법요구를 발기하였고, 이러한 요구는 이 사건에서 기술적으로 여전히 실행불가능한 것이었다. 다음으로, 위헌심사제도의 이후 발전은 본 논의에 새로운 증거를 제공해주었다. 전국인민대표대회 상무위원회가 2005년 위헌심사의 절차를 제도화시키기 시작하자, 우리는 전문가들이 위헌심사를 발기하는 공민요구를 통해 정책변화를 성공적으로 추진하는 사례를 다시는 찾을 수 없게 되었고, 전문가들도 이미 위헌심사의 전략을 완전히 포기했다. 우리는 이로부터 다음과 같이 판단할 수 있다. 하나의 정책문제를 위헌으로 정의하는 것은 어떤 정책변화를 추진하는 관건 전략이 아니고, 전략 성공의 관건은 2005년 이전에, 위헌심사제도가 실행불가능하여, 정책결정자와 사회여론에 대해 충격효과를 만들어 낼 수 있었다는 사실이다. 위헌심사는 끊임없이

제도화가 되어, 사실상 위헌심사 전략은 정책변화를 추진하는 충격효
과를 다시는 가지지 못하게 되었다.

셋째, 쑨즈강 사건 및 기타 사건에서 언론의 역할은 명백히 알 수 있
는데, 전문가가 정책변화를 추진하는데 있어서 광범위한 언론의 관심
이 매우 중요한 역할을 했다는 점이다. 그러나 공민이 제기한 위헌심
사 신청에 대한 언론의 광범위한 보도는 위헌심사 신청이 정책변화를
성공적으로 추진할 수 있는 충분조건은 아니었다. 언론이 모든 전문가
의 현행법률법규의 위헌심사신청에 대해 광범위한 보도를 했기 때문
에, 모든 위헌심사신청이 최종적으로 성공을 거둔 것은 결코 아니었다.

요약하면, 비록 서로 얽혀있는 많은 간섭요인이 수용송환제도 변화
의 사례에 몇 가지 해석을 제공해주지만, 상술한 사례에 대한 비교로
부터 알 수 있는 것은, 비록 우리가 주목할 만한 요인들은 모두 매우
중요하지만, 충분하지는 않다는 점이다 이들 사례연구의 개괄에 대해
서는 표 5-2를 보라.

표 5-2 | 서로 다른 사례와 상응하는 전략의 비교

사례	도시 유랑구걸 인원 수용송환정책		공무원 채용 신체검사 통용기준(시행)		기타 사례
시간	2003년 이전	2003년	2003년 전국 인민대표대 회 상무위원 회에 제안	2004년 총리 에게 보내는 서신	위헌심사제 도화
사회문제	종종 발생	쑨즈강 사건	저우이차오 사건, 장셴주 「B형 간염 제1소송안」	더 이 상 의 사례는 없음	호구등기조 례, 노동교 양정책

사례	도시 유랑구걸 인원 수용송환정책		공무원 채용 신체검사 통용기준(시행)		기타 사례
제의(提議)	전통적인 전문가 건의	위헌심사	위헌심사	보호성 입법이 공포됨	위헌심사
건의자 신분	전문가	전문가 공민으로 명의로	네티즌	네티즌	전문가 공민의 명의로
제의의 기술적 실행가능성	있음	없음	없음	없음	이전과 비교해서 실행가능성 높아짐
노력의 결과	실패	새로운 정책이 성공적으로 공포되고, 원래 정책은 동시에 폐지됨	아젠다에 성공적으로 들어감	4일 후 답변이 있었고, 새로운 정책이 성공적으로 공포됨	이전과 비교해서 성공가능성 낮아짐

전문가 사회운동 모델의 최신사례

앞 절에서 우리는 이미, 위헌심사의 점진적인 제도화와 함께 전문가가 공민의 명의로 전국인민대표대회 상무위원회에 어떤 현행제도에 대해 위헌심사 신청을 하는 전략은 원래의 효력을 점차 상실하는 것에 주목했다. 그러나 전문가는 사회운동을 발기하거나 그것에 참여하는 모델을 통해 정책변화를 추진하고자 하는 노력이 이 때문에 중지되는 않았다.

우리는 여기서 3개의 사례를 간단히 소개하고자 한다. 이 3개의 사레에서, 전문가가 채택한 것도 역시 '사회운동'을 발기하거나 그것에 참여하는 전략으로, 이로써 정책결정자의 관심을 촉진하는데 성공한다. 하지만 이 3개 사례는 이 책 비교사례 전체체계 속에 들어가지는 못한다. 이것은 왜냐하면 이 책이 최초에 비교사례연구 설계를 할 때 사례의 동질성을 확보하기 위해서, 선택된 사례는 모두 국무원이 정책결정을 하는 국가정책이라는 점을 강조했기 때문이다. 그리고 이 절에서 보이는 3개의 사례에서 덩위자오(鄧玉嬌) 사건과 첸윈후이(錢雲會) 사건은 국가급 거시정책문제는 아니고 지방의 형사(刑事)사건에 대한 판결이었다. 3번째 사건은 전문가가 발기한 「웨이보 인신매매 단속과 구걸아동 구조(微博打拐解救乞兒)」 운동이다. 비록 이 운동이 중앙 최고위층 지도자의 관심을 끌었지만, 오늘날에 이르기까지 새로운 국가급 정책이 생긴 것은 없다. 이 때문에 이 3개의 사례는 전문가 사회운동의 새로운 전략으로서 여기서 다시 보여주는 것이지, 이걸로 이 책이 구축한 모형의 기타 전문가 참여모델의 사례와 상호 비교할 수는 없다.

(1) 덩위자오 사건

덩위자오는 후베이성 언스주(恩施州) 바둥현(巴東縣) 예산관진(野三關鎭) 무릉야촌(木龍埡村) 사람으로, 2009년 후베이 바둥현 예산관진 슝펑(雄風) 호텔의 레저센터 드림시티에서 종업원으로 일했다.[349] 2009년 5월 10일 오후 6시경, 예산관진의 정부관료 덩구이다(鄧貴大), 황더즈(黃德智), 덩중자(鄧中佳) 등의 인물이 슝펑호텔의 레저센터 드림시티에서 왔고, 그 사이 3명의 관료는 보통 종업원 덩위자오에게 '특수 서비스'를 해달라고 요구했으나 덩위자오는 거절했다. 3명의 관료는 덩위자오에게 강간을 시도했다. 덩위자오는 이에 대항하는 과정에서 과도를 쥐고 덩구이다와 황더즈를 찔렀고, 이후 경찰을 불렀다. 그 중 예산관진 진(鎭) 정부 초상(招商) 판공실 주임 덩구이다가 응급조치에도 불구하고 사망했다. 바둥현 경찰은 처음에 관료가 덩위자오 강간을 기도했다는 사실을 인정하지 않고, 당시에는 "종업원 한명과 다툼이 있었다"고 만 했다.350ㅣ 얼마 지나지 않아, 바둥현 경찰은 제3차 사건경위 발표 때, "황더즈가 방에 들어갔을 때 황은 덩위자오를 그 방 종업원으로 오인하고, 덩에게 사우나 서비스를 요구했으나, 덩은 그 방 담당 종업원이 아니라는 이유로 거절하자, 이것으로 쌍방 간에 말다툼이 벌어졌고", 덩구이다는 "한 다발의 돈을 꺼내 자랑하며 덩위자오의 머리와 어깨를 툭툭 쳤고", 이로써 덩위자오의 심한 저항을 불러 일으켰다고 말했다.351ㅣ

5월 11일, 덩위자오는 고의적 살인혐의로 바둥현 공안국에 의해 형사구류되었다. 수사 중에 수사요원은 덩위자오가 지니고 있던 가방에서 불면증 치료 약물을 발견했고 덩위자오를 후베이 언스의 정신병원에 보내서 감정을 의뢰했다. 이 병원은 그녀에게 '구속성 보호' 조치를 취했다. 그녀는 손목과 복사뼈 및 무릎 등의 부위가 천으로 묶인 채 침대에 고정시켜서, 활동능력과 활동범위 모두가 제한되었다.352ㅣ 공안기관은 최초에 덩위자오를 고의적 살인혐의로 입안하여 조사했다.353ㅣ 덩위자오 가족의 위탁을 받은 베이징 화이(華一)변호사사무소 변호사 샤린(夏霖)과 샤난(夏楠)은 덩위자오에게 무료 변호를 하기로 결정했다. 변호인 측은 덩위자오사건은 '정당방위'로 인정되어야 한다고 인식했다. 그런데 얼마 지나지 않아, 사건은 또다시 중대한 전환점을 맞이하게 된다. 5월 23일 바둥현정부가 덩위자오의 모친이 변호사 샤

298

린과의 위탁관계를 해지했다고 발표했다. 덩위자오의 모친은 처음에는 "그런 일 없다"라고 하다가, 몇 시간 후 입을 열어 갑자기 변호사와의 위탁관계를 해지한 소식이 맞다고 하면서, 위탁관계를 해지한 것은 변호사 멋대로 덩위자오의 사생활을 누설했기 때문이라고 말했다.354ㅣ 이후 덩위자오 모친은 다른 두 명의 변호사를 직접 찾아서 '덩위자오 사건'의 수사단계의 대리변호사를 담당하게 했다.355ㅣ 이와 동시에, 덩위자오 모친 장수메이(張樹梅)는 증거가 될 수 있는 덩위자오의 옷가지를 세탁해버렸다.356ㅣ 덩위자오 모친의 태도가 급격히 바뀐 것의 배후원인은 '의혹이 잇달아 생기게 했다'357ㅣ.

덩위자오 사건은 바로 대중의 관심의 초점이 되었다. 많은 네티즌들은 덩위자오를 '당대의 열녀'라고 불렀다.358ㅣ 『신랑왕(新浪網)』은 '여 종업원 관료 살인' 코너를 만들어서 이 문제를 토론하였다.359ㅣ 그리고 어떤 전문가들은 언론 인터뷰에 응해 덩위자오 사건 배후의 법률문제를 논의하였다.360ㅣ 5월 22일, 전국부녀연합회(全國婦女聯合會)는 그 홈페이지에서 '전국부녀연합은 덩위자오 사건을 매우 중시하고 사건의 진전에 긴밀한 관심을 기울일 것이다'라는 문장을 발표하고, '유관 부문이 법에 의거하여 공정한 처리를 해줄 것을 믿는다'고 말했다.361ㅣ 5월 28일 『신경보(新京報)』 여기자 쿵푸(孔璞)와 『남방인물주간(南方人物週刊)』 기자 웨이이정(衛毅正)은 바둥현 예산관진에서 덩위자오의 외조모를 인터뷰할 때, 신분이 불확실한 사람들에 의해서 둘러싸여 구타를 당하고, '현지의 비준을 거치지 않고 멋대로 여기서 인터뷰 해서는 안된다'는 글을 강제로 쓰게 되었다.362ㅣ 사태의 진전에 따라, 카이디(凱迪) BBS와 텐야커뮤니티(天涯社區) 등의 인터넷 여론 집결지에서, 네티즌은 이 사건에 대해 열띤 토론을 벌였고, 덩위자오가 공정한 사법판결을 받지 못할 것을 우려했다. CCTV의 투표 조사에서 '덩위자오는 정당방위이고, 무죄석방해야 한다'는 표가 92%를 넘었다.[363]

과거의 공공사건들과 달리, 덩위자오 사건에서 가장 극적인 것은, 학자, 변호사, 여성권리운동자, 기자들이 여러 가지의 행동조직을 구성하여, 하나의 사회운동에 헌신했다는 점이다. 덩위자오 사건 발생 후, 5월 24일 일단의 학자들이 베이징에서 '여성권익과 존엄 보호 및 덩위자오 사건 연구토론회'와 '덩위자오 사건 및 네티즌 여론에 주목하는 토론회' 등의 2개의 토론회를 열어서, 덩위자오가 사건심리 과정에서 공정한 사법대우를 받도록 도우는 방법에 대해서 토론을 하였다. 회의에서는 덩위자오를 지원하는 여론 조치와 실제방법을 토론하고, '덩위자오 사건 공민 사법정의 관찰단', '덩위자오 변호사 후원단', '덩위자오 사건 청년 네티즌 후원단', '덩위자오 사건 여론 후원단' 등 자발적인 공민조직을 만들기로 결정되었다.[364] 또한 어떤 네티즌들은 '바둥현 자비여행단'을 만들었다. 이 조직들은 바둥으로 가는 '자비여행'이란 명의로, 바둥현 정부 판공실과 신방(信訪)판공실을 방문하여, 책임자에게 4개의 요구사항을 제기했다. 하나는 여행단은 바둥에서 예산관으로 가는 도로 수리에 투자할 계획이고, 둘은 여행단의 구성원이 바둥에 계속 도착해서 바둥의 여행광고를 도와줄 것이고, 셋은 여행단 대표는 법에 의거해서 덩위자오를 만나서 건강상태를 물어볼 것이고, 넷은 현 정부가 여행단과 소통의 장을 만들어서 긴밀한 연락을 유지하는 것이다.[365]

강력한 여론압력은 중국 최고인민법원이 덩위자오 사건에 대해서 입장을 표명하도록 했다. 6월 2일 최고인민법원 대변인 순쥔궁(孫軍工)은 다음과 같이 말했다. "언론의 주목을 받을수록, 사건처리 법원은 더욱 이성적인 태도를 유지해야 하고", 공정한 처리를 해야 하고, 개인의

300

의지나 감정으로 법률을 대신해서는 안 되고, 마지막 판결은 "법률적 효과와 사회적 효과의 통일을 충분히 고려해야 한다"366 ┃.

2009년 6월 16일 오전, 후베이성 바둥현 인민법원 1심은 공개재판을 열어 덩위자오 사건을 심리하고, 1심 판결을 내렸다. 판결은 다음과 같이 인식한다. 덩위자오가 "행사한 반격행위는 방위성질을 가지고 있으나, 필요한도를 초과하여, 과잉방위에 속한다. 피고인 덩위자오는 고의로 상해치사를 하였으므로, 그 행위는 이미 고의상해죄 구성요건을 충족한다. 사건 발생 후, 덩위자오는 자발적으로 공안기관에 신고를 하고, 성실히 죄행을 진술하여, 이는 자수의 구성요건에 해당된다. 법의학의 감정을 거쳐 덩위자오는 경계성 성격장애가 있어서, 한정형사책임능력자에 속한다. 이에 따라, 법률에 의거하여 덩위자오에게 형사처벌을 면한다"367 ┃. 또한 바둥현 공산당 기율검사위원회(紀律檢査委員會)와 감찰국은 사건에 관계된 두 명의 정부관료에 대해 당의 기율 처분을 실시하고, 두 명의 해직을 결정했다. 그 중 황더즈는 당에서 제명하고 축출하고, 공안기구로 이관시켜 치안구류에 처했다. 동시에, 언스주 공안국, 감찰국, 문체국(文體局), 공상국은 연합으로 통지를 내려, 주 전체의 유흥장소에 대해 전문적인 정화작업을 시행했다.368 ┃

덩위자오 사건의 판결은 관방과 민간 모두의 좋은 평가를 받았고, 주류 언론의 긍정적 평가를 받아서, 이것은 전형적인 민의(民意)의 영향을 받아들인 판결로 인식된다.369 ┃ 이 사건의 전체과정에서, "민의"의 일부분으로서 전문가들의 사회운동이 그 속에서 얼마나 큰 역할을 했는가에 대해서, 우리가 직접적인 판단을 할 수는 없다. 그러나, 덩위자오 사건에서 전문가가 채택한 행동은, 확실히 심사숙고한 후 내린 결정이다. 여기서 덩위자오 사건의 각종 요인에 대한 종합적인 평가 후,

전문가는 통상적인 정부에 대한 전문가 건의방식을 채택하는 것이 그 기대하는 효과를 얻을 수 없다고 믿었고, 따라서 그들은 전문가로 구성된 자발적 사회집단행동을 발기하고 그것에 참여하기로 결정했다. 이러한 전략은 상대적으로 진보적인 것으로, 동시에 창조적이다. 그러나 이들 조직은 행동과정에서 이성과 자제심을 지켜 나갔다. 그들은 '사회운동'을 '길거리 정치'로 발전시키지 않았고, 현지 정부에 우호적으로 요구를 제출했다. 마지막에, 강력한 대중여론의 힘을 빌려서, 사회행동자는 덩위자오 사건에 대한 최고인민법원의 관심을 끌어냈고, 최종 지방법원의 판결에 성공적으로 영향을 미쳤다.

(2) 첸윈후이 사건

덩위자오 사건에서의 전문가들의 성공경험은, 나중에 다른 사건에서도 모방되었다. 2010년 12월 25일 저장성 러칭시(樂淸市) 푸치진(蒲岐鎭) 자이차오촌(寨橋村) 촌민 첸윈후이는 교통사고로 사망했다. 네티즌 폭로에 따르면, 첸윈후이는 "누군가에 의해 고의로 살해당한 것이다." 러칭시 공안국은 그 후 회견에서, 이것은 중대한 교통사고라고 했다. 첸윈후이는 2005년 촌 주임에 당선된 후, 토지분쟁문제로 촌민을 데리고 상방(上訪)을 진행했다. 5년 동안의 상방 과정에서 모두 3차례 유치장에 들어갔다. 이 때문에 네티즌은 보통 현지 공안기관의 말을 믿지 않았다. 결국, 첸윈후이의 시계의 카메라 기능으로 당시 촬영한 영상의 증거능력을 법정이 공포한 후, 첸윈후이는 확실히 교통사고로 사망한 것이 되었다.[370]

주목할 것은, 전체 사건에서 전문가들이 3개의 '공민독립조사단'을

구성하여 러칭으로 가서 조사를 진행했다는 점이다.371| 그 중 제1조 '학계 공민 러칭 관찰단'은 모두 학자로 구성되어, 중국사회과학원 농촌발전연구소 교수 위젠룽, 중산대학(中山大學) 법학원 교수 양젠광(楊建廣), 광둥상학원 법학원 부교수 마선(馬深), 중산대학 정치와 공공사무관리학원 교수 궈웨이칭(郭巍靑)과 러칭 출신의 역사학자 푸궈용(傅國涌) 등이 포함되어 있다. 또 다른 조는 주로 언론인사로 구성되어,『남방주말(南方週末)』 논설위원 샤오수(笑蜀), 중국국가라디오 시사관찰원 천제런(陳杰人),『중국상업평론(中歐商業評論)』 고급기자 퍄오바오이(朴抱一)과 변호사 스웨이장(斯偉江) 등을 포함한다. 제3조 공민조사단은 '저가 네티즌 관람단(低端網友觀覽團)'으로 이름 붙여졌고, 저명 신문 특별란 작가 왕샤오산(王小山)과 재경(財經) 평론가 더우한장(竇含章) 등으로 구성되었다. 또한 쑨즈강 사건에서 연명하여 건의서를 제출한 쉬즈융은 '공맹(公盟) '첸원후이 사망 진상' 조사단'을 조직했는데, 이것은 변호사와 법학자로 구성되었다.372| 법원이 마지막에 첸원후이 시계 동영상을 공포하기 한 달쯤 전에, 각 조사단은 각자 독립적으로 조사를 진행했는데, 서로 다른 조사단의 결론은 서로 달랐다. 예를 들어, '공맹(公盟) '첸원후이 사망 진상' 조사단'의 최종조사결과는 '첸원후이의 사망은 단지 보통의 교통사고'373| 라고 보았다. 1조 '학계 공민 러칭 관찰단'에서, 주요학자 위젠룽은 '관찰단 규칙'을 인정하지 않아서 관찰단에서 나갔지만, 러칭에 여전히 머물며 현지의 '토지문제'를 조사하고 있다. 기타 구성원은 계속 첸원후이의 사인을 조사하고 있다. 마지막에, '첸원후이의 사망은 교통사고에 속한다'라고 할 수도 없고, '첸원후이의 사망은 살인이다'라고 할 수도 없다는 결론을 내렸다.374|

(3) 「웨이보 인신매매 단속과 구걸아동 구조(微博打拐解救乞兒)」 운동

유랑구걸아동의 구조작업은 줄곧 2003년 국무원이 공포한 「도시 생활불가능한 유랑구걸인원의 구조관리방법」을 그 기초적인 법규로 해왔다. 전국 각지에는 「유랑미성년자구조중심」이 설립되었다. 2009년 7월 16일, 민정부, 공안부, 재정부, 주택과 성향(城鄕)건설부, 위생부는 연합하여 「도시 거리 유랑구걸인원 구조관리와 유랑미성년자 구출 보호작업의 강화에 관한 통지」를 공포하였다. 이 「통지」는 '도시의 거리에서 유랑구걸인원이 대폭 증가하여, 미성년자를 조직, 협박, 유인, 이용하여 유랑구걸을 하게 하거나 미성년자를 조직하여 위법범죄를 하게 하는 등의 미성년자 권익 침해현상이 심각하여, 공민권리를 침해하고 공공질서를 어지럽히고 사회안정을 해친다'고 보고, '도시 길거리 유랑구걸인원의 구조와 관리 작업을 더욱 잘 하고, 유랑구걸 미성년자의 합법적 권익을 보호'할 것을 요구했다.[375] 2010년, 민정부는 「유랑미성년자 구조보호 조례」 작성작업에 착수했다. 이 조례는 구조보호 작업의 원칙과 내용, 직능부문과 협조, 구조보호 작업절차, 도움받는 아동의 권리보장과 구제, 가정보장과 책임추구 등 측면에서 규정을 만들었다.[376] 그러나 당시, 「유랑미성년자 구조보호 조례」는 아직 국무원 입법작업계획에 들어가지 못했다.

2011년 초, 첸윈후이 사건의 결과가 아직 나오기 전에, 첸윈후이 사건에 참여한 위젠룽 교수는 하나의 '사회운동'을 발기했다. 2011년 1월 17일 오후 2시 22분, 그는 아이를 잃은 어머니의 서신을 받은 후, 신랑 웨이보에 하나의 글을 올렸다.[377]

정말로 양심도 없다! 이 아이는 이름이 양웨이신(楊偉鑫)으로, 올해 여섯 살 푸젠 취안저우(泉州) 출신인데, 2009년 유괴되어서 장애인이 되어서 길거리에서 구걸을 한다. 2010년 초에 어떤 네티즌이 샤먼(廈門) 길거리에서 발견해서 사진을 찍었는데, 지금은 소재를 모른다. 이 구조요청 서신을 받고 나는 정말 화가 났다. 여러분들 자신의 아이들을 관심을 갖고 잘 보호하세요. 가족 전화는 189○○○○○○○○. 공안부문도 할 일 해야 합니다!

그날 밤 늦게 그는 또다시 웨이보에 두 개의 평론을 올렸다.

나는 이런 생각을 가지고 있습니다. 앞으로 길거리에서 장애아동(열 살 이하)이 구걸하는 것을 보면, 바로 경찰에 전화하고, 경찰이 출동한 상황을 여기 올리기 어떤가요?
또한 우리는 하루를 정해서 전국의 네티즌들이 길거리에서 구걸하는 아동을 촬영한 후, 전국적으로 모두 모아서 하나의 다큐로 만든 후에, 올해 6월 1일 전국의 크고 작은 도시에서 방송하는 것, 어때요?

위젠룽은 1962년 9월 후난 형양(衡陽)에서 태어났고, 지금은 중국사회과학원 농촌발전연구소 교수이자, 사회문제연구중심 주임이다. 그는 오랫동안 중국농촌정치문제에 관심을 기울여 왔고, 중국농촌실지(失地)문제, 철거이주문제, 집단저항과 집단시위사건 등의 문제에 대한 연구는 국제적인 영향력을 가지고 있다. 동시에 그는 2010년 10월 개인 웨이보를 개통하였다. 2011년 4월, 신랑 웨이보의 팬은 이미 60여만 명에 달한다. 그는 평소 '컴퓨터를 항상 손에 들고, 웨이보의 최신 소식에 주

목한다'378ㅣ. 2010년 12월, 그는 『남방인물주간』에 그해 '중국의 매력
적인 인물 50명'에 뽑혔다.379ㅣ 위젠룽 교수는 「길거리 구걸아동 촬영」
을 제창한 후, 광대한 웨이보 사용자들의 지지와 찬성을 얻었고, 어떤
사람은 이것을 계기로 위젠룽과 구체적인 조치를 상의하기도 했다.

다음날 오전, 위젠룽은 새로운 소식을 올렸다.

몇 분들과 상의한 끝에 다음과 같이 결정했습니다. 첫째, 촬영활동
은 같은 시간에 진행함으로써 동일 시간대 장애아동 구걸 상황을 이해
한다. 처음은 1월 29일 혹은 30일로 하기로 했습니다. 둘째, 모든 자료
는 같은 메일함에 보낸다. 셋째, 웨이보와 블로그를 만들고 한명이 전
문 관리한다. 넷째, 동영상을 올해 '전국인민대표대회와 중국인민정치
협상회의' 대표와 위원에게 보낸다.

두 시간 후, 위젠룽은 다시 웨이보를 올렸다.

상하이의 저명 기업가 네티즌이 10만 위안을 기부해서 활동 개시비
로 사용하기로 했습니다. 이 활동은 중국 국내 기업가의 기부만 받기
로 했고, 다큐멘터리 제작비용과 인터넷 사이트 운영과 관리를 위해서,
기부금은 네티즌으로 구성된 관리팀이 관리하고, 모든 정보를 공포하
며, 저는 발기인으로서 그 돈은 한 푼도 다루거나 받지 않습니다.

여기서 알 수 있는 것은, 위젠룽은 이 날 줄곧 이 문제에 대해서 생
각을 하였고, 친구들과 이 문제를 상의했다는 점이다. 그 때까지는 이
아젠다는 위젠룽이 순간 제기하고 네티즌들의 지지를 얻은 개인적 혹

은 좁은 범위의 활동에 불과하여, 별로 큰 영향력이 없었다. 하지만 그
들의 행동은 매우 신속했고(그 중 일부는 자발적인 것으로, 위젠룽이 모르는 상황 하
에서 진행된 것이다), 위에서 설명한 것과 같은 각 조직이 성립되었으며, 그
다음의 며칠 동안 유랑아동의 정보가 자주 올라왔으며, 해결상황을 "현
장중계"했다. 1월 20일이 되자, 이 활동은 이미 인터넷 전체에서 가장
영향력 있는 활동의 하나가 되었고, 수많은 네티즌의 지지를 받았다.
21일부터 시작해서, 잇달아 신문, 잡지, 방송국 등 각지의 각 언론들이
이 사실을 보도하여, 이 아젠다는 진정으로 전국으로 확산되게 되었다.

  1월 25일 오후 7시 6분, 위젠룽은 신랑 웨이보에 「구걸아동 촬영과
구조」380 | 라는 제목의 새로운 웨이보를 등록했는데, 그 목적은 사회
의 애심(愛心)인사, 열정적인 인사, 선량한 인사들의 힘을 모으고, 경찰
의 힘을 빌려서 유괴아동에게 구조의 기회를 주는 것이다. 이 웨이보
는 전체 네티즌이 "걸거리 구걸아동을 보면 바로 사진을 찍거나 동영
상을 찍어"서, 자신의 웨이보에 올리고 「구걸아동 촬영과 구조」 웨이
보에 보내거나 개인 메시지의 방식으로 이 활동의 전용 메일함
jiejiuqier @sina.com에 보내도록 호소하고 있다.

  「웨이보 인신매매 단속과 구걸아동 구조」 활동이 정식으로 시작되
었다. 전국 각지의 모든 대형 인터넷 웨이보는 '인터넷 인신매매 단속'
열풍을 일으키기 시작하여, 공안, 사회조직과 기구, 언론, 유명인의 웨
이보는 앞다투어 행동하기 시작하였고, 구조활동에 공동으로 참여했
다. 거의 매일, 이 웨이보에는 네티즌이 길거리에서 찍은 구걸아동의
사진이 올라오기 시작했고, 동시에 아동을 잃어버린 가족들도 자신의
아동의 사진을 이 웨이보에 올려 네티즌들의 수색도움을 요청했다. 며
칠 지나지 않아, 마침 2011년 설날 기간에, 3년 전 인신매매된 한 소년

펑원러(彭文樂)가 네티즌에 의해서 발견되었고, 결국 2월 8일 그 아버지 펑가오펑(彭高峰)과 만났다. 이 소년은 2008년 3월 25일 선전에서 잡혀갔고, 이때부터 부모와 헤어졌다. 그의 부친은 아들을 찾기 위해서, 중국 최초의 '아들 찾기 가게'를 열었다. 이 사건은 그해 언론에 의해 광범위하게 보도가 되어, 아직 사람들의 기억에 생생하게 남아있었다. 3년 후, 이 소년의 아버지는 「구걸아동 촬영과 구조」웨이보를 통해서 자기 아들의 기쁜 소식을 접하게 되어, 두말할 것이 없이 큰 격려가 되었다.381ㅣ 이 뉴스는 『인민일보』에 보도되고, 동시에 공안부도 '네티즌이 제공하는 모든 단서를 검증'하기로 했다.382ㅣ

공안부문은 「웨이보 인신매매 단속과 구걸아동 구조」 활동이 시작된 지 얼마 안 되어 바로 개입하기 시작했다. 우선, 위젠룽이 올린 첫째 사건 관련 정보는 이틀 안에 단서가 생겼고, 지방 공안부문은 이후 순조롭게 구조할 수 있었다. 공안부 인신매매 단속 주임 천스취(陳士渠)는 1월 19일 웨이보에 다음과 같은 개인 글을 올렸다. '각지 공안기간은 아동구걸의 조직적 강요에 관한 작업에 있어서 어떤 사람은 편한 것만 좋아하고 일하기 싫어하여, 자기 친자식을 구걸하게 한다는 사실을 발견했다. 이러한 위법행위는 부모로서 있을 수 없는 일이고, 응당 책임을 져야 한다.' 이틀 후, 그는 웨이보에 관방 입장을 밝혔다. "공안부 인신매매 단속 판공실은 이미 각지에서 아동구걸의 조직적 강요라는 위법범죄행위에 대한 강력한 단속에 들어갔고, 목표는 아동구걸의 금지입니다. 아동을 이용해서 구걸하는 것으로 의심되는 인물은 모두 심사합니다. 내력이 불분명하고 인신매매된 것으로 의심되는 아동은 혈액샘플을 채집하여 검사하여, 인신매매된 아동을 발견하고 구조합니다. 광대한 대중들이 이러한 범죄활동을 고발하고 적발해주시기를 희망합니다." 2월 3일 천스취는 또 다시 자신의 웨이보에서 다음과 같은 글을 남겼다. "인신매매 단속작업의 임무는 어렵고 무거워서, 여러분의 지지와 도움을 필요로 하고, 저와 전국의 인신매매단속 경찰은 여러분들과 함께 작전을 하기를 바라고, 인신매매 범죄를 감소키고 완전히 없애기 위해서 분투합니다. 저는 웨이보를 통해 여러분과 계속 소통해 나갈 것이고, 인신매매 범죄 단서 제공을 환영합니다. 모든 제공된 단서에 대해서, 공안부 인신매매 단속 판공실은 심사를 진행할 것입니다."383ㅣ 2월 11일, 공안부는 네티즌의 인신매매 단속 열기에 대해서 적극적인 반응을 보여, 다음과 같이 말했다. "광대한 대중들이 만약 미성년자에게 길거리 구걸을 학대, 조직, 강요, 이용하는 혐의가 있으면, 즉각 경찰에 신고해주십시오. 공안기관은 제대로 심사해서, 의법처리하고 단속할 것입니다."384ㅣ

국무원 총리 원자바오도 인터넷을 통해 이 활동에 주목하게 되었다. 2월 27일, 원자바오는 중국정부 인터넷과 『신화망(新華網)』의 인터뷰실에서 중국정부 인터넷과 『신화망』의 연합 인터뷰를 받고, 국내외 네티즌과 온라인 교류를 할 때, 다음과 같이 밝혔다. "제가 인터넷에서 이 문제에 주목한 것은 이미 오래됩니다. 어떤 네티즌은 사진을 찍어서 인터넷에 올려서 많은 유랑아동 문제를 폭로합니다". "최근 저는 민정부가 공안부 등 유관부문과 합동으로 종합적인 조치를 취하고, 유랑아동의 구조를 확대할 것을 촉구했습니다." 이것은 국가 최고위층 지도자가 「웨이보 인신매매 단속과 구걸아동 구조」 활동에 대해 처음으로 공개적으로 정식반응을 보인 것이다.385ㅣ

「웨이보 인신매매 단속과 구걸아동 구조」 활동은 많은 인민대표대회 대표, 정치협상회의 위원의 관심을 불러일으켰다. '전국인민대표대

회와 중국인민정치협상회의'는 2월부터 적극적으로 준비하여, '유랑구
걸아동 돕기'를 하나의 아젠다로서 "전국인민대표대회와 중국인민정치
협상회의"의 심의에 제출하기를 희망했다. 3월 13일 전국인민대표대회
대표 저장 푸룬(富潤) 대표이사 창자오린(長趙林)은 2011년 '전국인민대표
대회와 중국인민정치협상회의' 기간에, 아젠다를 제출하고, 현행『중화
인민공화국 입양법』 등을 수정하고, 입양을 빙자한 아동 인신매매의
형량을 늘리고, 미성년자를 대동하고 구걸이나 길거리 공연으로 생계
를 이어가는 것을 엄금할 것을 건의했다. 또한 가능한 빨리 전국적인
실종아동인구정보 교류공간을 만들어, 구걸아동 전국네트워크 공시제
도를 실행할 것을 건의했다.386 │ 유명 가수이자, 중국인민정치협상회
의 위원 한홍(韓紅)은 '전국인민대표대회와 중국인민정치협상회의'에 제
안하여, 아동보호기구를 설립하고, 「삼급감호 개입기제(三級監護干預機制)」
를 만들 것을 건의했다.387 │ 또한 전국인민대표대회 대표 왕밍원(王明
雯), 황시화(黃細花)와 전국인민정치협상회의 위원 장인(張茵)은 '전국인민
대표대회와 중국인민정치협상회의'에서 인신매매와 아동구걸 강요 문
제에 대해서 건의를 제출하였다. 이때까지는 학자가 발기하고, 전국네
티즌이 참여한 사회운동이 정책변화의 시작을 촉진한 것이다. 그런데
오늘날에 이르러, 「유랑미성년자 구조보호 조례」는 아직 최종적으로
성문화되지 못했고, 우리는 정책변화의 최후의 성과를 기대하고 있다.
우리가 '전국인민대표대회와 중국인민정치협상회의'이 대표와 위원이
제출한 제도적 안배가 새로운 정책에 흡수될 수 있으리라고 믿는다.
　「웨이보 인신매매 단속과 구걸아동 구조」 활동의 전체과정을 되돌
아보면, 사회과학원 전문가 위젠룽 교수가 관건적인 역할을 했다. 우
선, 위젠룽 교수는 그 자신이 유명한 학자였고, 그는 중국의 집단저항

등의 상황의 연구에서 느낀 것이 상당히 있었으며, 이들 전문지식은 어떻게 보통 민중이 집단행동에 참여하도록 동원할 수 있는가에 대해 그가 충분한 인식을 가질 수 있게 해주었다. 다음으로, 위젠룽 교수는 인터넷 사이트의 작동방식과 중국 인터넷 문화를 잘 알고 있었고, 그 자신이 새로운 언론의 참여자와 실천가일 뿐 아니라 그는 인터넷에서 상당한 영향력을 가지고 있었다. 마지막으로 그는 과거의 관련 법률법 규가 인신매매 구걸아동을 진정으로 구조할 수는 없고, 사회 전체의 선량한 사람들의 공동참여를 통해서만이 비로소 효과를 거둘 수 있다는 것을 잘 알고 있었다. 다른 친구들과의 상의를 거쳐서, 그들은 전략적으로「구걸아동 촬영과 구조」의 웨이보를 추진하고, 네티즌 전체가 구걸아동의 구조라는 사회운동에 참여할 것을 호소한 것이다. 위젠룽 교수 입장에서 보면, "웨이보는 아직 사회를 관찰하는 창문이라고까지 할 수는 없다. 나한테 그것의 가장 큰 기능은 과거에 분노를 말할 때가 없었는데, 지금은 모두에게 말을 할 수 있고, 본인이 거기서 엄청난 책임이 있다고 느끼지 않는다는 점이다". 웨이보에서 "그의 말은 언제나 자신이 저층 출신이라는 점을 암시하고 있다"[388]. 「웨이보 인신매매 단속과 구걸아동 구조」활동에서, 위젠룽 교수는 자신의 '전문가 신분'을 버리고, 하나의 보통 네티즌으로서 네티즌이 참여하는 사회운동을 발기하여, 결국에는 사회문제 대한 국가 최고위층 지도자의 관심을 성공적으로 끌어냈고, 정책변화의 발전을 추진했다.

(4) 사례비교

우리는 이 장에서 다른 4개의 전문가 사회운동 참여 사례를 비교하여, 서로 다른 사례의 다른 점과 같은 점을 발견할 수 있다. 이 4개의 사례 중에서, 전문가들은 자발적으로 자신의 전문가 신분을 버렸고, 공민(네티즌)의 명의로 사회운동을 발기하거나 그것에 참가했으며, 언론이 만든 사회여론의 힘을 빌리고, 이로써 정책결정자에 영향을 주려고 했다. 이 몇 가지 사례는 구체적으로 다음과 같은 공동적인 특징을 가지고 있다. 우선, 4개의 사례 중, 관방이 정책결정하고 판결내리는 것에 수반되는 이익의 잠재적 손실자는 모두 중앙 정책결정자와 긴밀한 관계가 없다. 수용송환제도 폐지의 사례에서, 최대의 잠재적 이익손실자는 도시상주인구이다. 덩위자오 사례에서 최대의 이익손실자는 현장에 있던 사건에 관련된 하위 관료와 유흥업소 경영자이다.「웨이보 인신매매 단속과 구걸아동 구조」사례에서, 최대의 이익손실자는 아동 인신매매와 아동구걸을 조직했던 범죄자이다. 다음으로, 이 사례에 관련된 정책결정문제는 아주 복잡하지는 않고, 관방이 정책결정하고 판결할 경우 필요한 전문지식의 요구수준은 결코 아주 높지는 않다. 더욱 중요한 것은, 덩위자오와 첸원후이 두 가지 사건에서 지방정부와 지방법원은 정책결정과 판결에서 전문가 참여를 희망하지 않았고, 전문가가 자신들을 도와서 사건에 대해 판단을 내려주기를 자발적으로 요청하지는 않았다. 사실상, 사건이 단서와 증거는 모두 관방이 쥐고 있었다. 상술한 두 가지 요인을 종합하여, 전문가는 사회운동에 참여하고 그것을 조직하는 방식을 전략적으로 채택하여, 언론의 관심을 끌었고, 이로써 정부에 압력을 가한 것이다.

이 4개의 사례에서 전문가의 참여전략과 그 결과도 약간 서로 다르다. 우선, 이 4개의 사례에서 전문가는 비록 공민(네티즌)의 명의로 사회운동을 발기했지만, 그들이 채택한 구체적인 전략은 서로 약간 다르다.

쑨즈강 사건 후에, 전문가가 채택한 전략은 공민의 명의로 전국인민대표대회 상무위원회에 구 정책에 대해 위헌심사를 진행할 것을 건의하는 것이고, 덩위자오와 첸윈후이 사건 후에, 전문가가 채택한 전략은 공민의 자발적 단체를 조직하여, 사건 발생지로 가서 현지 정부와 의사소통을 하는 것이고, 「웨이보 인신매매 단속과 구걸아동 구조」 활동에서는 전문가는 보통 네티즌의 신분으로 웨이보를 만들었다. 다음으로, 4개의 사례 중에서, 첸윈후이 사건의 전문가만이 최초의 구상을 실현시키지 못했다. 이것은 확실한 증거가 나타났기 때문에, 첸윈후이의 사망은 확실히 교통사고였다. 한 사람으로 시작해서, 전문가는 사건을 판단하는데 필요한 관건적인 증거를 가지고 있지 못하기 때문에, 전문가는 사회운동을 발기할 때 첸윈후이의 사망의 진상에 대한 판단과 사실 사이에는 불일치가 있었던 것이다.

이 4개의 사례 중에서, 전문가가 채택한 서로 다른 전략의 공통점은, 전문가들이 모두 전문지식으로써 현행 제도 중 존재하는 결함을 발견하고, 상황을 잘 판단해서 계획적이고 창조적인 행동방안을 채택했다는 점이다. 전문가들은 사회운동을 발기하고 그것에 참여하는 과정에서, 한편으로는 용감하게 정치적 위험을 무릅썼고, 다른 한편으로는 자신이 행동전략이 국가의 정치와 법률 틀과 가능한 부합될 수 있도록 했다. 전문가들은 '집단시위사건'을 발동할 생각이 없었고, 이상적인 태도로 정책결정자와 의견을 교환한 것이다. 또한 전문가의 창조적 행동전략의 성공은 파급효과를 불러일으킬 수 있다. 유사한 전략은 다른 영역의 정부정책결정문제에서 다른 전문가에 의해 채택될 수 있고, 이로써 중국의 많은 영역의 정책변화를 추진한다. 전문가 사회운동 모델의 사례비교의 구체적인 내용은 표 5-3에서 보이는 바와 같다.

표 5-3 | 전문가 사회운동 모델의 사례비교

사례	쑨즈강 사건/ 수용송환제도 폐지	덩위자오 사건	첸원후이 사건	웨이보 인신매매 단속과 구걸아동 구조
시간	2003년	2009년	2010년 말~ 2011년 초	2011년 초
원안: 사회문제	쑨즈강 사건	덩위자오 사건	첸원후이 사건	구걸아동
전문가 태도/ 제의	정책에 대해 위헌심사를 진행	덩위자오는 공정한 사법대우를 받아야 함	첸원후이가 살해되었다고 의심 객관적으로 첸원후이 사건을 조사	민중이 인터넷과 정부에 단서를 제공할 것을 고무
전문가 전략	전문가는 공민의 명의로 건의	전문가는 '공민사법정의관찰단' 등의 조직을 만들고 현지로 감	전문가는 '학계 공민 조사단'등의 조직을 만들고 현지로 감	전문가는 네티즌의 신분으로 웨이보를 만듦
국가 정치와 법률 틀	부합	부합	부합	부합
고위층 반응	국무원이 구 법규를 폐지	최고인민법원이 정식답변	없음(첸원후이는 확실히 교통사고로 사망했음을 증거가 보여줌)	국무원 총리가 관심을 드러내고, 유관 부문이 조치를 취할 것을 촉구
정책변화	성공적으로 정책변화를 추진	정책문제와 관련되지는 않지만, 최고인민법원의 관심을 성공적으로 불러 일으킴	실질적인 영향 없고, 현지 정부는 우호적으로 받아들임	'전국인민대표대회와 중국인민정치협상회의' 대표와 위원이 제안을 하고, 정책변화는 현재 진행 중

이 책이 다룬 사회운동을 발기하거나 그것에 참가한 전문가들은 또한 '공공지식인'으로 불리는데, 그들은 전통적 의미의 공공지식인들의 행위와 약간 구별된다. 공공지식인은 일반적으로 언론에서 전문적 관점을 발표하는 것을 그 주요행위모델로 하는데, 그들은 중국 역사상에서도 사회운동을 앞장서서 제창하거나 참여하거나, 국가 정치지도자에게 각종 정치주장을 건의했다. 그러나, 이 장이 정리하는 전문가 사회운동 모델의 특징은, 공공지식인들의 모든 행동은 정치적 환경 및 법률 틀과 언제나 일치되는 것을 견지하고, 모든 현행 헌정제도를 바꾸려는 것을 목표로 하지 않으며, 구체적인 정책의 정책결정 개별사안에 대해서 조사연구를 진행하는 것을 견지하며, 집단행동의 방식으로 정책변화와 정부의 정책결정에 영향을 미치고자 하는 것이다. 이러한 사례 중에서, 공공지식인은 전문가의 신분으로 정책결정자를 설득하는 것이 아니고, 힘껏 자세를 낮추고, '공민'이 신분으로 돌아가서 공민의 기본권리를 행사하는 것이다. 전문가는 이론적으로는 중립적인 관찰자와 건의자이고, 일단 그들이 공민신분으로 돌아가서 전문가 사회운동에 참여하면, 그들은 사실상 중립자의 지위를 버리고, 자신을 정책 이익상관자 중 가장 약한 보통 공민 측에 위치시킨다. 전문가들이 이렇게 행동하는 것은, 사회운동이 더욱 많은 보통 공민의 지지와 반응을 얻을 수 있기를 희망하는 것이고, 정부 정책결정자에 대한 전문가 행동의 간접적 영향력도 이로써 더욱 커질 수 있다.

06

결론

사례비교
총결

이 책에서 우리는 중국의 정책변화과정 중의 전문가 참여모델을 해석하는 것을 통하여 새로운 이론적 모델을 개발하였다. 이 모델에서 정책변화에서의 두 가지 핵심 속성인 '손실자 내포성'과 '지식 복잡성'에 특히 관심을 집중하였다. 두 개념의 제기는 '정책네트워크'와 '위탁－대리'라는 양대 이론으로 발전하였다. 한편으로 과거에 정책네트워크 이론에 대한 연구자들의 주요 비판은, 학자들이 검증할 수 있는 이론적 가설을 제시하지 않은 상태에서 정책네트워크의 구조적 속성과 정책결정과정을 연결시키고자 했다는 데 있었다. 이 책에서 제기한 '손실자 내포성' 개념은 바로 정책네트워크의 특수한 구조적 속성과 정책과정의 행위모델을 이론적으로 연결하려는 시도이다. 다른 한편으로는 과거의 위탁－대리이론은 일반적으로 대리인이 위탁인이 지닌 정보보다 상대적으로 더 많은 정보를 갖고 있다고 본다. 그러나 이 책에서는 전문가의 정책자문 활동과정에서, 위탁인 신분의 정책결정자는 자신을 위해 전문지식이나 정보를 제공할 수 있는 전문가를 초빙하지만, 본인이 핵심적인 정책결정 정보를 가지고 있으면서, 이를 전문가에게는 공개하지 않는 경우도 존재한다. 따라서 전문가의 정책자문과정에서 위탁-대리 사이의 정보의 비대칭적 관계는 위탁자와 대리인 모두 존재할 수 있다. 쌍방향 정보가 비대칭 상태라는 것을 전제로 한 위탁-대리 모델에 기초하여, 이 책은 전문가의 정책자문 활동과정에서 지식복잡성 개념을 제기하고 해석하는 것을 통해, 정책결정자와 전문가 사이의 지식과 정보의 한계점과 우위 부분을 파악하였다. 이 두 개의 정책변화의 핵심속성에서 근거하여 우리는 정책변화를 다음 4가지 유형으로 분류하였다.

표 6-1 | 사례 비교: 정책변화 속성

사례	정책변화속성	
	손실자 내포성	지식 복잡성
신성진의약 위생체계	18개 부서와 위원회의 협조 대형의약기업, 보험사 등 前 의료계통 가운데 수익자	기술성 강함 예비 방안 불명확 정책결정자 핵심정보 미확보
신형농촌합작 의료제도 시험추진	위생부는 개혁의 수익자 기타부서와 지방정부는 이익손실 없음	기술성 강함, 凡 학과 예비방안 수량 많음 정책결정자 핵심 정보 미확보
성시경제적용방 신정	지방정부, 개발기업, 상업은행 '복지주택' 향유, 부정이익획득자는 전 정책최대수익자 중하층 소득가정은 경제적용방정책에서 수익 얻지 못함	정책도구 명확 정책결정자의 핵심정보 이해 기술성 약함 정책도구 명확
수용송환제도 폐지	도시유동인구 정식 호구를 지닌 도시 주민	가술성 약함 정책도구명확, 기술성 강함, 凡 학과 예비방안 수량 다수 정책결정자 핵심정보 미확보

이 책의 특징은 규범적인 사례연구 설계방법을 활용하여, 4가지 정책변화 사례를 자세하게 연구하여, 이론적으로 대표할 수 있는 정책변화 유형을 제시하고자 했다. 여러 이론적 가설을 검증하기 위하여 우리는 비교적 많은 분석을 통해 네 가지 정책변화사례에 대한 비교연구를 진행하였다. 네 가지 정책변화사례는 손실자 내포성과 지식 복잡성 두 요소에서 보면 전형적인 차이가 존재하고 있다.(표 6-1 참조)

첫째, 새로운 도시의약위생체계는 손실자 내포성이 강하고, 지식 복잡성도 높은 정책변화과정이다. 이 과정에서 위생부가 최대의 이익 손실자이다. 위생부는 개혁 시행 초기에 비판을 받았을 뿐만 아니라 전 과정에 걸쳐 끊임없이 권한이 약해졌다. 이 외에 새로운 도시의약위생체계와 관련 있는 다른 부서와 개혁방향에 대해서도 밀접하게 관련을 맺었다. 동시에 새로운 농촌합작의료제도와 비슷하게, 새로운 도시의약위생체계를 수립한 것은 지식복잡성이 매우 높은 정책도구를 선택하는 과정이다. 정부의 정책결정자에게는 전문가들을 통해서 국내의 실제 상황과 국제 사례를 이해하는 것이 필요하며, 전문가들이 공공위생 및 관리 등에 있어서 기술적이며 전문적인 문제에 대해 분석해 주는 것이 요구된다.

둘째, 신형 농촌합작의료제도를 시범적으로 확대해 가는 것은 손실자 내포성은 약하나 지식복잡성은 강한 정책변화과정이다. 이 과정에서 위생부는 최대의 수익자이고, 기타 관련부서 및 지방정부의 이익은 거의 손실이 없다. 특히 위생부는 '부서연석회의' 시스템을 통해 신형 농촌합작의료제도건설 확산을 위한 일상적 업무를 책임지고 있다. 동시에 신형농촌합작의료제도의 확산은 지식 복잡성이 매우 높은 정책도구를 선택하는 과정이다. 정책결정자는 한편으로 농촌위생업무의 실제

상황에 대해 이해하지 못하고, 다른 한편으로 전문가가 각기 다른 정책도구의 효과와 타당성을 이해하기 위해서 현지조사와 정책실행에 대해 시범실시가 필요하다.

셋째, 도시경제적용방정책은 손실자 내포성이 강하나 지식 복잡성은 낮은 정책변화과정이다. 전문가는 경제적용방제도의 폐지와 중앙정부의 재정지원으로 경제적용방을 건설해야 한다는 건의를 하는데, 이익 손실자는 모두 정책결정자 네트워크인 관련 정부부서, 지방정부와 체제내 사람들이 개입되어 있다. 반대로 경제적용방의 정책도구는 주요하게 재정 투입, 토지 공급, 주택 구매기회의 분배 등 크게 세 부분을 포괄하고 있다. 이러한 정책도구의 전문적인 복잡정도는 높지 않으며, 정부가 이들 정책도구와 관련 있는 대부분의 핵심정보를 장악하고 있다. 따라서 정책결정자는 전문가의 도움을 필요로 하지 않고 정책결정을 내리며, 정책결정자가 우선적으로 고려하는 것은 어떻게 정책네트워크에 개입된 이익상관자의 이익의 균형을 맞추느냐이다.

넷째, 수용송환제도의 폐지는 손실자 내포성이 약하고 지식 복잡성도 낮은 정책변화과정이다. 수용송환제도 폐지의 최대 수익자는 도시 유랑걸인들이며, 최대 이익손실자는 도시 상주 주민과 정상적인 유동 노동자이다. 그러나 도시 상주 주민 등의 이익 손실자는 정책결정자 네트워크의 이익상관자는 아니다. 동시에 수용송환제도의 폐지의 지식 복잡성도 높지 않으며, 정책결정자는 전문가의 도움이 없어도 정책결정을 할 수 있다.

본 연구에서 언급한 네 가지 정책변화과정에서의 전문가들의 참여 모델은 각기 다르게 나타났다.

첫째, 새로운 도시의약위생체계개혁 과정에서 전문가는 내부에서의 직접적인 건의가 성공하지 않은 상황 하에 언론을 통해 연구 결과를 공개함으로써 사회 여론의 압력을 높이는 과정을 통해 정책 결정에 영향력을 행사했다. 구체적인 방안의 선택단계에 들어서서는 의약위생체계가 매우 복잡하기 때문에 정책결정자는 다수의 전문가 집단을 초청하여 자문방안을 제공하였다. 또한 전문가의 해결방안에도 큰 차이가 존재하여 전문가 집단사이에 우회적인 방식으로 계몽하는 관계가 존재하였다. 마지막으로 정책결정자가 전문가들의 의견을 종합하여 결정하는 혼합형 '공급수요 겸용(共需兼顾)' 형태의 개혁방안을 채택하였다.

둘째, 농촌합작의료제도의 시범적 확산 과정 중에 전문가의 직접 자문은 정책변화의 아젠다를 성공적으로 추진하면서도, 연구 성과를 대외적으로 바로 공개하지 않았다. 대안선택단계에서 위생부는 전문가 기술지도조와 연구중심을 세워 정부정책결정을 돕도록 하였다.

셋째, 도시경제적용방정책에서 전문가의 주장은 주요하게 두 입장으로 분류되는데, 도시경제적용방정책의 폐지 혹은 중앙정부의 재정투입의 확대이다. 그러나 전문가의 건의는 크게 작용하지 않고, 중앙정부는 두 입장에 대해서 도시경제적용방정책을 폐지하지도 않고, 중앙의 재정투입을 확대하지도 않았다. 그러나 2008년도 있었던 국제금융위기의 발생은 경제적용방건설을 새로이 내수를 확대하는 수단으로 고려되면서 중앙정부가 신속하게 대규모 재정을 경제적용방 건설에 투입하는 결정을 하도록 하였다. 우리는 표 6-2에서 네 가지 정책변화사례에서 나타난 전문가 참여모델과 행동전략의 차이를 비교하였다.

넷째, 국무원이 수용송환제도를 폐지하는 정책변화과정 중에, 전문가는 자신의 '전문가'로서의 신분을 방치하고, 평범한 '시민' 신분으로

324

사회운동에 뛰어들었다.

　수용송환제도를 폐지하는 의사일정이 시작된 이후 정부는 신속하게
새로운 정책을 결정했다. 이러한 모델의 성공에 따라 전문가들의 사회
운동방식의 참여현상은 끊임없이 나타나고 있다. 순즈강(孫志剛)사건 이
후 몇 년 동안 수많은 전문가들이 다양한 사회운동을 시작하거나 참여
하는 방식을 통해 정책변화와 공공정책의 결정에 영향을 행사하고자
했다. 이러한 노력은 성공하기도 하고 실패하기도 하였다.

표 6-2 ㅣ 사례 비교 : 전문가 참여모델

사례	전문가 참여 모델		
	전문가의 기본 주장	전문가 행동 1: 아젠다 설정 단계	전문가 행동 2: 대안 선택 단계
신성진의약위생체계	기존 의료체제를 개혁하여, '진료 곤란', '의료비 부담'문제를 해결하기	직접 전달은 쉽지 않기 때문에 연구 성과를 공개함	정치국의 초청으로 당정지도자들에게 특강, '9+1'형식의 전문가 자문 방안
신형농촌합작의료제도 시범 확산	중앙정부 재정지원을 늘려서, 농촌합작의료보험 실시를 확대하기	직접적 통로를 통해 정책결정에 영향력 발휘, 연구 성과를 즉시 공개하지 않음	위생부가 신형농촌합작의료기술지도조와 신형농촌합작의료연구중심을 설립
성시경제적용방정책	경제적용방제도의 폐지 또는 대체를 위해서, 중앙정부 재정지원 확대하기	정책결정자는 경제적용방정책을 옹호, 전문가 건의는 효과를 발휘하지 못함	초기의 전문가 건의는 효과를 발휘하지 못하다가 국제금융위기 발생 이후에 중앙정부가 비로서 지원 확대를 결정
수용송환제도 폐지	사회적 약자계층을 지원하여, 사회 공정성을 유지하기	'시민'신분으로 전국인대 상무위원회에 편지를 보내 위헌심사를 요청함	정책결정자는 신속히 사회적 약자집단을 지원하는 정책을 내놓음

　　네 가지 사례의 비교 연구를 통해 우리는 전문가의 서로 다른 참여 모델의 시각에서 출발하여 중국에서의 정책 변화의 길을 모색하고자 했다. 각기 다른 정책 변화과정은 손실자 내포성과 지식복잡성이 다르기 때문에 전문가 참여 모델 또한 드라마적인 변화가 발생하고 있다. 이러한 실증적인 자료는 이 책에서 제기한 일련의 이론적 가설을 입증하는 사례들이다.

결론 및 토론

　　이 책은 전문가의 참여를 주축으로 하여 중국의 전문가들이 다양한 형태의 정책변화과정에서의 참여모델을 분석해 본 것이다. 일반적으로 전문가의 참여는 정책변화의 원인이다. 이 책에서 가장 큰 기여는 '역(逆)으로 정책변화가 전문가의 참여에 어떠한 영향을 미치는가'라는 '반(反)직관성(counterintuitive)'이라는 이론적 문제를 제기한 것이다. 만일 우리가 이 문제에 충분히 답변할 수 있다면, 우리는 사실상 정책변화와 전문가 참여 사이에 '내재적 논리관계'(endogenous logic) - 정책변화와 전문가 참여 사이에 상호인과관계가 형성되어 있다고 인정하는 것이다. 그러나 과거의 이론은 대부분 전문가 참여가 정책변화를 추진하는 과정에서의 작용을 강조하고, 정책 변화의 속성이 전문가 참여행위에 미치는 작용은 경시했다. 이러한 핵심적인 이론문제에서 출발하여, 본서는 '중국의 전문가는 각기 다른 정책변화과정에서 어떻게 각기 다른 행동전

326

술과 참여모델을 채택하는가'라는 문제를 제기했다.

　정책변화에 대한 전문가 참여의 반작용 관계를 제기한 것 외에 본서
는 전문가 참여 모델에 영향을 끼치는 두 가지 사회정책의 변화 속성,
'손실자 내포성'과 '지식 복잡성' 개념을 제기하고, 이 두 가지 속성을
통해 전문가의 정책참여모델을 해석하는 이론적 모형을 구축했다. 이
에 따라 중국의 전문가 참여를 '우회계몽모델', '직접자문모델', 폐쇄모
델', '전문가사회운동모델' 등 네 가지 행위모델로 분류하였다. 특별히
이 책의 독창적인 부분은 전문가가 직접 통로를 통해 정책결정에 영향
력을 행사하지 못할 때 채택 가능한 것은 표현방식에 있어서 대중 여
론을 이용하는 것이다. 여론을 이용하는 것은 동일하다. 하지만 본질
적으로 각기 다른 두 가지 간접적인 행동 전술인 대중 계몽과 사회 운
동이다. 이 책에서 분석한 성과는 모두 정책과정과 전문가 참여 연구
영역에서의 이론적 공헌이라 할 수 있을 것이다.

　본 연구는 독자들이 전문가가 중국의 정책과정에 참여하는 상황을
더욱 심도 깊게 알 수 있도록 할 것이다. 서방 학자들은 일반적으로 중
국의 전문가는 관방 또는 내부 통로를 통해서 정부 지도자에게 보고서
를 전달함으로써 의견을 제시하고, 비관방의 전문가는 중국의 주요 정
책결정에 있어서 영향력이 제한적이라고 보고 있다. 그러나 이 책에
열거한 다양한 근거들은 중국의 정책 결정체계가 이미 상당한 정도의
개방성을 지니고 있으며, 관방과 비관방의 전문가는 상호 경쟁 상대가
아니라, 실제로는 분업과 협력 관계를 형성하고 있음을 알 수 있다. 일
단의 정책에서 관방 전문가는 확실히 정책에 영향을 미칠 수 있는 기회
를 많이 가지고 있다. 하지만 다른 정책에서는 비관방 전문가들이 오히
려 우세를 점하고 있다. 일부 정책은 관방과 비관방의 전문가 모두를

필요로 하고, 심지어는 해외 전문가와의 협력도 하고 있으며, 각기 다른 전문가들의 특성을 종합하여 정책 변화를 함께 추진하고 있다.

역사적인 각도에서 보면, 현대 중국의 전문가 참여는 어떻게 변화되어 왔는가? 이 문제는 본 연구에 언급되어 있으나 체계적으로 설명되어 있지는 않고 있다. 우리는 중국의 전문가의 정책참여를 재촉하는 모델 변화 요소는 네 가지로 귀납할 수 있다. 첫째, 정부가 점진적으로 지식인의 사상 및 의식형태에서의 통제를 이완하고 있다. 이는 전문가들에게 더욱 커다란 자주성을 획득하도록 하여 행위모델의 다양성을 이끌어내도록 하였다. 중국의 전문가는 이미 점점 더 많은 자유를 통해 체제내부와 공공영역에서의 정책문제에 대해 논쟁을 전개하고 있다. 둘째, 점점 더 복잡해지는 정책문제에 대해 정책결정자는 정책결정과정에서 전문지식에 대한 요구가 점차 강해지고 있다. 중국의 지도자 계층은 과거의 혁명과 기술관리형 리더십에서 사회관리자 리더십으로의 전환이 이루어지고 있다. 우리는 사회관리자형 관료가 기술관료형 관료에 비해 정책결정과정에서 더욱 많은 동력을 갖고 전문가의 자문을 구할 것으로 기대한다. 셋째, 중국정부는 정보공개 부분에서의 진전은 더욱 많은 연구자들이 정책연구와 정책자문활동에 뛰어들도록 장려하고, 정책결정자들에게 과거보다 더욱 높은 수준의 정책분석과 건의를 제공하고 있다. 넷째, 중국의 전통 미디어의 개혁과 '뉴미디어'의 발전은 전문가에게 대중 여론을 통해 외부의 압력으로 작용하도록 하여 정부의 정책결정에 영향력을 행사하는 것이 점점 더 효과를 발휘하고 있다. 과거에는 중국의 전문가는 내부 통로를 통해 정책에 영향력을 행사하지 못한다면, 정책결정과정에서 배제될 수 밖에 없었다.

본 연구는 당연히 여러 가지 부족한 부분이 있는데, 우리는 향후 더욱 깊은 연구를 진행할 것이다. 첫째, 방법론적으로 인터뷰 대상자의 '주관성' 문제를 피하기 위하여, 본 연구는 다양한 정부 부서의 전문가를 인터뷰하면서, 공개된 자료만 근거로 채택하였다. 이러한 방법의 결함은 공개자료만 채택해서는 복잡한 사례에 대해서 충분한 이해를 하기에는 제한적이라는 것이다. 둘째, 본 연구는 전문가의 입장이 중립적이라고 가정하고 있는데, 이는 연구의 단순화를 위한 것이다. 더욱 깊이 있게 전문가의 복잡한 행위를 알기 위하여 향후 연구에서는 전문가를 개인 이익 추구 속성을 지닌 정책참여자로 볼 수 있다. 셋째, 연구에 대한 집중의 한계로 인해, 본 연구는 단지 네 가지 사회정책의 변화 과정을 사례로 제공하였다. 그러나 이러한 제한이 연구의 이론적 성과를 약화시킨 것은 아니다. 이 중 수용송환정책 폐지 사례는 다양한 각도에서의 상이한 해석이 존재한다는 것을 고려하여, 우리는 다섯 가지 상관 사례에 대한 분석을 통해 전문가의 사회운동모델의 성패와 득실을 비교하였다. 사실상 각각의 전문가 참여모델에 대해서 우리는 여러 차례에 걸쳐 사례를 검토할 수 있었다. 우리는 향후 연구를 통해 보다 풍부한 전문가 정책 참여 사례를 모아 본 연구에서 제기한 이론적 가설을 검증하는 기초로 삼을 것이다.

정책결정의 과학화와
민주화로 통하는 길

여기서 제기하는 건의는 이 책의 목적은 아니나, 본 연구를 통해 얻어진 것을 감안하여 한번 생각해 볼 가치가 있으며, 전문가와 정책결정자들에게 합당한 행동을 취하도록 이끌 수 있다고 보며, 필자가 보기에 본서의 마지막 부분에서 이러한 사고를 정책 건의 방식으로 제출함으로써 중국의 정책결정의 과학화와 민주화 발전을 촉진할 것으로 생각한다.

(1) 전문가에 대한 건의

최근 들어 우리는 정책이 변화하는 과정에서 자주 전문가의 모습을 볼 수 있었다. 그러나 전문가의 적극적인 참여가 정책의 변화에 충분히 영향력을 행사하는 것을 의미하는 것은 아니다. 본 연구의 결과는 관련 정책영역의 전문가들의 사고, 즉 어떻게 가장 효과적으로 제한적이나 독자적으로 지니고 있는 자원을 어떻게 가장 효과적으로 이용하여, 어떠한 참여모델을 선택하고, 전문지식을 정책으로 전환시키냐이다. 전문가의 전문지식이 정책변화에 작용을 미친 사례들 중 전문가는 필히 각기 다른 정책 속성에 근거하여 적절하게 자신의 행동전술을 조정하여, 합리적인 선택모델을 선택하고, 정책에 영향을 미치는 목적을 실현한다. 우리가 반드시 강조하는 것은 전문가 참여모델의 합리적인 선택은 전문가 개인 및 연구조직이 보유하고 있는 상이한 자원의 우세

330

에 기초하여 수립하는 것이다. 어떤 정책의 변화과정 중 정부의 내부
정보 보고 통로가 가장 이상적인 전문가 의견 주입방식이 될 때, 그러
한 정부배경을 지닌 연구기구와 정부 정책결정자와 개인적인 관계를
유지하는 전문가는 쉽게 두각을 나타낼 수 있고, 정책변화과정에서의
핵심 건의자가 될 것이다. 이와 반대로 또 다른 정책 변화 과정에서 전
문가가 어쩔 수 없이 언론이 지닌 외부역량에 의존하여 정책변화를 추
동할 때 광범위한 언론 자원을 갖고 있는 전문가는 쉽게 대중여론을
이끌게 될 것이며, 이들의 목소리 역시 정부 내부의 정책결정자의 주
목을 받는 기회를 가지게 될 것이다.

따라서 전문가들은 첫째, 연구능력을 높이고 사회네트워크를 확장하
는 것 외에 자신의 참여행동에 대해 신중한 계획을 세워야 한다. 둘째,
전문가는 행동에 들어서기 이전에 정책 변화의 이익구조를 분석하여,
행동에 들어서는 주요 이익상관자를 분명히 인지하고, 특히 체제내의
잠재적이익손실자를 파악해야 한다. 셋째, 전문가의 정책건의는 실현
가능성을 갖추기 위해서 우선 재정적인 조건을 분석한다. 특히 중국에
서 분세제도 개혁과 업무와 권한 분리를 실시한 이후 중앙과 지방의
재정 조건에 대해 더욱 관심을 기울여야 한다. 넷째, 서로 다른 정책변
화과정은 특정한 자원우세를 갖춘 전문가들이 정책변화에 성공적으로
영향을 행사하는 것이 필요하다. 따라서 전문가는 정책참여를 할 때
자신의 자원을 분석해야 한다. 필요하다면 전문가들 상호간에 협력 방
식을 통해 서로 자원을 보충해야 한다. 위에서 언급한 것에 따라 우리
는 전문가가 정책변화에 참여할 때의 '행위선택과정'을 도표로 재구성
해 보았다.(그림 6-1)

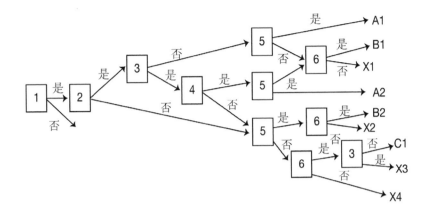

그림 6-1 | 정책변화과정에 참여할 때의 '행위선택계통도'

〈조건〉

1️⃣ 전문가는 이 영역에서 연구능력을 구비하고 있느냐(是) 그렇지 않느냐(否)
2️⃣ 전문가가 이 영역에서 직접영향통로를 갖추고 있느냐(是) 그렇지 않느냐(否)
3️⃣ 체제내 이익손실자가 존재하느냐(是) 그렇지 않느냐(否)
4️⃣ 체제내 다른 수익자 접수 관점이 있느냐(是) 그렇지 않느냐(否)
5️⃣ 이 정책의 지식복잡성이 높느냐(是) 그렇지 않느냐(否)
6️⃣ 언론사와 관계를 갖고 있느냐(是) 그렇지 않느냐(否)

(2) 정책결정자에 대한 건의

본 연구는 정책결정자에게도 일정한 시사점을 갖고 있다. 정책결정자는 정책결정에 있어서의 전문가의 중요성을 명확하게 인식해야 한다. 전문가는 정책결정에 있어서의 부속물이 아니다. 전문가의 존재가치는 정부에게 이성적인 정책결정을 위한 두뇌를 제공하고, 정부로 하여금 복잡한 정책결정문제에 대해 정확한 판단을 내리도록 돕는 데 있다. 더욱 중요한 것은 전문가의 정책 분석이 현재의 최종 정책결정자가 다양한 이익상관자들의 상이한 정책과 주장이 과학적인가 그렇지 않은가를 판단하도록 하는 유일한 도구라는 것이다. 전문가의 합리적인 분석결과는 어느 시기에는 어떤 저액이익상관자의 이익을 침해할 수 있다. 그러나 그렇게 잠재적으로 손실을 입은 손실자는 전문가의 인격을 모독하는 것을 통해 전문가의 관점을 반박해서는 안 된다.389ㅣ 만일 중국에서 두 번 다시 모두가 인정하는 객관적으로 중립적인 전문가가 존재하지 않는다면, 공공정책의 합리성에 대해 의심이 생겨날 것이며, 공공정책결정 역시 끊임없는 논쟁과 낮은 수준의 악순환 과정으로 전락할 것이다.

하지만 현재 중국 사회에는 전문가를 경시하는 현상이 비교적 보편적으로 존재하고 있다. 한편으로 현재의 중국 전문가들이 충분한 연구능력과 독립성을 구비하고 있지 못하며, 따라서 대중의 신뢰를 얻지 못하고 있다. 그러나 다른 한편으로 더 중요한 문제는 중국에 아직 '정책분석시장'(policy analysis market)'390ㅣ이 세워져 있지 않았다는 것이다. 현재 많은 정부정책결정자들은 전문가를 초청하여 정책자문활동을 전개하는 동기는 바로 전문가를 초빙하여 '리더에게 서비스하고자' 함이다. 이러한 동기에 기초하여 정책결정자는 쉽게 의식적으로 사람을 뽑아 자금지원을 하여 전문가들의 연구를 지원하고 있다. 정책결정 자문활동에 있어서 전문가의 연구능력에 대한 객관적인 기준의 결핍은 전문가를 이 연구경비를 확보하기 위하여 자금제공자의 흥미에 부합하는 것에 신경쓰도록 만든다. 오랜 시간이 지나도 전문가의 연구능력이 향상되지 않으면, 전문가는 독립성을 점차 잃어버릴 것이다. 이를 위해 우리는 이 책의 마지막 부분에서 양질의 '정책분석시장'을 핵심으로 하는 전문가 정책참여의 긍정적 발전을 보장하는 일련의 제도적 제언을 정책결정자에게 하고자 했다.

① 정책분석시장의 수요와 공급 시스템

정책분석시장에서 전문가가 제공하는 상품은 정책사상, 전문지식, 건의와 비판도 포함되며, 정부, 언론 그리고 대중 등은 모두 시장에서 이들 상품의 수요자이자 소비자이다. 수요 측면에서 정부는 전문가 직능에 대한 이해와 정책분석에 대한 요구가 전문가참여의 전제조건의 하나이다. 공급측면에서 상이한 배경을 지닌 전문가들이 정치 환경에서 공존할 수 있는지 여부, 다양한 가치와 이익을 대표하는 정치사상을 제공하는 것이 완벽한 정책분석시장의 또 다른 전제조건이다.

② 연구경비의 다원적 인풋(輸入) 시스템

비교적 발달한 정책분석시장에서 연구경비는 전문가의 정책연구의 최종수요자이자 소비자인 정부로부터 나올 뿐만 아니라 공익적 연구기금, 개인 기부, 혹 기업 등 정책사상의 간접적 소비자들로부터도 나온다. 다양하고도 충족한 액수의 연구자금의 근원이 있을 경우, 전문가는 생계를 위해 연구비를 위해 여기저기 기웃거리지 않을 것이다. 따라서 소수의 다른 의도를 갖고 있는 자금지원세력의 이익유도와 그로 인해 독립성을 잃어버릴 가능성도 크게 감소될 것이다. 따라서 전문가의 정책연구를 보장하여 다원적인 재정지원 출처를 보장하는 효과적인 제도적 기초는 중국에 정부의 정책연구기금을 설립하여, 법률 혹은 정책을 통해 사회공익기부를 통해서, 정부가 이끄는 기초 위에서 법률제도를 통하여 민간자본을 연구기금의 유익한 보충을 장려하고, 다양한 전문가의 공익적 연구행위가 정책연구공익기금을 자유로이 신청하게 하는 방식 등이 있다.

③ 연구성과의 다층적 아웃풋(輸出) 시스템

전문가의 연구성과는 정부부서에 전달하는 것 뿐만 아니라, 다양한 형식으로 다른 정책문제에 관심 있는 집단에 전달되고 있다. 정책과정에서 전문가는 상이한 정책참여자들의 도움을 빌어 자신의 사상을 여러 통로를 통해 정부에 전달한다. 따라서 완벽한 정책분석시장에서 정책사상의 최종 소비자로서 정부는 광범위하게 정책과 사상을 수집하고 선별하는 시스템을 구축해야 한다.

④ 정책사상 우열 식별 시스템

정책사상의 우열을 식별하는 시스템은 정책분석시장의 가장 중요한 특징이며, 다른 물질시장과의 본질적인 차이점이다. 이는 정책분석시장의 특징 중의 하나인 정보의 비대칭 문제 때문이다. 정책연구의 소비자는 때때로 정책연구의 수준을 판단하기가 쉽지 않다. 따라서 정책사상에 대한 동종 업계에 의한 평가시스템과 경쟁 시스템 구축이 필요하다. 변론과정에서 정책관점이 다른 관점보다 우위에 설 때, 이러한 관점을 제출하였거나 혹은 지지한 전문가는 변론 중 더욱 높은 정부신뢰와 대중의 지명도를 획득할 것이다. 다양한 정책을 공개리에 주장하는 플랫폼은 정부와 사회의 기타 정책참여자가 능력을 갖추고 더욱 평

등하게 다른 관점의 우열을 구별하는 효과적인 기제이다. 이러한 플랫
폼에서 어떤 정책문제든지 수많은 싱크탱크들은 관심을 갖고 관련정책
과 건의를 제기한다. 이렇게 될 경우에 정부는 마치 선택 가능한 정책
방안을 다양하게 모아놓은 '지식시장'에 들어가는 것과 같다. 동시에
더욱 많은 전문가가 참여할 수 있는 기회를 차지하기 위해 정부에게
의견을 제출하는 시장경쟁 속으로 진입할 것이다. 정부는 적극적으로
핵심적인 정책결정 정보를 공개하여, 전문가의 정책분석성과의 현실화
를 추진해야 한다.

⑤ 정책분석시장의 감독 시스템

　높은 수준의 정보 비대칭 상태의 정책분석시장에서는 정부와 대중의
효과적인 감독이 정책분석시장의 건강한 발전을 보장하기 위한 중요한
조치이다. 정부는 관련 산업협회와 협력하여, 기본적인 승인기준, 직업
표준, 재무감독 관리제도 등을 수립해야 한다. 이렇게 해야만, 전문가의
연구능력과 직업윤리를 보장할 수 있고, 전문가의 공개적으로 발표한
시각과 경비의 출처 사이에 이익상관성이 존재하는지 여부를 감독할
수 있다. 일단 감독시스템이 전문가가 모종의 특수한 이익에 연루되어
있음을 발견하면, 해당 전문가는 정책분석시장에서 퇴출되어야 한다.

미주

01 서론

1 | 萬裏, "決策民主化和科學化是政治體制改革的一個重要課題", 『人民日報』, 1986年7月31日.

2 | Cong Cao, China's Scientific Elite (New York: Routledge, 2004).

3 | Murray Tanner, The Politics of Lawmaking in Post－Mao China: Institutions, Processes, and Democratic Prospects (Oxford: Oxford University Press, 1999).

4 | Xufeng Zhu, "Government Advisors or Public Advocates? Roles of Think Tanks in China from the Perspective of Regional Variations", The China Quarterly 207 (2011), pp.668－686.

5 | James A. Smith, Idea Brokers: Think Tanks and the Rise of the New Policy Elite (New York: The Free Press, 1991).

6 | Richard A. Posner, Public Intellectuals: A Study of Decline (Cambridge, Massachusetts: Harvard University Press, 2001).

7 | John Kingdon, Agendas, Alternatives, and Public Policies. 2nd ed (New York: Harper Collins, 1995): Michael Mintrom, Policy Entrepreneurs and School Choice (Washington, DC: Georgetown University Press, 2000).

8 | 중국 정부과정 중에서 "부서"의 지위와 작용에 관해서는 다음을 참고할 수 있다. 朱光磊, 『當代中國政府過程』, 天津, 天津人民出版社, 1997; 胡偉, 『政府過程』, 杭州, 浙江人民出版社, 1998.

9 | Anthony Barker and B. Guy Peters (ed), The Politics of Expert Advice: Creating, Using and Manipulating Scientific Knowledge for Public Policy (Pittsburgh, PA: University of Pittsburgh Press, 1993); Bruce . Bimber, The Politics of Expertise in

Congress: The Rise and Fall of the Office of Technology Assessment (New York: State University of New York Press, 1996); Sabine Maasen and Peter Weingart (ed), Democratization of Expertise? Exploring Novel Forms of Scientific Advice in Political Decision – Making (Dordrecht: Springer, 1995).

10 | Carol H. Weiss and M. Buculavas (ed), Using Social Research in Public Policy Making (Lexington: Mass. D. C. Heath, 1977); Erik Alboek, "Between Knowledge and Power: Utilization of Social Science in Public Policy Making", Policy Sciences 28, no. 1 (1995), pp.79 – 100; Peter M. Haas, "When does Power Listen to Truth? A Constructivist Approach to the Policy Process", Journal of European Public Policy 11, no. 4 (2004), pp.569 – 592: Andrew Rich, Think Tanks, Public Policy and the Politics of Expertise (New York: Cambridge University Press, 2004); Rejean Landry, Moktar Lamari, and Nabil Amara, "The Extent and Determinants of the Utilization of University Research in Government Agencies", Public Administration Review 63, no. 2 (2003), pp.192 – 205.

11 | Michel Bonnin and Yves Chevrier, "The Intellectual and the State: Social Dynamics of Intellectual Autonomy during the Post – Mao Era", The China Quarterly 127 (1991), pp.569 – 593.

12 | Margaret Sleeboom – Faulkner, "Regulating Intellectual Life in China: The Case of the Chinese Academy of Social Sciences", The China Quarterly 189 (2007), pp.83 – 99.˙

13 | Bonnin S. Glaser and Phillip C. Saunders, "Chinese Civilian Foreign Policy Research Institutes: Evolving Roles and Increasing Influence", The China Quarterly 171 (2002), pp.597 – 616; Barry Naughton, "China's Economic Think Tanks: Their Changing Roles in the 1990s", The China Quarterly 171 (2002), pp.625 – 635; Makiko Ueno, "Northeast Asian Think Tanks: Toward Building Capacity for More Democratic Societies", In Think Tanks and Civil Societies: Catalysts for Ideas and Action, ed. James McGann and Kent R. Weaver (New Brunswick, NJ: Transaction Publishers, 2000), pp.221 – 243.

14 | Shai Ming Chen and Diane Stone, "The Chinese Tradition of Policy Research Institutes", In Think Tank Traditions: Policy Research and the Politics of Ideas, ed. Diane Stone and Andrew Denham (Manchester and New York: Manchester University Press, 2004), pp.14 – 162.

15 | Xufeng Zhu and Lan Xue, "Think Tanks in Transitional China", Public Administration

and Development 27, no. 5 (2007), pp.452-464.

16 | 朱旭峰, 『中國思想庫: 政策過程中的影響力研究』, 北京, 淸華大學出版社, 2009.

17 | "誰是公共知識分子", 『南方人物週刊』, 2004년 9월 8일.

18 | "Top 100 Intellectuals", Foreign Policy, May 15, 2008.

19 | Xufeng Zhu, "Government Advisors or Public Advocates? Roles of Think Tanks in China from the Perspective of Regional Variations", The China Quarterly 207 (2011), pp.668-686.

20 | Xufeng Zhu, "The Influence of Think Tanks in the Contemporary Chinese Policy Process: Different Ways and Mechanisms", Asian Survey 49, no. 2 (2009), pp.333-357.

21 | 朱旭峰, "中國政策精英群體的社會資本: 基於結構主義視覺的分析", 『社會學研究』, 2006年第4期.

22 | Xufeng Zhu, "Bureau Chiefs and Policy Experts in the Chinese Policy Decision-Making Process: Making Guanxi More Influential", The China Review 9, no. 2 (2009), pp.129-155.

23 | Kenneth Lieberthal and Michel Oksenberg, Policy Making in China: Leaders, Structures and Processes (New Jersey: Princeton University Press, 1988).

24 | Harold. D. Lasswell, "The Political Science of Science", The American Political Science Review 50, no. 4 (1956), pp.961-979.

25 | Robert Gilpin and Christopher Wright, Scientists and National Policy-Making (New York: Columbia University Press, 1964); John M. Logsdon, "Review: Influencing government", Science 175, no. 4028 (1972), pp.1351-1352; James A. Smith, Idea Brokers: Think Tanks and the Rise of the New Policy Elite (New York: The Free Press, 1991); Andrew Rich, Think Tanks, Public Policy and the Politics of Expertise (New York: Cambridge University Press, 2004).

26 | Nathan Caplan, "The Two-Communities Theory and Knowledge Utilization", American Behavioral Scientist 22, no. 3 (1979), pp.459-470.

27 | James L. Sundquist, "Research Brokerage: The Weak Link," In Knowledge and Policy: The Uncertain Connection, ed. Laurence. E. Lynn (Washington D.C.: National Academy of Sciences, 1978).

340

28 | Carol H. Weiss and M. Buculavas (ed), Using Social Research in Public Policy Making (Lexington: Mass. D.C. Heath, 1977).

29 | Björn Wittrock, "Social Knowledge and Public Policy", In Social Sciences and Modern States: National Experiences and Theoretical Crossroads (Advances in Political Science), ed. Carol Weiss, Peter Wagner, B. Wittrock, and H. Wollmann. (New York: Cambridge University Press,1991), pp.333 — 354.

30 | Carol H. Weiss, "The Many Meanings of Research Utilization", Public Administration Review 29 (1979), pp.426 — 431; Stephen J. Kline and Nathan Rosenberg, "An Overview of Innovation", In The Positive Sum Strategy: Harnessing Technology for Economic Growth, ed. Ralph Landau and Nathan Rosenberg (Washington, D.C.: National Academy Press,1986), pp.275 — 306; Robert K. Yin and Gwendolyn B. Moore, "Lessons on the Utilization of Research from Nine Case Experiences in the Natural Hazards Field", Knowledge in Society: the International Journal of Knowledge Transfer 1, no. 3 (1988), pp.25 — 44; Rejean Landry, "Barriers to Efficient Monitoring of Science, Technology and Innovation through Public Policy", Journal of Science and Public Policy 16 (1990), pp.345 — 352; Rejean Landry, Nabil Amara, and Moktar Lamari, "Utilization of Social Science Research Knowledge in Canada", Research Policy 30 (2001), pp.333 — 349.

31 | Emery Roe, Narrative Policy Analysis: Theory and Practice (Durham, London: Duke University Press, 1994).

32 | Diane Stone, Simon Maxwell, and Michael F. Keating, "Bridging Research and Policy", Paper presented at the An International Workshop Funded by the UK Department for International Development Radcliffe House, Warwick University, 16 — 17 July, 2001.

33 | Stephanie Neilson, "Knowledge Utilization and Public Policy Processes: A Literature Review", IDRC — Supported Research and Its Influence on Public Policy, International Development Research Centre, 36, 2001.

34 | Robert W. Porter and Suzanne Prysor — Jones, "Making a Difference to Policies and Programs: A Guide for Researchers", Washington D. C.: Support for Analysis and Research in Africa (SARA) Project, 1997.

35 | KFPE, "Guidelines for Research in Partnership with Developing Countries", Bern: Swiss Commission for Research Partnership with Developing Countries, 1998.

36 | James L. Garrett and Yassir Islam, "Policy Research and the Policy Process: Do the Twain Ever Meet?" International Institute for Environment and Development, 1998.

37 | RAWOO, "Utilization of Research for Development Cooperation: Linking Knowledge Production to Development Policy and Practice", The Hague: Netherlands Development Assistance Research Council, 2001.

38 | Robert Gilpin and Christopher Wright, Scientists and National Policy-Making (New York: Columbia University Press,1964); Dean Schooler, Science, Scientists, and Public Policy (New York and London: The Free Press,1971); Dorothy Nelkin, "The Political Impact of Technical Expertise", Social Studies of Science 5, no. 1 (1975), pp.35–54; Carol H. Weiss and M. Buculavas (ed), Using Social Research in Public Policy Making (Lexington: Mass. D.C. Heath, 1977); Erik Alboek, "Between Knowledge and Power: Utilization of Social Science in Public Policy Making", Policy Sciences 28, no.1 (1995), pp.79–100; Peter M. Haas, "When Does Power Listen to Truth? A Constructivist Approach to the Policy Process", Journal of European Public Policy 11, no.4 (2004), pp.569–592; Rejean Landry, Moktar Lamari, and Nabil Amara, "The Extent and Determinants of the Utilization of University Research in Government Agencies", Public Administration Review 63, no.2 (2003), pp.192–205; Éric Montpetit, "Policy Design for Legitimacy: Expert Knowledge, Citizens, Time and Inclusion in the United Kingdom's Biotechnology Sector", Public Administration 86, no.1 (2008), pp.259–277.

39 | Fritz Machlup, Knowledge and Knowledge Production, (Princeton, NJ: Princeton University Press, 1980).

40 | Rejean Landry, Moktar Lamari, and Nabil Amara, "The Extent and Determinants of the Utilization of University Research in Government Agencies", Public Administration Review 63, no.2 (2003), pp.192–205.

41 | Nathan Caplan, "The Use of Social Science Information by Federal Executives", In Social Science and Public Policies, ed. G. M. Lyons (Hanover, NH: Dartmouth College, Public Affairs Center,1975), pp.47–67; James A. Ciarlo (ed), Utilizing Evaluation: Concepts and Measurement Techniques (Beverly Hills, CA: Sage Publications, 1981); Carol Weiss and Michael J. Bucuvalas, "Truth Tests and Utility Tests: Decision–Makers Frames of References for Social Science Research", American Sociological Review 45, no.2 (1980), pp.302–313; Laura Edwards, Using Knowledge and Technology to Improve the Quality of Life of People Who Have Disabilities: A

342

Prosumer Approach (Philadelphia, PA: Pennsylvania College of Optometry,1991); Peter M. Haas, "When Does Power Listen to Truth? A Constructivist Approach to the Policy Process", Journal of European Public Policy 11, no.4 (2004), pp.569 − 592.

42 | Duncan Jr. MacRae and Dale Whittington, Expert Advice for Policy Choice: Analysis and Discourse (Washington, DC: Georgetown University Press, 1997); Erik Mostert and G. T. Raadgever, "Seven Rules for Researchers to Increase Their Impact on the Policy Process", Hydrology and Earth System Sciences 12, no.4 (2008), pp.1087−1096.

43 | Roger A. Pielke Jr., The Honest Broker: Making Sense of Science in Policy and Politics (Cambridge: Cambridge University Press, 2007); Roger A. Pielke Jr., "Who Has the Ear of the President?" Nature 450 (2007), pp.347 − 348.

44 | Andrew A. Rosenberg, "Four Ways to Take the Policy Plunge." Nature 448 (2007), p.867.

45 | Kevin Currey and Susan G. Clark, "Book Review: The Honest Broker: Making Sense of Science in Policy and Politics", Policy Sciences 43, (2010), pp.95−98.

46 | Dean Schooler, 1972; Paul Sabatier, "The Acquisition and Utilization of Technical Information by Administrative Agencies", Administrative Science Quarterly 23 (1978), pp.396−417; David J. Webber, "Political conditions Motivating Legislators Use of Policy Information", Policy Studies Review 4 (1984), pp.110−118; Robert K. Yin and Gwendolyn B. Moore, 1988, pp.25 − 44.

47 | David M. Ricci, The Transformation of American Politics: The New Washington and the Rise of Think Tank (New Haven and London: Yale University Press,1993); Cockett Richard, Thinking the Unthinkable: Think Tanks and the Counter − Revolution, 1931 − 1983 (London: Harper Collins, 1994); James G. McGann, The Competition for Dollars, Scholars and Influence in the Public Policy Research Industry (NewYork: University Press of America, 1995).

48 | Carol H. Weiss and M. Buculavas (ed), 1977; James A. Smith, 1991; Diane Stone, Capturing the Political Imagination: Think Tanks and the Policy Process (London: Frank Cass, 1996); Andrew Rich, Think Tanks, Public Policy, and the Politics of Expertise (New York: Cambridge University Press, 2004).

49 | Donald E. Abelson, American Think − Tanks and Their Role in Us Foreign Policy, (New York: ST. Martin's Press, 1996).

50 | Donald E. Abelson, Do Think Tanks Matter? Assessing the Impact of Public Policy Institutes, (Montreal: McGill－Queen's University Press, 2002).

51 | Andrew Denham and Mark Garnett, British Think－Tanks and the Climate of Opinion, (London: UCL Press, 1998); James McGann and Kent R. Weaver (ed), Think Tankers aand Civil Societies: Catalyst for Ideas and Action (New Brunswick, NJ: Transaction Publishers, 2000); Diane Stone, Andrew Denham, and Mark Garnett eds, Think Tanks across Nations: A Comparative Approach (Manchester and New York: Manchester University Press, 1998); Diane Stone and Andrew Denham eds, Think Tank Traditions: Policy Research and the Politics of Ideas (Manchester and New York: Manchester University Press, 2004).

52 | 朱旭峰, 『中國思想庫: 政策過程中的影響力研究』.

53 | R.A.W. Rhodes, Understanding Governance: Policy Networks, Governance, Reflexivity and Accountability (Buckingham: Open University Press, 1997).

54 | Tanja A. Barzel, "Organising Babylon—On the Different Conceptions of Policy Networks", Public Administration 76 (1998), pp.253–273.

55 | Michael Keren, "Science vs. Government: A Reconsideration", Policy Sciences 12 (1980), pp.333–353; Rejean Landry, Nabil Amara, and Moktar Lamari, 2001; Xufeng Zhu, 2009.

56 | Paul Sabatier and Hank Jenkins－Smith (ed), Policy Change and Learning: An Advocacy Coalition Approach (Boulder, CO: Westview Press, 1993).

57 | Tanja A. Barzel, 1998.

58 | Dietmar Braun, "Who Governs Intermediary Agencies? Principal－Agent Relations in Research Policy－Making", Journal of Public Policy 13 (1993), pp.135–162; Chris Caswill, "Social Science Policy: Challenges, Interactions, Principals and Agents", Science and Public Policy 25 (1998), pp.286–296; David H. Guston, "Principal–Agent Theory and the Structure of Science Policy." Science and Public Policy 23, no.4 (1996), pp.229–240; David H. Guston, Between Politics and Science: Assuring the Integrity and Productivity of Research, (New York: Cambridge University Press, 2000); Barend Van der Meulen, "Science Policies as Principal-Agent Games: Institutionalization and Path－Dependency in the Relation between Government and Science", Research Policy 27, no.4 (1998), pp.397–414.

344

59 | Oliver E. Williamson, Markets and Hierarchies: Analysis and Antitrust Implications, (New York: Free Press, 1975); James S. Coleman, Foundations of Social Theory (Cambridge MA: Belknap Press of Harvard University Press, 1990).

60 | Michael Lipsky, "Protest as a Political Resource." American Political Science Review 62 (1968), pp.1144 – 1158: John J. Kirlin, "The Impact of Increasing Lower – Status Clientele Upon City Governmental Structures: A Model From Organizational Theory", Urban Affairs Quarterly 8 (1973), pp.317 – 343.

61 | Todd LaPorte, "The Recovery of Relevance in the Study of Public Organizations," In Toward a New Public Administration: The Minnowbrook Perspective, Edited by Frank Marini (Scranton, PA: Chandler Publishing, 1971) pp.17 – 48.

62 | George Frederickson, New Public Administration Tuscaloosa (Alabama: University of Alabama Press, 1980).

63 | John Clayton Thomas, Public Participation in Public Decisions: New Skills and Strategies for Public Managers (San Francisco: Jossey – Bass, 1995).

64 | "시민참여"의 개념은 민주사회에서의 시민투표, 법률소송, 파업, 불법시위 등의 형식을 배제한다. 이러한 형식들은 일반적으로 "시민행동주의(citizen activism)"의 중요 구성부분으로 인식지만, 우리들이 말하는 "참여(participation 또는 involvement)"는 아니다. [James. L. Creighton, The Public Participation Handbook: Making Better Decisions through Citizen Involvement (San Francisco, CA: Jossey – Bass, 2005), p.8].

65 | Sherry R. Arnstein, "A Ladder of Citizen Participation", Journal of the American Institute of Planners 35 (1969), pp.216 – 224; Chery Simrell King, Kathryn M. feltey, and Bridget O'Neil Susel, "The Question of Participation: Toward Authentic Public Participation in Public Administration", Public Administration Review 58 (1998), pp.317 – 326.

66 | Richard C. Box, Citizen governance: Leading American Communities Into the 21st Century (Thousand Oask, CA: Sage, 1998); Chery Simrell King, Camilla Stivers, and Collabrators, Government is Us: Public Administration in an Anti – Government Era (Thousand Oask, CA: Sage, 1998).

67 | Renée A. Irvin, and John Stansbury, "Citizen Participation in Decision Making: Is It Worth the Effort?", Public Administration Review 64 (2004), pp.55 – 65.

68 | Sidney Verba, Kay Schlozman, Henry Brady, and Norman Nie, "Citizen Activity: Who

Participates? What Do They Say?", American Political Science Review 87 (1993), pp.303 – 318; Carol Ebdon, "Beyond the Public Hearing: Citizen Participation in the Local Government Budget Process", Journal of Public Budgeting, Accounting & Financial Management 14 (2002), pp.273 – 294.

69 | Ned Crosby, Jenet. M. Kelly, and Paul Schaefer, "Citizen Panels: A New Approach to Citizen Participation", Public Administration Review 46 (1986), pp.170 – 178.

70 | Kaifeng Yang, "Public Administrators Trust in Citizens: A Missing Link in Citizen Involvement Efforts", Public Administration Review 65 (2005), pp.273–285.

71 | Ned Crosby, Jenet. M. Kelly, and Paul Schaefer, 1986.

72 | Kaifeng Yang and Kathe Callahan, "Citizen Involvement Efforts and Bureaucratic Responsiveness: Participatory Values, Stakeholder Pressures, and Administrative Practicality", Public Administration Review 67 (2007), pp.249 – 264; Kaifeng Yang and Kathe Callahan, "Training and Professional Development for Civically Engaged Communities", Innovation Journal 10, no. 1 (2005), pp.1 – 16.

73 | David Lampton (ed), Policy Implementation in Post – Mao China (Berkeley: University of California Press, 1987); Kenneth Lieberthal and Michel Oksenberg, 1988; Kenneth Lieberthal and David M. Lampton, Bureaucracy, Politics, and Decision Making in Post – Mao China (Berkeley: University of California Press, 1992); Kenneth Lieberthal, Governing China: From Revolution through Reform (New York: Norton,1995); Susan Shirk, The Political Logic of Economic Reform in China (Berkeley: University of California Press, 1993).

74 | Joseph Fewsmith, Dilemmas of Reform in China: Political Conflict and Economic Debate (New York: M. E. Sharpe, 1994); Joseph Fewsmith, Elite Politics in Contemporary China, (Armonk, N.Y: M. E. Sharpe, 2001); David Shambaugh, "The Dynamics of Elite Politics During the Jiang Era", The China Journal 45 (2001), pp.101 – 11; Jonathan Unger (ed), The Nature of Chinese Politics: From Mao to Jiang (New York: M. E. Sharpe, 2002); Bruce J. Dickson, Red Capitalists in China: The Party, Private Entrepreneurs, and Prospects for Political Change (Cambridge, England: Cambridge University Press, 2003); Cong Cao, 2004; Scott Kennedy, The Business of Lobbying in China (Cambridge and London: Harvard University Press, 2005).

75 | 徐湘林, "從政治發展理論到政策過程理論－中國政治改革研究的中層理論建構探討", 『中國社會科學』 2004年第3期, pp.108 – 120.

346

76 | 徐湘林, "摸著石頭過河與中國漸進政治改革的政策選擇", 『天津社會科學』 2002年第
3期, p.6.

77 | 胡象明, "論地方政策的決策模式", 『武漢大學學報』 1997年第2期, p.8.

78 | 盧邁, 『面對希望之野』, 北京, 中國發展出版社, 2000.

79 | 寧騷, 『公共政策學』, 北京, 高等教育出版社, 2003.

80 | 王紹光, "學習機制與適應能力: 中國農村合作醫療體制變遷的啟示", 『中國社會科學』
2008年第6期, pp.59－72.

81 | 陳玲, 趙靜, 薛瀾, "擇優還是折衷?－轉形期中國政策過程的一個解釋框架和公式決
策模型", 『管理世界』 2010年第8期, pp.59－72.

82 | Andrew Mertha, "Fragmented Authoritarianism 2.0: Political Pluralization in the
Chinese Policy Process", China Quarterly 200 (2009), pp.995－1012.

83 | Shaoguang Wang, "Changing Models of China's Policy Agenda Setting", Modern China
34 (2008), pp.56–87; Shaoguang Wang, "Adapting by Learning: The Evolution of
China's Rural Health Care Financing", Modern China 35 (2009), pp.370－404.

84 | Kenneth Lieberthal and Michel Oksenberg, 1988; Susan Shirk, 1993; Kate Hannan,
Industrial change in China: Economic restructuring and conflicting interests (London:
Routledge, 1998); Yasheng Huang, Inflation and investment controls in China: The
political economy of central local relations during the reform era (New York:
Cambridge University Press, 1999).

85 | 朱旭峰, "制度的預期與結果: 中國電信業市場改革歷程分析", 『管理世界』 2003年第
10期.

86 | 國務院辦公廳發表2006]97號文件, "國務院辦公廳轉發國資委關於推進國有資本調整
和國有企業重組指導意見的通知".

87 | Yingyi Qian and Barry R. Weignast, "Federalism as a Commitment to Preserving
Market Incentives", Journal of Economic Perspectives 11 (1997), pp.83－92.

88 | Jonathan Unger and Anita Chan, "Inheritors of the Boom: Private Enterprise and the
Role of Local Government in a Rural South China Township", The China Journal 42
(1999), pp.45－74.

89 | Scott Kennedy, 2005; Yongming Zhou, "Social Capital and Power: Entrepreneurial
Elite and the State in Contemporary China", Policy Sciences 33 (2000), pp.323－40;

Bruce J. Dickson, 2003.

90 | Randall Peerenboom, China's Long March toward Rule of Law (Cambridge, United Kingdom: Cambridge University Press, 2002); 張泰蘇, "中國人在行政糾紛中爲何偏好信訪?", 『社會學研究』 2009年第3期.

91 | Shaoguang Wang, 2008; Golden T. William, Worldwide Science and Technology Advice to the Highest Levels of Governments (New York and Oxford: Pergamon Press, 1991).

92 | Donald E. Abelson, 2002; Xufeng Zhu and Lan Xue, 2007.

93 | Benjamin Liebman, "Watchdog or demagogue? The Media in the Chinese Legal System", Columbia Law Review 105 (2005), pp.1–157; Shaoguang Wang, 2008; Yongnian Zheng, Technological Empowerment: The Internet, State, and Society in China, (Stanford, CA: Stanford University Press, 2007).

94 | Michael Howlett and M. Ramesh, Studying Public Policy: Policy Cycles and Policy Subsystems, (Oxford University Press, 1995).

95 | John Kingdon, Agendas, Alternatives, and Public Polices 2nd ed, (New York: Harper Collins, 1995).

96 | David A. Rochefort and Roger W. Cobb (eds), The Politics of Problem Definition: Shaping the Policy Agenda, (Lawrence, KS: University Press of Kansas, 1994).

97 | Paula J. King, and Nancy C. Roberts, "Policy Entrepreneurs: Catalysts for Policy Innovation", Journal of State Government 60 (1987), pp.172–179.

98 | John Kingdon, 1995.

99 | Mark Granovetter, "Economic Action and Social Structure: The Problem of Embeddedness", The American Journal of Sociology 91 (1985), pp.481–510.

100 | Peter Evans, Embedded Autonomy: States and Industrial Transformation (Princeton: Princeton University Press, 1995).

101 | Lily Tsai, "Solidary Groups, Informal Accountability, and Local Public Goods Provision in Rural China", American Political Science Review 101 (2007), pp.355–372.

102 | Everett M. Rogers, Diffusion of innovations, (NY: Free Press, 1995).

103 | Peter F. Drucker, "The Discipline of Innovation." Harvard Business Review 63 (1985),

348

pp.67-72.

104 ｜ John Kingdon, 1995.

105 ｜ 王錫鋅 章永樂, "專家, 大衆與知識的運用－行政規則制定過程中的一個分析框架", 『中國社會科學』 2003年第2期.

106 ｜ Peter F. Drucker, 1985.

107 ｜ Anthony Barker and B. Guy Peters (ed), 1993.

108 ｜ 朱旭峰 田君, "知識與中國公共政策的議政設置: 一個實證研究", 『中國行政管理』 2008年第6期, pp.107－113.

109 ｜ Shanthi Gopalakrishnan and Fariborz Damanpour, "Patterns of Generation and Adoption of Innovations in Organizations: Contingency Models of Innovation Attributes", Journal of Engineering and Technology Management 11 (1994), pp.95-116.

110 ｜ "中共中央關於加強黨的執政能力建設的決定". 그러나 전문성 기술성이 강하지 않은 정책결정문제에 대해서, "決定"은 전문가 자문의 정책결정기제를 구체적으로 규정하고 있지 않다.

111 ｜ Michael D. Cohen, Jams G. March, and Johan P. Olsen. "A Garbage Can Model of Organizational Choice." Administrative Science Quarterly 17 (1972): 1－15.

112 ｜ Nigel King, "Innovation at Work: The Research Literature," In Innovation and Creativity at Work: Psychological and Organizational Strategies, edited by Michael A. West and James L. Farr (New York: Wiley, 1990), pp.15-59.

113 ｜ Fariborz Damanpour and Marguerite Schneider, "Characteristics of Innovation and Innovation Adoption in Public Organizations: Assessing the Role of Managers", Journal of Public Administration Research and Theory 19 (2008), pp.495-522.

114 ｜ David Dolowitz and David Marsh, "Who Learns What from Whom: A Review of the Policy Transfer Literature", Political Studies 44 (1996), pp.343-57; Diane Stone, "Non－Governmental Policy Transfer: The Strategies of Independent Policy Institutes", Governance 13 (2000), pp.45－69.

115 ｜ Gary J. Miller and Terry M. Moe, "Bureaucrats, Legislators, and the Size of Government", American Political Science Review 77 (1983), pp.297－322.

116 ｜ Richard W. Waterman and Kenneth J. Meier, "Principal－Agent Models: An

Expansion?", Journal of Public Administration Research and Theory 8 (1998), pp.173
－202.

117 | John Kingdon, 1995.

118 | Nina P. Halpern, "Information Flows and Policy Coordination in the Chinese
Bureaucracy," In Bureaucracy, Politics, and Decision Making in Post－Mao China,
edited by Kenneth G. Lieberthal and David M. Lampton, 1992, pp.126－149.

119 | 우리는 다음과 같은 사실을 관찰할 수 있다. 즉, 대중이 널리 비판하는 소위 "쫜
자"나 "쟈오쇼우"의 대다수는 이러한 정책영역에서 나오는데 그 이유는 이러한 정
책문제는 상대적으로 간단하며, 전문가가 의견을 내어 어떤 이익집단을 지지한다
고 공개적으로 표명할 경우, 대중은 전문가 의견이 객관적 진상에 부합하는지 그
리고 경향성을 가지고 있는지를 비교적 용이하게 판단할 수 있기 때문이다.

120 | Christopher M. Weible, "An Advocacy Coalition Framework Approach to Stakeholder
Analysis: Understanding the Political Context of California Marine Protected Area
Policy", Journal of Public Administration Research and Theory 17 (2007), pp.95-117.

121 | Benjamin L. Crosby, Stakeholder Analysis: A Vital tool for Strategic Managers
(Washington, DC: USAID, 1991); Ruari Brugha and Zsuzsa Varvasovsky, "Stakeholder
Analysis: A Review", Health Policy and Planning 15 (2000), pp.239-246.

122 | Robert K. Yin, Case Study Research: Design and Methods, 4th ed (London, Sage,
2009), p.54.

123 | 陳向明, 『質的研究方法與社會科學研究』, 北京, 敎育科學出版社, 2000, p.104.

124 | Robert K. Yin, 2009, p.102.

02 우회계몽모델

125 | 『醫改二十年』, http://www.caijing.com.cn/2007－11－15/100038054.html, 2007年11月
15日. 참조.

126 | 王虎峰, "我國衛生醫療體制改革30年", 『中國改革開放30年(1978—2008)』, 北京, 中

350

國社會科學文獻出版社, 2008. 참조.

127 | 『醫改二十年』, http://www.caijing.com.cn/2007－11－15/100038054.html, 2007年11月15日。참조.

128 | 國務院發展研究中心課題組, "對中國醫療衛生體制改革的評價與建議", 『中國發展評論』第7卷, 2005年 第1期. 王紹光, "政策導向, 汲取能力與衛生公平", 『中國社會科學』, 2005年 第6期. 참조.

129 | "我國新醫改方案曆經3年數易其稿終出爐", http://news.sina.com.cn/c/2009－04－06/184617556444.shtml, 2009年4月6日。참조.

130 | "李克强出任醫改領導小組組長", http://news.sina.com.cn/c/2009－04－08/074917566706.shtml, 2009年4月8日。참조.

131 | 孫一枚, "寄望'新醫改元年'", 『中國商界(上半月)』 2008年第2期. 참조.

132 | 孫晨, "'難産'的新醫改方案", 『中國市場』 2008年第3期. 참조.

133 | "深圳醫改方案：解除政府與公立醫院行政隸屬關系", 『南方日報』 2009年7月31日. 참조.

134 | "社區醫院能否走出困境？", 『河源晚報』 2007年9月4日. 참조.

135 | "新醫改激活社區醫院居民家門口看病方便又便宜", 참조.
http：//www.hljdaily.com.cn/xw_snyw/system/2009/04/17/010343989.html. 2009年4月17日.

136 | 王曉傑 張健, "政府在醫療保險體系中的角色定位", 『行政論壇』 2006年第5期. 참조.

137 | "報告稱內地9成醫生認爲付出與報酬不符逾2成不了解醫改", 참조.
http：//finance.ifeng.com/topic/xylgg/news/hgjj/20090426/583308.shtml,2009年4月26日.

138 | "新醫改方案征集意見結束 醫生拿回扣問題受關注", 참조.
http：//finance.ifeng.com/money/insurance/hydt/20081115/212299.shtml, 2008年11月15日.

139 | "北大教授劉國恩呼籲醫生應成爲"自由職業者",
http：//finance.ifeng.com/news/hgjj/20081016/180662.shtml, 2008年10月16日。

140 | 廖懷凌, "新醫改研究探索注冊醫師多點執業是福還是禍？", 『羊城晚報』 2009年4月9日。참조.

141 | 江國成 周婷玉 韓潔, "世界性難題的中國解決方案—透視醫改方案中的創新之處",

新華網, 2009年4月6日。 참조.

142 | 魏傑 趙俊超, "加入WTO以後政府與企業的關系", 『理論前沿』 2002年第1期。 참조.

143 | 王紹光, "中國公共政策議程設置的模式", 『中國社會科學』 2006年第5期, 第92頁。

144 | 王俊秀, "國務院研究機構最新報告說: '中國醫改不成功'", 『中國青年報』 2005年7月 29日。 참조.

145 | 葛延風, "我國醫改基本不成功最新報告將出爐", 『新華網』, 2005年7月30日。 참조.

146 | 李宗品, "高強: 不要爭論醫改成功與否", 『新京報』 2005年11月29日。 참조.

147 | 王淑麗, "醫療改革: 六次變化串起22年", 『新聞世界』 2007年第3期, 第17~19頁。 참조.

148 | 張苗, "新醫改箭在弦上", 『中國社會保障』 2008年第4期。 참조.

149 | 王淑麗, "醫療改革: 六次變化串起22年", 『新聞世界』 2007年第3期, 第17~19頁。 참조.

150 | "衛生部部長高強撰文談醫改 解答四個什麼'", 『人民日報』 2006年11月23日。 참조.

151 | "我國新醫改方案曆經3年數易其稿終出爐", 참조.
http：//news.sina.com.cn/c/2009－04－06/184617556444.shtml,2009年4月6日。

152 | 談佳隆, "9套醫改方案仍然懸而未決 政府主導趨勢已經明朗化", 『中國經濟周刊』 2007年第43期；"新醫改總體方案'兩會'提交10套醫改方案大盤點", 『健康時報』 2008年2月29日；"新醫改十套方案", 『社會科學報』 2008年11月13日.참조.

153 | "醫療制度改革—應市場主導還是政府主導？",
http：//finance.ifeng.com/blank/20090326/330.shtml, 2009年3月26日。 참조.

154 | "國家新醫改課題組組長顧昕: 醫改有三個突破口",
http：//www.chinanews.com.cn/jk/ylgg/news/2008/09－25/1393916.shtml, 2008年9月 25日.

155 | 李玲, "醫改方案執筆人: 醫改和錢無關", 참조.
http：//finance.ifeng.com/news/opinion/jjsp/20090325/476351.shtml, 2009年3月25日.

156 | 胡善聯, "醫改,計劃與市場從來就不是對立的", 『第一財經日報』 2005年8月25日。 참조.

157 | 童大煥: 『中國醫改'政府主導'和市場規律並行不悖』, 『新京報』 2007年11月15日. 참조.

158 | 楊團, "走出醫改困境的思考: 全社會承擔公共責任", 『醫院領導決策參考』 2006年第 20期. 참조.

159 | 李玲, "醫改方案執筆人: 醫改和錢無關", 참조.

http：//finance.ifeng.com/news/opinion/jjsp/20090325/476351.shtml, 2009年3月25日.

160 ┃ "'賣光'後的宿遷醫改", 『中國新聞周刊』 2006年7月17日.

161 ┃ 李玲, "江蘇宿遷賣光式醫改調研: 看病貴問題未解決", 『中國青年報』 2006年6月22日. 참조.

162 ┃ 李玲, "醫療體制的現狀、問題以及對策", 참조.
http：//www.unirule.org.cn/Secondweb/DWContent.asp? DWID=11,2006年3月31日.

163 ┃ "清華學者談對宿遷醫改爲何同北大學者觀點相反", 참조.
http：//news.sina.com.cn/c/h/2006－12－11/171811759886.shtml, 2006年12月11日.

164 ┃ 孫書博, "醫改小組升級成定局33家醫藥協會建議大改方案", 『第一財經日報』 2008年11月3日.

165 ┃ "170名醫院院長聯名建議衛生部掌管醫保機構",
http：//news.ifeng.com/mainland/200811/1122_17_890433.shtml, 2008年11月11日.

166 ┃ 『科技日報』 "專家論壇"欄目, 2008年11月7日.

167 ┃ 於明德, "專家直抒己見 稱部門利益是正確醫改方案之大敵",
http：//health.sohu.com/20081027/n260261812.shtml, 2008年10月27日.

168 ┃ 汪嚴安, "新醫改模式之專家意見", 『醫院領導決策參考』 2006年第20期. 참조.

03 직접자문모델

169 ┃ 「"新農合"寫進社會保險法草案醫療保險專章」,
htttp://npc.people.com.cn/GB/8567055.html, 2008년 12월 23일; "社會保險法",
http://www.51labour.com/zhuanti/shebao/ 2010년 11월 5일.

170 ┃ Adam Wagstaff, Magnus Lindelow, Gao Jun, Xu Ling, and Qian Juncheng, "Extending Health Insurance to the Rural Population: An Impact Evaluation of China's New Cooperative Medical Scheme", World Bank: WPS4150, 2007.

171 ┃ 중국내 많은 학자들의 토론을 참고하라. 馬敬東 張亮 馮占春 陳迎春 方鵬騫, "完

善新型農村合作醫療制度研究述評: 進展與發展", 『中國衛生經濟』 2008年第6期; 楊團, "農村新型合作醫療政策需要反思", 『科學決策』 2005年第6期, pp.15－18; 朱瑩 王建華 蔣承, "從"合作"的角度分析合作醫療", 『中國社會保障』 2006年第6期, pp.23－25; 鄧大松 吳小武, "論我國新型農村合作醫療制度中政府的作用", 『江西社會科學』 2006年第2期, pp.21－25; 高夢滔 高廣穎 劉可, "從需求角度分析新型農村合作醫療制度運行的效果－雲南省3個試點縣的實證研究", 『中國衛生經濟』 2005年第5期, pp.9－12; 劉曉雲 馮學山 賈小婷 等, "發展合作醫療的難點問題與根源分析", 『中國衛生經濟』 2005年第7期, pp.31－33; 唐鈞, "關於"新農合的幾點思考"", 『中國衛生』 2007年第2期, pp.40－42; 鄧大松 張國斌, "關於新型農村合作醫療制度探索中的思考－基於河南省新鄉市獲嘉和封丘兩縣的調查", 『學習與實踐』 2007年第2期, pp.112－116; 丁少群 尹中立, "農村醫療保障: 新型農村合作醫療該向何處去", 『中國衛生經濟』 2005年第3期, pp.20－23; 陳其廣, "新型農村合作醫療體系目標探討", 『中國社會科學院研究生院學報』 2005年第6期, pp.43－46.

172 | 張琪, 『中國醫療保障理論, 制度與運行』, 北京, 中國勞動社會保障出版社, 2003, p.147.

173 | 張琪, 『中國醫療保障理論, 制度與運行』, 北京, 中國勞動社會保障出版社, 2003, p.147.

174 | 張自寬 朱子會 王書城 等, "關於我國農村合作醫療保健制度的回顧性研究", 『中國農村衛生事業管理』 1994年第6期, pp.4－5.

175 | 張自寬, "對合作醫療早期歷史情況的回顧", 『中國衛生經濟』 1992年第6期, pp.21－23.

176 | 宋曉梧, 『中國社會保障制度建設20年』, 北京, 中州古籍出版社, 1998, p.181.

177 | 蔡仁華主編, 『中國醫療保障改革實用全書』, 北京, 中國人事出版社, 1998, p.344.

178 | 張琪, 『中國醫療保障理論, 制度與運行』, p.149.

179 | 張琪, 『中國醫療保障理論, 制度與運行』, p.149.

180 | 顧濤 單傑 石俊仕 等, "農村醫療保險: 制度相關問題分析及政策建議", 『中國衛生經濟』 1998年第4期, pp.42－43.

181 | 課題組, "中國農村衛生服務籌資和農村醫生報酬機制研究", 『中國初級衛生保健』 2000年第7期, pp.3－10.

182 | 陳敏章, "加快農村合作醫療保健制度的改革和建設", 『中國農村衛生事業管理』 1994

年第9期, pp.1－4.

183 ｜ 馬振江, "試論有中國特色的農村初級衛生保健體系", 『中國衛生經濟』 2000年第5期, pp.51－52.

184 ｜ 陳佳貴, 『中國社會保障發展報告』, 北京, 社會科學文獻出版社, 2001, pp.282－284.

185 ｜ 2005年 "中國衛生事業發展情況統計公報".

186 ｜ 2006年 "中國衛生事業發展情況統計公報".

187 ｜ 2007年 "中國衛生事業發展情況統計公報".

188 ｜ 2008年 "中國衛生事業發展情況統計公報".

189 ｜ 2009年 "中國衛生事業發展情況統計公報".

190 ｜ "關於鞏固和發展新型農村合作醫療制度的意見", 衛生部農村衛生管理司網, 2009年 7月13日.

191 ｜ "國務院關於同意建立新型農村合作醫療部際聯席會議制度的批復", 中和人民共和國 中央人民政府網, 2003年 9月3日.

192 ｜ "農村衛生管理司", http://www.moh.gov.cn/publicfiles/business/htmlfiles/mohncwsgls /pjgzn /200804/34720.htm, 2005年 3月1日.

193 ｜ 宋大平 趙東輝 楊志勇 劉永華 汪早立, "新型農村合作醫療管理與經辦體系建設現狀 及對策", 『中國衛生經濟』 2008年第2期.

194 ｜ 宋大平 趙東輝 楊志勇 劉永華 汪早立, "新型農村合作醫療管理與經辦體系建設現狀 及對策", 『中國衛生經濟』 2008年第2期.

195 ｜ 宋大平 趙東輝 楊志勇 劉永華 汪早立, "新型農村合作醫療管理與經辦體系建設現狀 及對策", 『中國衛生經濟』 2008年第2期.

196 ｜ 다음을 참조하라. 劉雅靜, "我國農村合作醫療保障制度的歷史思考及政策建議", 『社區醫學雜誌』 2004年第6期, p.38.

197 ｜ Yuanli Liu and Keqin Rao, "Providing Health Insurance in Rural China: From Research to Policy", Journal of Health Politics, Policy and Law 31, no.1 (2006), p.86.

198 ｜ 陳佳貴, 『中國社會保障發展報告』, pp.282－284.

199 ｜ 龔向東, "貧困地區農民合作醫療支付能力研究", 『中國衛生經濟』 1998年第10期, p.47.

200 ｜ 國家統計局農村社會經濟調查總隊, 『中國農村統計年鑑(2002)』, 北京, 中國統計出版社, 2002, p.16.

201 ｜ 顧聽 高夢滔 姚洋, 『診斷與處方－直面中國醫療體制改革』, 北京, 社會科學文獻出版社, 2006, p.148.

202 ｜ 毛正中 蔣家林, "新型農村合作醫療制度的特徵及目前面臨的挑戰", 『中國衛生經濟』 2005年第1期.

203 ｜ 徐淩忠, "商業保險機構參與新型農村合作醫療的SWOT分析", 『中國衛生事業管理』 2009年第5期.

204 ｜ Adam Wagstaff, Magnus Lindelow, Gao Jun, Xu Ling, and Qian Juncheng, 2007.

205 ｜ 王紹光, "學習機制與適應能力: 中國農村合作醫療體制變遷的啓示", 『中國社會科學』 2008年第6期.

206 ｜ 龔向東 胡善聯 程曉明, "貧困地區政府和集體在合作醫療籌資中的作用", 『中國衛生事業管理』 1998年第10期, pp.516－517; 程曉明, "對中國農村貧困地區合作醫療的政策建議", 『國際醫藥衛生導報』 2003年第9期, pp.17－18.

207 ｜ 中國農村合作醫療最佳實踐模式課題組, "中國農村合作醫療最佳實踐模式的研究", 『中國初級衛生保健』 2003年第6期, pp.15－16.

208 ｜ 中國農村健康保險實驗項目研究組, "中國農村健康保險實驗研究工作報告", 『中國衛生事業管理』 1994年第2期, p.74.

209 ｜ 龔向東 胡善聯 程曉明, "貧困地區農民對合作醫療的意願支付", 『中國初級衛生保健』 1998年第8期, p.11.

210 ｜ 姚繼先, 吳玉明, 湯金甫, "啓東市農村合作醫療保險籌集使用及補償情況分析", 『中國初級衛生保健』 1998年第3期, p.21; 中國農村合作醫療保健制度改革研究中央課題組, "14個縣農村合作醫療保健制度改革研究(I)(階段性研究報告)", 『中國初級衛生保健』 1996年第11期, p.6.

211 ｜ 汪時東　葉宜德, "農村合作醫療制度的回顧與發展研究", 『衛生事業及醫院管理』 2004年第4期, p.12.

212 ｜ 汪和平 淩紅梅, "合作醫療是農村居民的願望", 『衛生經濟研究』 2000年第6期, pp.38~39.

213 ｜ 汪時東 葉宜德, 2004, p.12.

214 | 王紹光, 2008, p.129.

215 | Yuanli Liu and Keqin Rao, 2006, pp.71−92.

216 | Yuanli Liu and Keqin Rao, 2006, pp.71−92.

217 | 張良 陳俊國, "二十世紀九十年代以來我國農村衛生改革之歷程", 『西南國防醫藥』 2005年第6期.

218 | "衛生部辦公廳關於成立衛生部新型農村合作醫療技術指導組的通知", http://www.moh.gov.cn/publicfiles/business/htmlfiles/zwgkzt/pncws/200804/31116.htm, 2004年4月1日.

219 | http://www.ccms.org.cn/sub1.aspx?id=85.

04 폐쇄모델

220 | "國家計委、建設部關於印發經濟適用住房價格管理辦法的通知", 참조. http：//www.china.com.cn/chinese/PI－c/237658.htm, 2002年11月17日.

221 | "濟適用房爲何既不經濟又不適用 廉租房接唱主角？", 『華商晨報』 2009年8月19日. 참조.

222 | "探究經濟適用房真相: 經適房到底便宜了誰?", 『世界財經報道』 2009年8月21日.

223 | "住建部官員談經適房棄購現象 要求完善定價機制", 참조. http：//gx.house.sina.com.cn/news/2009－08－18/1616882.html, 2009年8月18日.

224 | 木人, "經適房惠民政策成有錢人紅包", http://bj.house.sina.com.cn/bzzf/2009－08－19/1044325243.html, 2009年8月19日.

225 | 徐凱, "經濟適用房爲廉租房讓路", http://news.sina.com.cn/c/2009－03－17/133917424354_2.shtml,2009年3月17日.

226 | 馬紅漫, "經濟適用房建設不可半途而廢", 『第一財經日報』 2009年8月21日. 참조.

227 | "保障房尋租醜聞", 『中國青年報』 2009年8月5日. 참조.

228 | "鄭州副局長質問記者：替黨說話 還是替百姓說話",

http：//society.people.com.cn/GB/1062/9493799.html, 2009年6月17日.

229ㅣ "淮安推'共有産權房'化解購房難", 참조.
http：//www.js.xinhuanet.com/xinwenzhongxin/2010－03/17/content_19262014.htm,
2010年3月17日.

230ㅣ "河北省人民政府關於促進全省房地産市場健康穩定發展的苦幹意見",
http：//www.hebei.gov.cn/article/20081127/1104243.htm, 2008年11月27日.

231ㅣ "鄭州樓市十二新政昨公布實施 經適房可無障礙上市交易", 『東方今報』 2009年4月29
日. 참조.

232ㅣ "江蘇常州停建經適房 困難戶購房將獲8萬元補貼", 『現代快報』 2009年2月27日. 참조.

233ㅣ "「鄭州實物配租廉租住房管理辦法」 下月試行』, 참조.
http：//henan.people.com.cn/news/2009/11/13/433791.html, 2009年11月13日.

234ㅣ 『經濟適用房建設進度不能再"打折"』, 『中華工商時報』 2009年9月2日. 참조.

235ㅣ 張軍：『經適房該不該判死刑』, 『羊城晚報』 2009年8月16日. 참조.

236ㅣ 『經適房建設半年僅完成37% 地方政府被指消極』,
http：//news.sina.com.cn/c/2009－08－21/000818478230.shtml, 2009年8月21日.

237ㅣ 聖翔：『"棄建經適房"能否促建廉租房？』, 『武漢晚報』 2008年12月11日. 참조.

238ㅣ 『住建部將首度摸底限價房及公租房情況』, 『濟南日報』 2009年8月27日.

239ㅣ 『地方棄經適房轉建廉租房 因可爭取更多財政支持』, 『中國房地産報』 2009年8月17
日. 참조.

240ㅣ 『不能按揭貸款成主因 昆明2777套經適房遭棄購』, 『都市時報』 2009年8月19日. 참조.

241ㅣ 『590套經適房今開售萬戶家庭輪候』, 『南方日報』2009年8月20日. 참조.

242ㅣ 『上海新規：經適房單套售價不得超基准價20%』, 『東方早報』2009年8月12日. 참조.

243ㅣ 易憲容：『經適房利潤不止3% 開發商長期暴利』,
http：//wh.house.sina.com.cn/news/2009－08－20/091787779.html, 2009年8月20日.

244ㅣ 王明峰、王煒：『經濟適用房會退出曆史舞台嗎』, 『人民日報』2009年8月13日. 참조.

245ㅣ 『經適房建設半年僅完成37% 地方政府被指消極』, 참조.
http：//news.sina.com.cn/c/2009－08－21/000818478230.shtml, 2009年8月21日.

246ㅣ 『房價知情權亟待破題 有多少是灰色成本』, 『中國證券報』 2009年6月2日.

247 | 『福利房回潮, "公務員房"緣何屢建不絶』, 『瞭望新聞周刊』 2009年3月26日. 참조.

248 | 『中石油20億團購北京黃金地段8幢住宅樓 每平九千』, 참조.
http：//business.sohu.com/20090826/n266248924.shtml, 2009年8月26日.

249 | 邢飛：『中石油團購房被指利益輸送 只有領尊亨受福利』, 『北京晨報』 2009年8月28日.

250 | 馬紅漫：『經濟適用房建設不可半途而廢』, 『第一財經日報』 2009年08月21日. 참조.

251 | 吳偉：『石家莊上千套經適房固定價偏高遭棄購』, 『新京報』 2009年8月3日. 참조.

252 | 熊錦秋：『經濟適用房保障方式不公平 可考慮共有産權房』, 『上海證券報』 2009年5月11日. 참조.

253 | 『經適房：努力在保障性與市場化之間尋求"平衡"』,
http：//news.xinhuanet.com/house/2009－08/18/content_11901386.htm,2009年8月18日.

254 | 『重慶一經濟適用房交房8月近半出租』, 『南方周末』 2009年6月24日. 참조.

255 | 徐凱：『委員稱經濟適用房易形成尋租應停建』, 『瞭望東方周刊』 2009年3月17日.

256 | 『香港委員建議廣州用租房補貼代替廉租房』, 『新快報』 2009年2月25日. 참조.

257 | 『經適房制度有先天缺陷 保障性住房租比賣好』, 『廣州日報』 2009年9月4日。

258 | 王東京：『專家聲音：經濟適用房政策怎麼改才有利於民』, 『人民日報(海外版)』 2007年3月28日. 참조.

259 | 鄭功城：『破解住房難關鍵在哪』, 『人民論壇』 2007年3月15日. 참조.

260 | 『香港委員建議廣州用租房補貼代替廉租房』, 『新快報』 2009年2月25日.

261 | 『重慶一經濟適用房交房8月近半出租』, 『南方周末』 2009年6月24日. 참조.

262 | 『地方棄經適房轉建廉租房 因可爭取更多財政支持』, 『中國房地産報』 2009年8月17日. 참조.

263 | 『住建部力挺經適房 專家：可不賣土地所有權』, 『每日經濟新聞』, 2009年8月7日. 참조.

264 | 『評論：不能因腐敗判經適房死刑』, 『中國證券報』 2009年8月12日.

265 | 『住建部力挺經適房 專家：可不賣土地所有權』, 『每日經濟新聞』, 2009年8月7日. 참조.

266 | 『住建部稱將嚴厲查處經適房違規事件』, 『人民日報』 2009年8月5日. 참조.

267 │ 王煒：『經濟適用房監管光靠審核制度不行』, 『人民日報』 2009年8月13日. 참조.

268 │ 王明峰、王煒：『經濟適用房會退出曆史舞台嗎？』, 『人民日報』 2009年8月13日.

269 │ 陳斯：『北京考慮出台配套政策應對經適房出租』, 『法制晩報』 2009年7月28日. 참조.

270 │ 楊冬：『上海明確規定經適房不得出租』, 『新聞晩報』 2009年7月23日. 참조.

271 │ 『爲何子君村2777套經適房遭棄購?』, 『生活新報』 2009年8月18日. 참조.

272 │ 『經適房昆明遭棄成政府燙手山芋 折射制度缺陷』, 『中國靑年報』 2009年9月23日. 참조.

273 │ 『爲何子君村2777套經適房遭棄購？』, 『生活新報』 2009年8月18日. 참조.

274 │ 『住建部官員談經適房棄購現象 要求完善定價機制』, http：//www.chinanews.com/estate/news/2009/08－17/1822315.shtml, 2009年8月18日.

275 │ 『關於印發 「上海市經濟適用住房價格管理試行辦法」 的通知』, 2011年3月3日. 참조.

276 │ 『國土資源部專項調査揭秘房地產項目地價房價比』, 참조. http：//www.china.com.cn/policy/txt/2009－07/28/content_18220689.htm, 2009年7月28日.

277 │ 『地價指數做內參達十年 專家上書國土部望公開』, 『中國房地產報』 2009年8月17日.

278 │ 『地價指數做內參達十年 專家上書國土部望公開』, 『中國房地產報』 2009年8月17日. 참조.

279 │ 邢飛：『李稻葵：必須打破樓市僵局 進行第二次房改』, http：//house.people.com.cn/GB/9750475.html, 2009年7月30日.

280 │ 潘建：『14位房地產界專家聯名上書建議二次房改』, 『北京商報』 2009年8月26日. 참조.

281 │ 『淸華敎授：高房價實際上對開發商也不利 必須進行第二次房改』, 『北京晨報』 2009年7月29日. 참조.

282 │ 劉慧勇、孫洪先：『啓動"二次房改"勢在必行』, 『中國財經報』 2009年8月7日. 참조.

283 │ 王亞楠：『李水源解賣"二次房改"：與我國國情相距甚遠』, 『河北靑年報』 2009年9月3日. 참조.

284 │ 馬紅漫：『二次房改是對一次房改的揚棄』, 『廣州日報』 2009年8月27日. 참조.

285 │ 『上海商報：二次房改建議完全多此一擧』, 『上海商報』 2009年8月29日. 참조.

360

286 │ 『住建部力挺經適房 專家：可不賣土地所有權』,『每日經濟新聞』2009年8月7日.

287 │ 徐凱 :『經濟適用房拉鋸戰』,『瞭望東方周刊』2009年3月17日.

288 │ 『建設部專家稱：公共租賃住房應不受戶籍限制』,
　　　http：//news.dichan.sina.com.cn/2009/03/19/15709.html, 2009年3月19日. 참조.

289 │ 『陳淮：住房保障體系重心應適度上移』, http：//www.clr.cn/front/read/read.asp?
　　　ID=169263, 2009年8月17日. 참조.

290 │ 熊錦秋 :『經濟適用房保障方式不公平 可考慮共有産權房』,『上海證券報』2009年5
　　　月11日. 참조.

291 │ 『政協委員提案停建經適房 常州模式難推廣』,『揚子晚報』2009年3月9日. 참조.

292 │ 徐凱 :『委員稱經濟適用房易形成尋租應停建』,『瞭望東方周刊』2009年3月17日.

293 │ 『張力：建議向中低收入家庭發放購房券』,『新京報』2009年3月15日. 참조.

294 │ 賈海峰、張文文 :『預熱住房保障法 住建部正在制訂住房三年規劃』,『21世紀經濟
　　　報道』2009年8月18日. 참조.

295 │ 『住房和城鄉建設部副部長齊驥談加快建設保障性安居工程，促進民生改善與經濟發
　　　展』, 참조. http：//www.gov.cn/zxft/ft172/, 2009年5月7日.

296 │ 『住建部力挺經適房 專家開偏方：可不賣土地所有權』,『每日經濟新聞』2009年8月
　　　7日. 참조.

297 │ 『住房城鄉建設部負責人就經濟適用房答新華社記者問』,
　　　http：//www.gov.cn/jrzg/2009－08/18/content_1394688.htm, 2009年8月18日.

298 │ 이 중에는 2008年度 제4분기에 100억 위안을 추가하여 모두 9,100억 위안을 복지형
　　　주택 건설을 위한 자금이 포함되어 있다. 王煒 :『保障性住房, 9000億元怎麼花』,
　　　『人民日報』2008年11月13日.을 참조.

299 │ 『專家稱住房保障法尚在研究階段』, http：//news.sina.com.cn/c/2009－08－
　　　21/001918478257.shtml, 2009年8月21日. 참조.

300 │ 『專家稱住房保障法尚在研究階段』, http：//news.sina.com.cn/c/2009－08－
　　　21/001918478257.shtml,2009年8月21日. 참조.

301 │ 『住房保障法：三年規劃望近日出台』,『21世紀經濟報道』2009年8月19日. 참조.

05 전문가 사회운동 모델

302 | 全根先, 『中民政工作全書(下)』, 北京, 中國廣播電視出版社, 1999, pp.1936–1968.

303 | 刁傑成, 『人民信訪史略』, 北京, 北京經濟學院出版社, 1996, p.236.

304 | 趙凌, "流乞救助辦法的決策歷程", 『南方週末』 2003年6月26日.

305 | "中國法治現狀素描", http://article.chinalawinfo.com/ArticleDetail.asp?Articled=3199, 2002年1月20日.

306 | 林煒 遊春亮 黃少煥, "誰製造了慘絶人寰的輪姦案", 『中國靑年報』 2000年7月26日.

307 | 林煒, "收容站裏健壯靑年離奇死亡", 『中國靑年報』 2001年8月27日.

308 | 張志强 戴瑩 蔣凌霜, "滴血的收容－漣源遣送站不交錢就活活打死", 『三湘都市報』 2001年9月24日.

309 | 程剛, "一位壯漢在收容所裏被"管理班長"毆打致死", 『中國靑年報』 2001年9月24日.

310 | 唐建光, "孫志剛死亡眞相", 『中國新聞週刊』 2003年第21期.

311 | 楊得志, "一起收容站逃亡事件的調査", 『中國靑年報』 2000年9月6日.

312 | 全根先, 1999, p.1965.

313 | 壽蓓蓓, "收容: 一項救濟制度怎樣變形", 『南方週末』 2001年12月13日.

314 | 趙凌, "誰都沒想道這麼快－流乞救助辦法的決策歷程", 『南方週末』 2003年6月26日.

315 | 劉仁文, "收容遣送工作有違〈立法法〉", 『中國靑年報』 2000年8月4日; 淩廣志 韓敬山, ""收容"的背後有多黑", 『半月談』 2002年第9期.

316 | 劉學剛 陳嘉, "暫住證: 雁過發毛引來的民怨沸騰", 『瞭望』 2003年第44期; 胡訓瑠 等, "可持續發展戰略與城市人口管理制度改革", 다음을 보라. 上海市警察學會編, 『社會治安與警務工作研究論文選集(1995–2000)南方週末』, 上海, 東華大學出版社, 2002.

317 | 孟波, "六問收容制度", 『南方都市報』 2003年5月27日.

318 | 馬寧, "專家: 救助管理充滿"人文關懷"", 『中國靑年報』 2003年6月23日.

319 | 趙凌, 2003.

320 | 陳峰, "關於孫志剛案的回憶", 南方日報社60周年紀念網, 2009年4月17日.

321 | 陳峰 王雷, "被收容者孫志剛之死", 『南方都市報』 2003年4月25日.

322 | 崔麗, "三公民上書人大建議對收容辦法進行違憲審查", 『中國青年報』 2003年5月16日; 曹林, "維護憲法權威的非常責任", 『光明日報』 2003年6月6日.

323 | 胡錦濤, "在首都各界紀念中華人民共和國憲法公布施行二十周年大會上的講話", 『人民日報海外版』 2002年12月5日.

324 | Laura Paler, "China's Legislation Law and the Making of a More Orderly and Representative Legislative System", The China Quarterly 182 (2005), pp.301-318.

325 | 童之偉, "孫志剛案提出的機個學理成問題", 『法學』 2003年第7期, pp.3-6.

326 | Kevin J. O'Brien, Reform without Liberalization: China's National People's Congress and the Politics of Institutional Change, (New York, NY: Cambridge University Press, 1990); Murray Tanner, 1999; Pitman B. Potter, The Chinese Legal System: Globalization and Local Legal Culture, (New York: Routledge, 2001).

327 | 童之偉, 2003, pp.3-6.

328 | 許志永, "違憲審查公民建議", 許志永文集, 2011年4月7日.

329 | 賀衛方, "從孫志剛事件看中國法治發展", http://www.people.com/GB/shehui/46/20030610/1013342.html, 2003年6月10日.

330 | 騰彪, "孫志剛事件: 被討論的和被回避的(未刪稿)", http://www.chinalawedu.com/news/20800/210/2004/7/hu249910483410274002168720_125062.htm, 2004年7月20日.

331 | Erik Eckholm, "Petitioners urge China to enforce legal rights", New York Times, June 2, 2003, A1.

332 | 騰彪, 2004.

333 | 牛龍雲, ""孫志剛事件"與違憲審查制度", 『瞭望』 2003年第22期, pp.50-52.

334 | 童之偉, 2003, p.6.

335 | 騰彪, 2004.

336 | 林金芳, "廢除"收容遣送制度"沒有回頭路", http://news.xinhuanet.com/comments/2006-06/26/content_4749499.htm, 2006年6月26日.

337 | David A. Rochefort and Roger W. Cobb (eds), 1994.

338 | Yongnian Zheng and Guoguang Wu, "Information Technology, Public Space, and Collective Action in China", Comparative Political Studies 38 (2005), pp.507-536.

339 | John G. Ikenberry, "The International Spread of Privatization Policies: Inducements, Learning, and Policy Bandwagoning,"In The Political Economy of Public Reform and Privatization edited by E. N. Suleiman and J. Waterbury (Boulder, CO: Westview Press, 1990, pp.88-110); Michael Mintrom, and Sandra Vergari, "Advocacy Coalitions, Policy Entrepreneurs, and Policy Change", Policy Studies Journal 24 (1996), pp.420-434.

340 | Nikolaos Zahariadis, "To Sell or Not to Sell? Telecommunications Policy in Britain and France", Journal of Public Policy 12 (1992), pp.355-376.

341 | 陳其强, "浙江大學學生殺人案引發公衆對公務員錄用標準質疑", 『法制日報』 2003年 10月27日; "社會記錄: 乙肝岐視第一案", http://www.cctv.com/tvguide/20040202/100607.shtml, 2004年1月14日.

342 | "肝膽相照"論壇, 『戰勝乙肝』, 北京, 東方出版社, 2005.

343 | "衛生部官員: 近2億人的事要重視", 『成都日報』 2003年12月20日.

344 | 崔麗, "法規審查備案室成立 違法違憲審查納入啓動程序", 『中國青年報』 2004年6月20日.

345 | "人事部衛生部就乙肝病原攜帶者錄用徵求社會意見", http://news.xinhuanet.com/newscenter/2004-08/10/content_1752258.htm, 2004年8月10日.

346 | 杜文娟, "傳染病防治法: 張先著爲1.2億人維權", 『人民日報』 2005年4月13日.

347 | 李愼波, "教授上書全國人大 直言現行戶籍制度有悖憲法", 『法制晚報』 2004年11月18日.

348 | 沈亮, "法學界提請對勞敎制度啓動違憲審查", 『南方週末』 2007年12月5日.

349 | "湖北警方決定將刺死官員女服務員送醫療機構檢查", http://www.chinanews.com/sh/news/2009/05-18/1697032.shtml, 2009年5月18日.

350 | "野三關鎭一娛樂場所發生命案 行凶女子已被警方控制", http://www.cjbd.com.cn/2009-05/12cms184662article.shtml, 2009年5月12日; "警方稱 "鄧玉嬌被强姦"不存在", http://society.people.com.cn/GB/42733/9352208.html, 2009年

5月22日.

351 ┃ "從三次案情通告看鄧玉嬌案的困境", 『華商報』 2009年5月20日.

352 ┃ "女服務員刺死官員續: 刑拘後被醫院捆綁", 『京華時報』 2009年5月19日.

353 ┃ 龍志, "警方稱鄧玉嬌案只能定爲異性洗浴 是普通命案", 『南方都市報』 2009年5月22日.

354 ┃ 龍志, "鄧玉嬌案風雲再起: 其母張樹梅與律師解除委託", 『南方都市報』 2009年5月24日.

355 ┃ 龍志, "警方: 鄧玉嬌未被強姦, 鄧母: 洗掉衣物 "解雇"律師", 『南方週末』 2009年5月
25日.

356 ┃ "女服務員刺死官員續 鄧玉嬌內褲上留有強姦證據", 『重慶晚報』 2009年5月23日.

357 ┃ "巴東政府聲明引發猜忌 鄧玉嬌母親態度前後劇變", 『廣州日報』 2009年5月19日.

358 ┃ "烈女鄧玉嬌當成爲中國當代女性的楷模!",
http://leaders.people.com.cn/GB/9336388.html, 2009年5月20日.

359 ┃ http://news.sina.com.cn/z/dengyujiao/index.shtml

360 ┃ 甘麗華 李雪瑩, "專家析鄧玉嬌案: 女性維護貞操可不考慮防衛後果", 『中國青年報』
2009年5月20日.

361 ┃ "依法維護婦女權益, 全國婦聯高度重視鄧玉嬌事件並將密切關注事件進展",
http://www.women.org.cn/allnews/29/81.html, 2009年5月22日.

362 ┃ 楊超, "記者采訪鄧玉嬌案遭圍毆 被強制寫下書面材料",
http://news.xinhuanet.com/zgjx/2009－05/29/content_11451777.htm, 2009年5月19日.

363 ┃ 黃秀麗, "與鄧玉嬌案相關: 巴東37天", 『南方週末』 2009年6月17日.

364 ┃ "關注鄧玉嬌案及網絡民意研討會",
http://laws.sinoth.com/Doc/article/2009/5/28/server/1000041024.htm, 2009年5月28日.

365 ┃ 張潔平 咼中校, "鄧玉嬌案網內外的公民力量", 『亞洲週刊』 2009年6月3日.

366 ┃ "最高院回應鄧玉嬌案: 辦案法院應"理性"", 『新京報』 2009年6月3日.

367 ┃ "鄧玉嬌一審被判免予刑事處罰",
http://news.xinhuanet.com/legal/2009－6/16/content_11551254.htm, 2009年6月16日.

368 ┃ "恩施多部門聯合發通知清理整頓娛樂場所", 『恩施日報』 2009年6月1日.

369 ┃ "歐洲時報: 鄧玉嬌案民意玉成正義 凸顯社會進步",

http://news.xinhuanet.com/overseas/2009－06/19/content_11567223.htm, 2009年6月19日.

370 | "一起簡單的交通事故", 『人民日報』 2011年1月29日; "錢雲會案一審判決", 『京華時報』 2011年2月2日.

371 | "三組公民獨立調查團擬前往樂清調查錢雲會事件", http://news.ifeng.com/society/special/leqingchehuoshigu/content－2/detail_2010_12/29/3771146_0.shtml, 2010年12月29日.

372 | 상술한 단체 성원의 명단은 필자가 많은 매체의 인터뷰에 근거하여 정리하여 만든 것이다.

373 | 許志永, "公盟"錢雲會之死眞相"調查報告", http://www.chinaelections.org/Newsinfo.asp?NewsID=197869, 2010年12月31日; 許志永, "公盟"公盟"錢雲會之死眞相"調查報告(第二版)", http://www.chinaelections.org/Newsinfo.asp?NewsID=198601, 2011年1月26日.

374 | 學界公民樂清觀察團錢雲會死亡事故組, "樂清錢雲會之死觀察報告(第一階段)", http://www.chinaelections.org/newsinfo.asp?newsid=197867, 2011년1월20일.

375 | "五部委聯合下發通知要求進一步加强城市街頭流浪乞討人員救助管理和流浪未成年人解救保護工作", http://www.mps.gov.cn/n16/n983040/n1928424/n1928454/2000711.html, 2009년7월31일.

376 | 郭曉宇, "民政部擬起草流浪未成年人救助保護條例", 『法制日報』 2010年5月27日.

377 | http://weibo.com/yujianrong.

378 | "於建嶸的一天", 『21世紀經濟報道』 2011年1月6日.

379 | "2010中國魅力50人", 『南方人物週刊』 2010年第44期.

380 | "隨手拍照解救乞討兒童" 新浪微博, http://weibo.com/jiejiuqier.

381 | "微博解救乞討兒童活動到被拐3年男兒", 『信息時報』 2011年2月9日.

382 | 胡謀 薑贊, "公安部回應微博打拐稱會核查網友提供的每條線索", 『人民日報』 2011年2月10日.

383 | 胡謀 薑贊, "公安部回應微博打拐稱會核查網友提供的每條線索", 『人民日報』 2011年2月10日.

384 | "公安部: 發現利用未成年人乞討請打110", http://news.xinhuanet.com/video/2011－02/11/c_120164081.htm, 2011年2月11日.

385 │ "溫家寶: 我已責成有關部門采取綜合措施救助流浪兒童",
http://news.xinhuanet.com/2011－02/27/c_121126556.htm, 2011年2月27日.

386 │ "趙林中代表: 實行乞討兒童全國聯網公示制度",
http://www.legaldaily.com.cn/zt/content/2011－03/13/content_2513853.htm?node=
27689, 2011年3月13日.

387 │ 王薈, "韓紅首次披露打拐提案內容 建議設兒童保護機構", 『新京報』2011年3月11日.

388 │ "於建嶸的一天", 『21世紀經濟報道』2011年1月6日.

06 결론

389 │ 일부 언론매체에서는 사회여론을 끌기 위하여, 전문가들의 주장에 대해서 정당하
지 못한 인용과 왜곡보도를 하여, 이러한 현상이 나타나는 것을 조장했다.

390 │ 薛瀾、朱旭峰: 『中國思想庫的社會職能—以政策過程爲中心的改革之路』, 『管理
世界』 2009年第4期.

역자 후기

　최근 한국에서 외신으로 접하는 중국의 정치 관련 소식은 우울하기만 하다. 매년 봄에 있는 주요 정치행사 때에는 반체제인사를 구금하거나 가택에 연금하고, 테러에 대비하여 주요 도시의 지하철역, 기차역과 공항에 특수경찰들이 삼엄한 경계를 펼치었고, 최근에 발생한 사상 최대규모라는 홍콩 민주화시위 소식이 확산되는 것을 막기 위해서 사회관계망서비스까지 차단하며, 매년 6월 4일 톈안먼 사건 기념일에는 베이징 톈안먼 광장에 경찰들이 배치되어 관광객들의 가방 속까지 뒤진다는 소식을 접하면, 중국은 경제가 발전했다지만 역시 강력한 국가권력이 존재하는 "공산당 일당 독재국가"라는 생각이 든다. 그래서 중국이 급속히 경제가 성장하여 최근에 실질구매력 평가기준으로 미국을 앞지르고 세계 제1위의 경제대국이 되었다지만, 정치적으로는 여전히 마오쩌둥 시기의 유산이 지금도 광범위하게 살아있다는 생각이 든다.

　이 책의 저자는 이러한 고정관념에 문제를 제기한다. 저자는 개혁기에 들어선지 이미 35년이 넘은 중국, 아니 좀 더 정확하게 말하면 사회주의의 길을 걸었던 1949년부터 1978년까지의 29년의 시간보다 탈사회주의(脫社會主義)의 길을 걸어온 시간이 훨씬 더 길어져 버린 중국의 정치·경제·사회적 변화를 배경으로 가능해진 정치적 참여의 역동성을 봐야 한다고 강조한다. 그에 따르면 흔히 서방 정치학계에서 중국의 정치모델을 설명할 때 사용되는 "분절적 권위주의(fragmented authoritarianism)"로는 더 이상 21세기 중국의 현실을 설명할 수 없다. 그는 자신의 주장을 증명하기 위해 개혁기 중국에서 특히 중요한 집단으로 부상한 "전문가(expert)"에 주목하여 이들이 정책결정 과정에 참여하여 유의미한 결과를 만들어 낸 것을 실제 사례를 통해서 분석하고 이들 사례를 유형별로 나누어 제시한다.

저자의 이러한 접근법은 무엇보다도 중국사회에 큰 영향을 미쳤던 구체적인 사례들을 정책결정 과정에의 전문가 참여라는 측면에서 해석하여 중국이 더 이상 "공산당 일당 독재국가"라는 단순한 개념으로는 포괄할 수 없는 다양하고 역동적인 정치사회적 변화가 일어나고 있다는 사실을 우리에게 알려주고 있다는 측면에서 의미가 있다. 또한 기존 서방 공공정책학의 이론들에 대한 비판적 수용의 토대 위에 중국 정치사회의 현실을 분석했다는 것도 주목된다.

하지만 다음과 같은 아쉬운 점도 있다. 실제 저자는 정책의 변화나 정책과정에의 참여에 관심이 없다는 이유로 전문가의 범위에서 인문학적인 지식인(intellectual)을 제외했고, 전문가의 이익상관성이 비교적 적고 일반 시민의 이익에 직접 관계가 되기 때문에 분석대상 정책영역을 "사회정책"으로만 한정했다고 주장한다. 하지만 그것은 논리적인 이유에서라기보다는, 국가경영과 관련되는 학문인 공공정책학 연구자 입장에서 반체제적이거나 비판적인 지식인을 논하는 것이 곤란한 측면이 있고, 무엇보다도 저자 자신이 그러한 급격한 정치체제의 변화를 수반하는 "민주화"나 "정치개혁"은 사실상 불가능하다는 현실인식을 가지고 있기 때문에, 체제와 직접적인 관련이 있는 헌정, 민주화, 참정권 등의 민감한 정치 관련 정책영역은 제외한 것으로 생각된다.

그럼에도 불구하고, 속을 들여다 볼 수 없어서 흔히 "블랙박스(black

box)"로 비유되는 중국의 정책결정 과정을 구체적인 사례를 통해서 이해하고 싶거나, 중국정치가 과연 정말로 "공산당 중심의 당정 일체화 국가"인지 알고 싶은 독자라면, 이 책을 통해서 올해로 개혁기 35년을 넘어가는 중국의 정치와 사회의 역동성을 조금이라도 알 수 있을 것이다.

2014년 7월 17일
박철현, 이광수

찾아보기

중국 정책변화와 전문가 참여

초판 인쇄   2014년 6월 20일
초판 발행   2014년 6월 30일

저   자| 주쉬펑
공   역| 박철현 · 이광수
펴 낸 이| 하운근
펴 낸 곳| 學古房

주   소| 서울시 은평구 대조동 213-5 우편번호 122-843
전   화| (02)353-9907 편집부(02)353-9908
팩   스| (02)386-8308
홈페이지| http://hakgobang.co.kr/
전자우편| hakgobang@naver.com,   hakgobang@chol.com
등록번호| 제311-1994-000001호

ISBN   978-89-6071-408-3   94300
         978-89-6071-406-9   (세트)

값 : 27,000원

이 도서의 국립중앙도서관 출판시도서목록(CIP)은 서지정보유통지원시스템 홈페이지
(http://seoji.nl.go.kr)와 국가자료공동목록시스템(http://www.nl.go.kr/kolisnet)에서 이용하실 수
있습니다.(CIP제어번호: CIP2014018800)

■ 파본은 교환해 드립니다.